● 人力资源管理从入门到精通必备丛书

U0881159

薪酬管理从入门到精通

第2版

闫轶卿 著

清华大学出版社
北 京

内 容 简 介

企业经营的根本在于人力资源管理，人才的激励与保留是企业人力资源管理的核心。本书以薪酬管理岗位职责及能力要求为主线，从薪酬助理、薪酬专员、薪酬主管、薪酬经理、HR部门经理和HRD的职业能力要求出发，全面梳理并建立企业薪酬管理过程中的知识体系和管理体系。

本书分为入门篇、提升篇和精通篇三大部分。入门篇主要介绍薪酬管理基层岗位的具体操作工作；提升篇主要介绍薪酬制度、薪酬管理流程及薪酬体系设计等内容；精通篇重点介绍企业薪酬战略、激励理论、非经济性薪酬及薪酬管理的趋势和挑战等内容。

本书为企业人力资源薪酬管理提供了全方位的解决方案，是一本能促使企业薪酬管理工作有效实施的工具书。本书不仅适合人力资源从业人员学习使用，同样适合企业各级管理者参考和借鉴，还可以作为企业培训师、管理咨询师以及高校相关管理专业本科生的参考用书。

图书在版编目(CIP)数据

薪酬管理从入门到精通 / 闫轶卿 著 . —2 版 . —北京：清华大学出版社，2020.8（2023.3重印）

（人力资源管理从入门到精通必备丛书）

ISBN 978-7-302-55400-4

Ⅰ. ①薪… Ⅱ. ①闫… Ⅲ. ①企业管理—工资管理 Ⅳ. ① F272.923

中国版本图书馆 CIP 数据核字 (2020) 第 068574 号

责任编辑：施 猛
封面设计：熊仁丹
版式设计：方加青
责任校对：成凤进
责任印制：丛怀宇

出版发行：清华大学出版社
网 址：http://www.tup.com.cn，http://www.wqbook.com
地 址：北京清华大学学研大厦 A 座 **邮 编**：100084
社 总 机：010- 83470000 **邮 购**：010-62786544
投稿与读者服务：010-62776969，c-service@tup.tsinghua.edu.cn
质 量 反 馈：010-62772015，zhiliang@tup.tsinghua.edu.cn
课 件 下 载：http://www.tupwk.com.cn，010-62794504
印 装 者：三河市君旺印务有限公司
经 销：全国新华书店
开 本：185mm×260mm **印 张**：22.25 **字 数**：501 千字
版 次：2015 年 2 月第 1 版 2020 年 8 月第 2 版 **印 次**：2023 年 3 月第 5 次印刷
定 价：68.00 元

产品编号：084518-01

人力资源管理从入门到精通必备丛书

编写委员会

■ **潘平(丛书首席顾问，负责编写《上承战略 下接人才——人力资源管理高端视野》)**

潘平，资深人力资源管理实战专家，HR畅销书作家，中国人力资源开发研究会常务理事，人力资源管理全国理事会、北京国际人才交流协会、《职业》理事会与《中国培训》杂志社全国理事会常务理事，北京理工大学、北京信息科技大学等多所高校客座教授。长期以来一直在大型企业从事人力资源管理相关工作，在组织变革、流程设计、人才发展、HR体系建设等方面有丰富的管理经验；在集团化人力资源管理、人效管理、绩效薪酬激励、企业大学构建与运营、HR共享服务等方面有丰富的管理实战经验；构建了“一体两翼两平台”的企业人才发展体系。代表作有《上承战略 下接人才——人力资源管理高端视野》《上承战略 下接人才——招聘管理系统解决方案》《上承战略 下接绩效——培训管理系统解决方案》《上承战略 下接赋能——绩效管理系统解决方案》《上承战略 下接激励——薪酬管理系统解决方案》《上承战略 下接数据——人力资源规划从入门到精通》《老HRD手把手教你做培训》，深受读者喜爱。

■ **贺清君(丛书主编，负责编写《招聘管理从入门到精通》)**

贺清君，工学学士，管理学硕士，首都经济贸易大学和北京劳动保障职业学院客座教授。十多年来，在国企、外企和著名上市公司担任人力资源总监等职务，擅长绩效考核、薪酬管理、员工激励以及人力资源精细化管理整体解决方案设计。曾接受《环球人物》《人力资源》等媒体专访，拥有丰富的企业人力资源实战管理经验，在多家著名上市公司担任人力资源顾问。代表作有《企业人力资源管理全程实务操作》《老HRD手把手教你做薪酬》《名企员工关系最佳管理实践》及《绩效考核与薪酬激励整体解决方案》等。

■ **胡劲松(负责编写《绩效管理从入门到精通》)**

胡劲松，硕士，天津卫视“非你莫属”栏目人力资源专家，近二十年来先后在华为、网秦、乐视等知名企业担任研发分部部长、人力行政高级总监、人力资源副总裁等高级管理职务，有丰富的业务管理和全球化人力资源管理的复合经验，擅长公司研发管理、治理架构设计、研发流程设计、组织变革管理、人力资源管控体系建立、激励与绩效管理、薪酬管理以及人才培养体系构建。代表作有《绩效管理从入门到精通》《名企人力资源最佳管理案例——老胡说标杆》。

■ **闫轶卿(负责编写《薪酬管理从入门到精通》)**

闫轶卿，北京大学经济学硕士，十多年来在北大青鸟集团、博雅软件集团等国内知名企业担任人力资源总监、副总裁等职务，具有深入的现代企业中高层管理经验及人力资源管理实践工作经验，对现代企业管理理论及人力资源管理理论有系统的研究，并在多年的工作中结合实践经验不断积累、不断总结，尤其对企业人力资源管理中的招聘、薪酬福利、人才培养及企业发展变化中的管理体系建设有独到的见解。

■ **张银昆(负责编写《员工管理从入门到精通》)**

张银昆，劳动经济学学士，人力资源管理在职研究生，MBA；在国企、民企、外企有近二十年的HR从业经历，积累了丰富的HR实战经验；善于发现企业人力资源管理存在的本质问题，根据企业的战略和实际情况提出有针对性的解决方案并推动实施；在人力资源战略、组织发展、人才培养、招聘、绩效体系、企业文化等方面有深入的研究和实操案例。曾任多家不同发展阶段、不同规模、不同性质公司的人力资源经理/总监，现为合纵科技人力资源副总裁、中关村人才协会人力资源委员会主席。

■ **马成功(负责编写《培训管理从入门到精通》)**

马成功，现任谷仓学院总顾问，近二十年的工作都致力于帮助组织打造人才发展环境以及助推人才在组织中的成长和成功。曾任京东大学执行校长，万达学院培训发展总经理；中国(北京)电商人才促进中心发起人之一，中国企业大学联席会委员，中国管理科学研究院学术委员会智库专家；曾获得《培训》杂志2014年度“十年贡献奖——最受欢迎演讲嘉宾”，《商业评论》2014年度“最佳管理行动奖”以及中国企业大学联盟2014年度“十佳企业大学校长”。代表作有《重新定义组织：用户如何与企业联盟》和《构建学习生态》，其中《重新定义组织：用户如何与企业联盟》深入剖析如何打破组织禁锢、激活组织创新能力，被誉为“深度解读并重构企业组织模式的方法论读本”。

■ **于丽萍(负责编写《企业人力资源全程法律顾问》)**

于丽萍，工学学士、法律硕士，北京诵盈律师事务所合伙人，中华全国律师协会会员，北京市律师协会会员。从业十二年，常年担任企业法律顾问，主要业务涉及企业人事用工风险防范与争议解决、企业改制、股权激励等与公司法相关的以及经济合同纠纷等领域；曾为福田汽车、奇正藏药集团、中建集团、易车、优信二手车等企业提供人力资源与劳动关系处理或法律顾问服务；熟悉人力资源法律法规及办案规则，尤其是在企业高管解聘谈判及裁员方案策划、员工薪酬制定及股权激励设计、员工关系管理以及劳动争议案件的处理等方面，积累了丰富的执业经验；擅长办理各类复杂、疑难的劳动仲裁和诉讼案件，能凭借专业优势为客户提供最优的应诉方案，切实维护客户的正当权益。

丛书序1

实战派丛书助推企业人力资源管理更上一层楼

欣闻一套由企业高层人力资源管理工作者编写的实战派丛书——“人力资源管理从入门到精通必备丛书”即将在清华大学出版社出版，借此机会表示衷心祝贺！

在经济全球化的今天，各个国家、地区和企业间的竞争不再单独依靠物质资本投资和规模经济等传统方法，而是通过加大人力资本投资，改善人力资源管理水平，从而推动创新，这已成为提高企业竞争力的制胜法宝。

近些年来，企业人力资源管理地位日趋上升，强调工作地点的人和事相匹配，重视员工的培训与开发，建立科学的绩效管理制度等，已成为企业管理的普遍现象。这也迫使人力资源工作者不断学习新理念、新方法、新思路，客观上也促进了近些年人力资源管理领域各种图书的热销。

本套丛书具备与其他人力资源管理丛书完全不同的特点和优势，其中最大的特点和优势，是作者都是目前在职的大企业人力资源总监或人力资源副总裁(《企业人力资源全程法律顾问》作者为资深律师)，他们所推崇的理念、思路、方法代表了国内人力资源管理实践发展的最新进展。书中，各位高管分岗位、分职位对人力资源管理知识体系和管理体系进行梳理，整套丛书内容丰富、体系完整、易于理解、操作性强。

我国企业人力资源管理正在经历一个不断发展和进步的过程。20世纪80年代，我国逐步引进了国外先进的管理思想和技术，处于“跟着做”的阶段；20世纪90年代，国内学者和管理实践者逐步将国外先进的管理思想和技术与我国国情相结合，发展出适合我国企业的管理方法和管理体系，处于“接着做”的阶段；进入21世纪，我国企业家已能将这些先进的管理思想与我国传统文化融会贯通，创造性地应用于企业管理实践，助推我国企业不断做大做强，以华为、联想、海尔为代表的中国企业的崛起，让许多跨国竞争对手折服，可以毫不夸张地说，在某些方面我们已经处于“领着做”的阶段了。

本套丛书的作者来自各行各业，有传统制造业的，有高新技术企业的，有服务行业的，具有很强的代表性。如此多的在职大企业高管齐聚一堂，共同撰写体系如此齐全的人力资源管理实战派丛书，殊为不易！无论对于我国企业人力资源管理实践工作者，还是高校人力资源管理及其相关专业的本科生和研究生，乃至于各高校从事人力资源管理教学的教师群体来说，这套丛书都是一套非常有价值的参考读物！

管理的最高境界是做到知行合一以及科学与艺术的有机统一。作为人力资源管理者，必须站在企业人力资源管理战略的高度，具备审视全局的视角，完美阐述人力资源各个模块的精髓，针对企业常见的管理难题提出系统化解决方案。在清华大学出版社出版的这套丛书中，我非常欣慰地看到了这一点。

衷心祝愿本套丛书的出版能对我国企业人力资源管理实践和理论的发展产生更大的推动作用！

中国人民大学劳动人事学院教授、博士生导师　曾湘泉

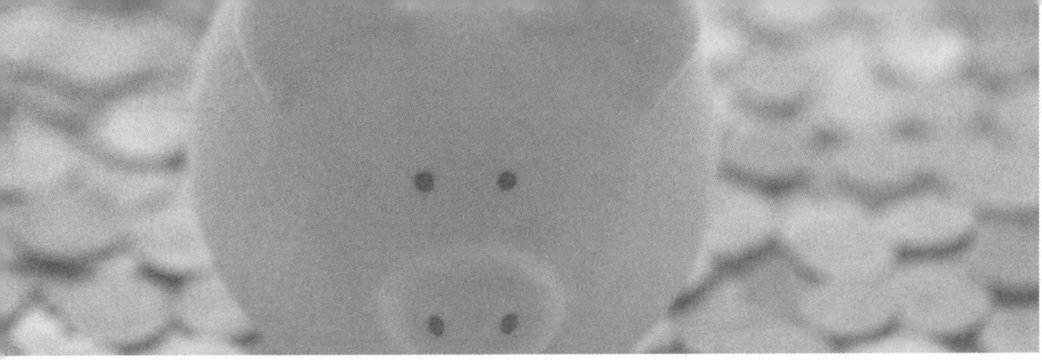

丛书序2

人力资源进入实战派管理新时代

由清华大学出版社出版、由企业HR实战派人士编写的图书——“人力资源管理从入门到精通必备丛书”即将面世，本人非常高兴。

这套丛书主要由企业人力资源总监或人力资源副总裁级别人士编写。这些作者至今仍然奋战在企业管理第一线，写作素材来自多年的企业管理实践。由于这套丛书的内容与企业管理零距离接触，让读者读完就能懂，拿来就能用，具有极强的可操作性。

本套丛书有以下5个非常显著的特点，值得人力资源从业者学习和借鉴。

(1) 注重体系的完整性。本套丛书从企业战略和人力资源管理战略的高度审视各个模块的相互联系，每个模块都有非常完整的体系性设计，让读者能从企业经营的整体视角去理解人力资源管理各个模块的内容，让读者“既见树木，又见森林”。

(2) 实例及素材丰富。本套丛书提供了丰富的操作实例和表单模板。这些制度、合同、方案、表单等对于人力资源新手来说是非常有用的，他们可以将这些素材直接或略加修改运用到工作中，能够节省很多时间，也能够提高相关工作的科学性。

(3) 注重实践和可操作性。本套丛书的作者都是企业一线的高级管理人员，他们对企业人力资源的运作流程十分熟悉，了解各项工作的难点。因此，通过本套丛书学习人力资源管理，就像跟人力资源老手学习，书中会直接告诉你怎么做才是最好的，针对企业的实际情况如何作出取舍，非常有利于工作的顺利开展。

(4) 分享了很多管理经验。本套丛书的作者大都在这个职业上奋斗了十年以上，管理经验十分丰富，在系统介绍每个模块操作方法的同时，通过“管理经验分享”或“小贴士”的方式对一些工作中的难点进行分析，为读者提供了很多行之有效的工作方法，对于提高读者的工作效率是非常有帮助的。

(5) 全面融入企业最先进的管理实践。本套丛书的很多作者来自各行业的领军企业，其中很多人从基层的人事助理一步一步做到人力资源高管，经历过各种管理改革和创新，能将这些最先进的经验和做法传授给广大读者。

在有些人看来，人力资源管理的工作并不难，但很多人力资源老手还是无法独立胜任人力资源主管的全部工作，可能只会做一些发工资、招聘之类的简单工作。如果上级领导要他拿出一个招聘或考核方案，他就拿不出来了。本套丛书提供了这种思路，让基层人员认识到自己的差距和改进之路在哪里。人力资源主管会做什么？人力资源总监会做什么？策略如何制定？制度如何影响员工？这些内容看似简单，要想成功运用却并非易事。

“学而不思则罔，思而不学则殆。”读者在学习与借鉴的过程中，要善于举一反三，将这些实操方法与自己企业的实际情况相结合。不同行业的企业，不同规模的企业，不同企业文化的企业，不同劳动者素质的企业，所能采取的人力资源管理方法是截然不同的。例如，高新技术企业与传统制造企业，所采取的招聘策略、薪酬策略、绩效考核策略等，都是完全不同的。令人非常欣喜的是，读者从这套丛书中，都可以找到适合自己企业的相应方法，但要想成功运用，还要多下工夫，仔细区分不同方法的适用范围及其达成的效果。

俗话说“读万卷书不如行万里路，行万里路不如阅人无数，阅人无数不如名师指路”，这套丛书为HR管理者提供了解决实际问题的途径和方法，能提升人力资源从业者的实战能力。还有一句话说“师傅领进门，修行靠个人”。有好的老师，有好的图书，是否能在人力资源这个职业上有所成就，就看读者的个人悟性与努力了！

相信本套丛书必将成为HR从业者的良师益友和案头宝典！

腾讯集团高级副总裁　奚丹

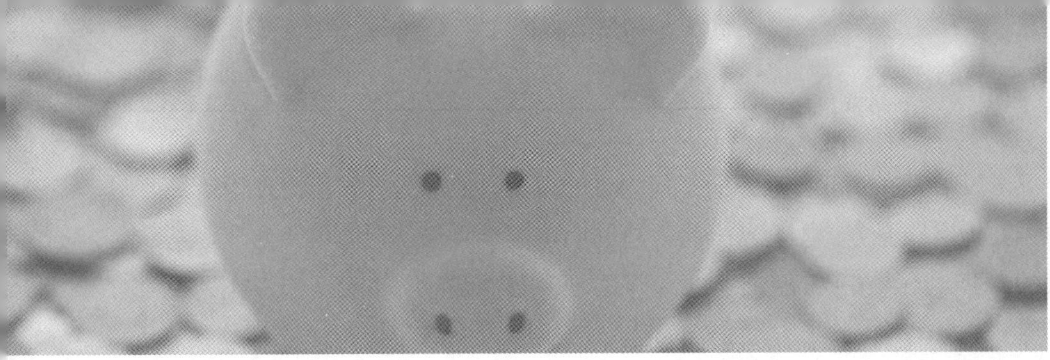

丛书序3

企业人力资源管理只有接地气才能体现核心价值

非常高兴为这套“人力资源管理从入门到精通必备丛书”作序，对于这套完全由企业人力资源总监或人力资源副总裁级别的高端人力资源管理人士编写的、系统性极强的人力资源专著的问世，我由衷地表示祝贺！

作为市面上第一套由企业HR“实战派”编写的丛书，其最大特色就是丛书的定位非常鲜明：读完就能懂、拿来就能用，图书内容具有实用性和可操作性，既有对具体工作方法的介绍，又有详细的整体方案设计和配套落地工具。

目前，市面上的人力资源管理图书基本上都以阐述比较老套的传统管理理论为主，缺乏对入门者、主管、经理以及高级招聘管理人员围绕职业生涯路线的业务知识的系统化指导。本套丛书全面覆盖人力资源管理最经典的管理模块，包括招聘管理、绩效管理、薪酬管理、培训管理、员工管理、岗位分析与评价以及企业人力资源法律事务，覆盖了企业人力资源管理各个维度，相信这套丛书一定能拓宽企业管理者的视野。

作为“实战派”专家，本套丛书的各位作者对企业人力资源管理的业务和流程非常熟悉，因此才能分岗位、分职位对企业人力资源管理的相关业务进行梳理，使读者通过每一本书都能清晰地看到人力资源从业者的职业发展路径——职员、主管、总监，明白自己在各种职位、各种岗位所应掌握的知识和能力，也为各企业针对人力资源部员工进行培训提供了岗对岗、职位对职位的优秀培训体系，开创了人力资源管理“实战派”图书的先河。

本套丛书的作者可谓精挑细选，全部为具有硕士研究生以上学历、人力资源总监以上职位(《企业人力资源全程法律顾问》作者为资深律师)、从事人力资源工作从基层起步一步一步走上企业高管职位的专业人士，每个作者至少具备10年以上工作经验并且都任职于著名大型企业，而且都是热衷社会公益事业的人士……这些典型的特点，让这套丛书更加富有内涵。

本套丛书作者经过十多年的企业人力资源职场历练和磨砺，对人力资源乃至企业各种疑难问题的解决可谓举重若轻，身经百战依然奋斗在企业人力资源管理的第一线，每位作者都担得起“人力资源实战派管理专家”的美誉。能为本套丛书作序，我深感荣幸。

企业要寻求发展，在企业管理方面任何先进的理论只能起指导作用，理论最终要归于实践的本源并为实践服务。本套丛书将万事回归本源、复杂问题简单化处理，是一套非常接地气的专著，绝大多数的企业人力资源管理难题，都能从本套丛书中找到相应的解决方案。

企业人力资源管理是科学更是艺术，管理实践必须接地气，与企业管理实践实现零距离接触，只有这样才真正具有价值。近年来，无论校企合作还是高校教师深入企业研究管理课题，无不深刻地推进企业管理理论和实践的紧密融合，因此，这套实战性的管理专著定能引起管理者的共鸣！

市面上人力资源管理图书很多，本套丛书却独具特色。它完全由企业实战派人士编写，其中，每本书中的思想光辉、核心理念、丰富的管理流程、超级实用的管理工具，都让这套丛书阐述的管理理念零距离接近企业管理实践，这些先进的管理理念都是难能可贵的创新。

本套丛书汇集了企业人力资源管理实践的精华，它紧密结合企业管理实践，提炼出很多有价值的管理经典，为人力资源从业者提供了实实在在的指南。丛书内容不仅适合企业中高层管理者、人力资源从业者学习，也适合高校教师、大学生零距离研究企业人力资源管理实践，是绝佳的学习资料。

再次祝贺本套丛书全新问世！

是为序。

北大纵横管理咨询集团创始人　王璞

第2版前言

《薪酬管理从入门到精通》自2015年初出版至今，转眼已经过去五年。五年期间，因书结缘，结识了很多读者，从认真的阅读到专业的提问再到深入的交流，从邮件到微信再到面对面，从陌生到信任再到熟悉。正是大家的认可与支持，才使这本专业书具有很强的生命力。

五年期间，关于薪酬的政策和法规有了不少变化。2019年正式执行的新《个人所得税法》，对于税种、税率、计算办法、缴纳方式等都做出了重大调整。随着税务征收工作的推进，国家为了减轻企业负担，逐步降低企业的社会保险缴费比例。同样，为了减轻企业负担，多地出台了住房公积金缴费比例由企业在一定范围内自主选择的政策。此外，随着社会的发展，近五年来的薪酬标准，如社会平均工资、最低工资标准、薪酬调查数据等都有变化。基于此，在原书的基础上，我对《薪酬管理从入门到精通》进行了改版。

此次调整主要集中在第2章“手把手教你做工资、发工资”中最低工资标准、如何计算个人所得税等方面，尤其针对个人所得税，根据新税法，详细阐述了缴税个人身份界定、税率、应纳税所得额、扣除项目、个税计算、汇算清缴及特殊个税等内容，通过深入分析及引用实例，可使读者真正掌握新个税法的精髓。第3章“法定福利合法化——如何管理社会保险、住房公积金”中，也根据最新政策做了更新，主要集中在缴费基数、缴费比例、基数核定、社会平均工资等方面。

此外，本书对薪酬数据和相关法律法规也做了更新。第3章、第16章涉及的薪酬数据、第9章涉及的法律法规，都根据这五年来的变化进行了调整。为了增强可读性、避免数据的误导，本次改版还对一些过时的数据进行了删改。

再次感谢读到这本书的所有读者，希望改版后的新书对大家有帮助、有启迪。有任何疑问，可以随时与我交流、沟通，提出意见和建议，大家的支持将促使我不断精进、不断提升。

闫轶卿

2020年3月于北京

前言

在朋友的鼓励下，又逢清华大学出版社系列丛书的邀稿，终于决心将这十几年的人力资源管理经验凝聚在一本书中，这是一个愿望，更是一个梦想！

十几年前毕业时一片茫然，没有想到自己会从事人力资源这个职业，更没有想到会这么久、倾注这么多心血去探索一个行业、成就一份职业。刚开始从业时，国内鲜有人听说“人力资源”，传统叫“人事”或“劳资”，而十几年后的今天，没有人力资源管理就算不上是一个规范的企业，不懂人力资源管理已不是一个合格的职业经理人，原劳动和社会保障部都与人事部合并为人力资源和社会保障部了，人力资源管理已成为一个普遍而流行的词语。作为一个从业老兵，实实在在地见证着这种转变，有骄傲，也有压力！

在学校时，没有系统地学习过这个专业，那时，也没有人力资源专业。从业后，在工作需要的驱动下，一直在不断学习人力资源的专业知识。当时能找到的资料、书籍多数都是舶来品，由于劳工政策、文化的不同，只能看得似懂非懂。外企进入中国后，通过培训、交流，逐步接触了一些带地气的内容，但在日常管理中进行实践转化时，仍感觉差异不小。近些年，我国法律法规逐步完善，市场环境逐步成熟，应该说，中国式的人力资源管理很具有中国的特点。写这本书的动力，就是要写一写中国企业特色的人力资源管理。

薪酬在人力资源管理中是一个非常重要的基础模块，从企业成立的第一天起就会涉及。它既是一个理论性、专业性非常强的模块，又是一个实操性、执行性非常强的模块。在构思本书的框架时，我希望能够兼顾这两个方面，既要有实操的指南，又要有理论的引导。整体的内容分为三个部分，或说三个层次，分别为不同层面的从业人员或不同深度的学习者提供循序渐进的内容，第一部分适用于初级从业者或学习者，几乎全部是实操的内容；第二部分适用于中级从业者或学习者，一半实操一半理论；第三部分适用于高级从业者或学习者，几乎都是理论。

薪酬这个模块是中国劳动法相关法律法规中内容最完整的一个模块，在工资总额管理、工资发放标准、发放周期、最低工资标准、个人所得税、社会保险、住房公积金、欠薪罚则等方面，均有国家和地区相关法律的指导，应该说，薪酬管理是严格受法律规范限制的；但同时，薪酬又具有很强的灵活性，作为员工激励的重要手段，薪酬的策略、薪酬的结构、薪酬的标准、薪酬的发放等可以有无数种组合形式，要保证激励性，也要保证成本的可控性，薪酬管理不是只依法管理就能做好的，必须能够适应环境、企业、员工的不同需求。本书在编写时既明晰了法律的要求，又贯穿了薪酬管理的灵活性，在写每一章的过程中，除了明确法律规范的要求，还尽量联系企业实际，将多年积累、总结、提炼形成的一些方法展现出来，与更多的专业人士进行交流、切磋。为了更加具体化，书中提供了很多表格、图形、方案等资料，可供读者免费下载使用，使本书更加贴近现实，更接地气。

薪酬是人力资源管理的一个核心模块，如果不能掌握好薪酬这个管理手段，对人才的激励就是失效的。没有了对人才的激励，那么整个人力资源管理几乎无从谈起，所以，薪酬可以说是人力资源管理最核心的问题，也是所有从业者应该掌握的核心技能之一。在本书中，通过循序渐进的方式，全景展示了薪酬管理，从基础的工资发放、社保、公积金缴纳，到薪酬制度的建设、薪酬管理流程的梳理，再到薪酬战略的搭建、与企业管理、企业战略的结合，希望相关人力资源从业人员可以从中汲取方法与思路，为今后的职业发展奠定良好的基础。

最后，希望所有读到这本书的同行、朋友、学生能够从中有些许收获、启迪，也非常感谢家人、同事、朋友这么多年来给予的帮助、支持与鼓励，这些将会成为巨大的动力，激励我不断探索、不断前行！

闫轶卿
2015年1月于北京

目录

第1篇 入门篇

第2篇　提升篇

第3篇 精通篇

第1篇 入门篇

【本篇导读】

本篇为薪酬管理的入门篇，主要介绍薪酬的基本概念，如何做工资，如何发工资，如何管理社会保险、住房公积金、考勤、补充福利，如何进行薪酬统计、内部薪酬满意度调查，并介绍薪酬与HR其他模块的关系以及薪酬相关的法律法规。本篇内容主要面向薪酬管理初级人员，如薪酬助理/专员，也可作为人力资源管理初级知识。

薪酬助理/专员的职责通常包括：制作工资报表，按时发放工资；办理各项社会保险、住房公积金，保证及时缴纳；落实考勤的日常管理；落实执行其他福利；统计薪酬总额，完成薪酬总额分析报告；配合薪酬主管/经理完成薪酬总额预算的编制；配合薪酬主管/经理进行薪酬调查与分析；准确理解薪酬与HR其他模块之间的关系，与HR团队其他成员密切配合；及时掌握薪酬相关法律法规，为各部门提供薪酬方面的咨询服务。

通过【入门篇】您将学到：

- 如何理解全面薪酬的理念？
- 如何制作工资表发放工资？
- 如何理解并计算最低工资？
- 如何合规计算个人所得税？
- 如何管理好社保和公积金？
- 如何落实考勤管理的细节？
- 如何管理企业的补充福利？
- 如何对薪酬总额进行统计？
- 薪酬总额预算应如何制定？
- 内部薪酬调查应如何开展？
- 薪酬与其他模块有何关系？
- 薪酬相关法律法规有哪些？

第1章 从实践出发理解薪酬和薪酬管理

【本章导读】

- 如何准确理解薪酬的概念？
- 如何从员工的角度理解薪酬？
- 如何从企业的角度理解薪酬？
- 如何理解全面薪酬管理理念？
- 全面薪酬如何进行合理分类？
- 薪酬管理有哪些目标与意义？
- 如何理解与薪酬相关的词汇？

1.1 从两个角度理解薪酬

薪酬在人力资源管理中是一个较为核心的要素。简单理解，薪酬就是劳动雇佣方(如企业、机构等)向劳动者支付的报酬，是劳动雇佣者与劳动者双方就“劳动”进行交易的价格。在人力资源管理理论中，薪酬的定义非常多，角度也不同，但在本书中，并非着重从理论的角度去阐述薪酬，而是侧重从实践的角度去理解薪酬的概念。

1. 从员工的角度看薪酬的内容

让我们站在一个普通劳动者(或员工)的角度，分析薪酬所包含的内容。

(1) 企业通过现金或银行卡定期支付给我们的钱(或叫工资)。这部分薪酬多是按月支付的，也有按项目、任务支付或临时支付的。

(2) 企业给我们缴纳的社会保险、公积金。近几年，随着社会保障体系的健全，劳动者的认识在逐步提高，大家意识到这也是企业支付给我们的薪酬的一部分。

(3) 企业给我们发的一些补贴、福利，如补充保险、饭费补贴、交通补贴、通信补贴、住房补贴等。对于这部分薪酬，有些企业要求我们以发票的方式报销，有些按照额度直接发钱，有些则是以饭卡、免费午餐、手机卡、宿舍、班车等方式提供。

(4) 企业效益好时发的奖金或老板给的红包。这部分薪酬劳动者都期望能够得到，但也明白有与没有并不是自己能决定的，还要看团队、部门、公司的效益或者老板的大方程度。

2. 从企业的角度看薪酬的内容

从企业主(或者劳动雇佣者)的角度看，薪酬的内容更加丰富一些，或者说，支出的金额远比劳动者认可或感受到的要多得多。事实上，企业主认为，为劳动者提供的、要支付成本的所有项目，都应列入薪酬的范畴，具体包括以下几项。

(1) 企业已经缴纳费用，但劳动者感受不直观的薪酬支出，较为常见的是个人所得税、社会保险企业缴纳的统筹部分和住房公积金企业缴纳的部分，这部分支出具有国家强制性，企业直接支付给国家的相关机构。对企业来说，这部分支出占薪酬总额的比例并不低，在某些地区甚至能达到工资额的一半。但对于劳动者来说，个人感觉未享受到，或者说没有直接拿到手，所以“认账”的程度就比较低。

(2) 劳动者未提供劳动，但企业愿意以不同方式保证劳动者身心健康的薪酬支出，如带薪年假、带薪病假、带薪事假、奖励旅游、疗养、心理辅导、休闲活动等。

(3) 企业为劳动者提供培训、帮助劳动者学习和获得职业发展、促进劳动者个人成长的薪酬支出，如学费资助、轮岗、内部培训、导师辅导、对外交流等。

(4) 企业为长期激励劳动者提供的期权、股票、内部创业支持等薪酬支出。

(5) 除了上述可以以金钱直接衡量的支出外，有些企业还为劳动者提供了一些更加隐性的支出，也可以列入薪酬的范围，如工作环境、职位、身份、授权、成就感等。

综合以上两个角度，我们能够更加全面地理解“薪酬”的主要内涵，或称“全面薪酬”，如图1-1所示。

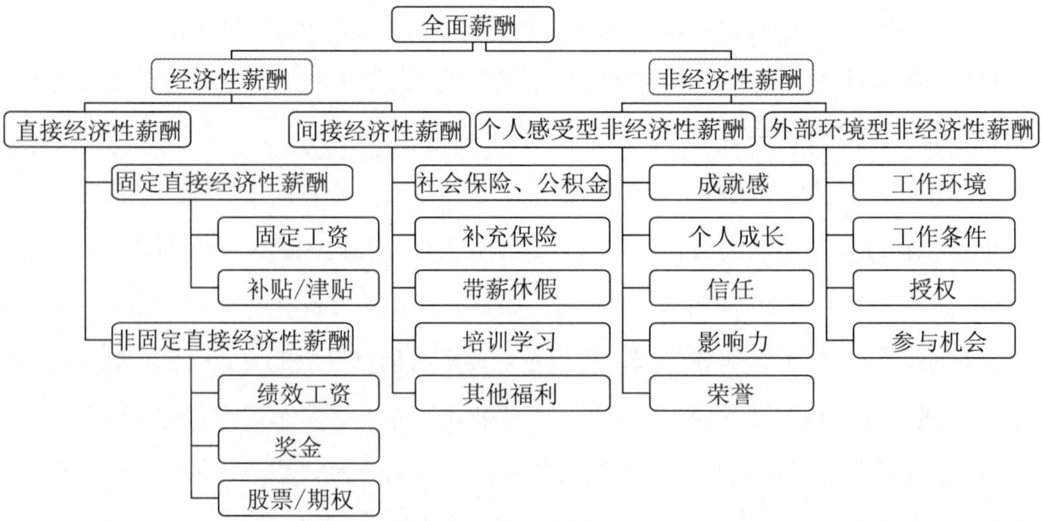

图1-1　全面薪酬的含义

1.2　由远及近看全面薪酬

了解了薪酬和全面薪酬的基本含义，让我们再对其中的内容进行分析，可获得更深入的理解。

从劳动者(或员工)的直观感受看，直接经济性薪酬的刺激性最强，间接经济性薪酬弱之，非经济性薪酬最弱；从可衡量性、可观察性上看，结果同上，即经济性薪酬更具有可比性，非经济性薪酬更加隐晦，难以发现不同或进行比较。但随着生活水平的提高与社会的进步，人们逐渐意识到，非经济性薪酬对劳动者(或员工)的激励和影响力不可小觑，所以仅仅关注最具刺激性或最具可衡量性的薪酬部分是不够的。HR从业者应该在熟练掌握经济性薪酬相关管理工具和方法的同时，加强对非经济性薪酬的关注与理解，并在实践工作中加以运用。下面，我们可以通过图1-2来比较这几类薪酬的不同。

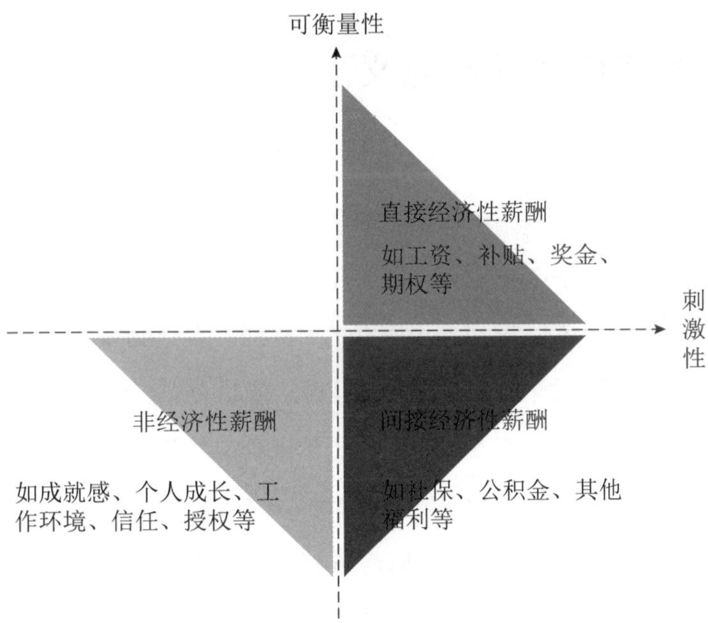

图1-2　全面薪酬的分类比较

此外，从范围上看，也可将全面薪酬划分为不同类别，从狭义的薪酬——只包括直接经济性薪酬(如工资、补贴、奖金、期权等)，到一般意义上的薪酬——包括所有经济性薪酬(如工资、补贴、奖金、期权、社保、公积金、其他福利等)，再到广义上的薪酬(或称全面薪酬)，全面薪酬的范围分类可以直观地用图1-3表示。

本书不仅从实操的角度出发，从具体操作和制度设计两个层面详细讲解一般意义范围内的具体类别，如各类工资、各类补贴、奖金、期权、社会保险、公积金及其他主流福利，还会从战略层面探讨非经济性薪酬的重要作用与体系设计。

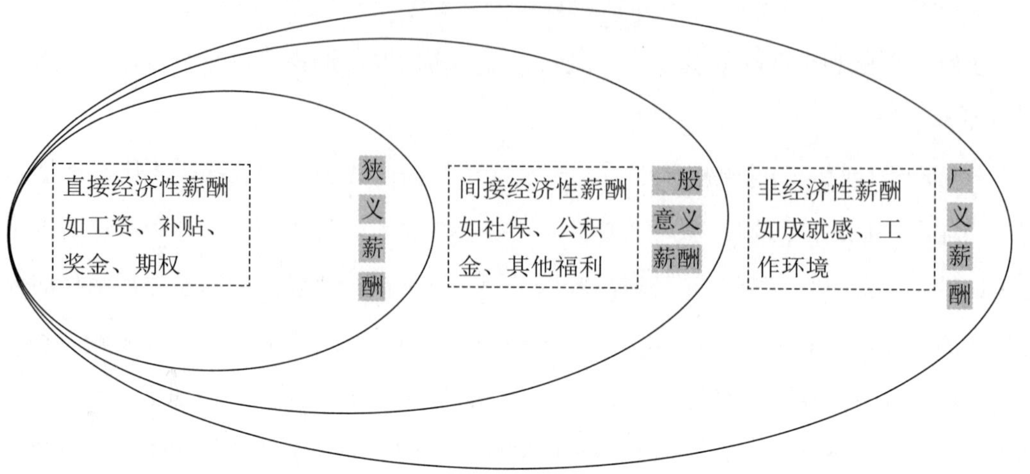

图1-3 全面薪酬的范围分类

1.3 薪酬管理目标和意义

在了解了薪酬和全面薪酬的含义后，作为HR从业者，应如何理解薪酬管理的意义？

毋庸置疑，薪酬需要管理，因为薪酬具有重要性。薪酬不仅是HR管理的核心问题之一，也是企业管理的一个主要方面。在现代高科技企业中，员工薪酬支出占企业总体成本、费用支出的比例在不断增加，少则40%～50%，多则80%～90%。随着社会的发展、国家保障体系的健全，加上通货膨胀等因素，劳动力支出成本在不断增加，如何控制人工成本的增长、如何将人工成本的增长转化为企业效益的增长，已经成为很多企业管理者、HR从业者必须要面对和解决的问题。除此之外，薪酬的专业性也决定了薪酬管理的必要性，大到如何选择适应企业发展的薪酬战略、如何设计科学的薪酬体系，小到如何调整员工的薪酬额度、如何与新员工面谈薪酬等，无不体现很强的专业性。

所以，在HR薪酬管理工作开始之前，我们一定要明确薪酬管理的目标和意义。

(1) 通过专业的薪酬管理，保证薪酬的内外部公平性、合法性。

(2) 通过良好的薪酬管理，企业可以更有效地吸引员工、保留员工、激励员工。

(3) 通过薪酬激励，合理控制薪酬成本，为企业创造最大的效益产出。

在以上三点目标和意义中，第一点是基本目标和意义，没有内外的公平性、合法性，薪酬管理无立足之本；第二点是主要目标和意义，薪酬支出的本质是激励员工，让他们为工作付出更多的努力；第三点是终极目标和意义，不论怎样良好的薪酬体系，最终都是为企业效益服务的，没有企业效益的产生，员工薪酬最终是无本之木、无源之水，难以维系。综合来讲，HR薪酬管理的意义是在保证薪酬内外部公平性、合法性的基础上，有效地吸引员工、保留员工、激励员工，从而为企业创造最大的效益产出。

1.4　常见的薪酬相关名词

当我们作为一名劳动者去应聘工作，或者我们在政府机关、企事业单位工作时，就会接触薪酬，并且会从不同的角度听到各种各样的说法，比如工资、薪资、薪水、薪金、报酬、津贴、补贴、收入、奖金、福利、人工成本等；还有更加具体的名词，比如岗位工资、基本工资、绩效工资、业绩工资、小时工资、年薪、超额奖金、提成等。在此，通过归类整理，对与薪酬相关的常用词汇进行解释。

1.4.1　“工资”“薪资”和“薪酬”三者的区别

工资(Wagc)是指以小时、天数或计件为基础支付给劳动者或服务者的货币。薪资(Salary)也称薪水和薪金，是指白领员工和国家公务员的工资收入。薪酬(Compensation)也称报酬、收入，是指劳动者为用人单位提供劳动或服务而获得的各种报酬。

从以上三个定义可以看出，工资、薪资就是直接经济性薪酬的一种形式。虽然在国外工资和薪资有区别，甚至在《中华人民共和国个人所得税法》中也提到“工资、薪金所得”，但在《中华人民共和国劳动法》《中华人民共和国劳动合同法》《工资支付暂行规定》中，只提及“工资”，不再细分“工资”和“薪资”。可以说，在我国，“工资”“薪资”“薪水”“薪金”等几个名词的概念基本是一致的，都是指“工资”，即劳动者的货币性报酬。

“薪酬”“报酬”“收入”这三个词体现了“全面薪酬”的内涵，即劳动者获得的各种报酬的总和，包括货币性工资和以其他形式支付的报酬。所以，在用到这三个词时，一般会加限定词，如“工资报酬”“货币收入”等。

1.4.2　各种“工资”名词

冠以“工资”的名词很多，主要可以归为以下几类。

(1) 固定工资种类。这是指支付给劳动者的相对固定的报酬。例如，基本工资、岗位工资、小时工资、月工资、季度工资、年度工资等。

(2) 浮动工资种类。这是指支付给劳动者的、要按业绩支付的报酬。例如，绩效工资、业绩工资、项目工资、个人提成、团队提成、个人奖金、团队奖金、超额奖金等。

(3) 福利种类。名义上是工资，但实质是福利的一种形式。例如，司龄工资、年资工资、高温作业工资、导师工资等。

(4) 国家政策或统计使用的工资术语。例如，最低工资、月/年平均工资、地区性工资、社会平均工资等。

1.4.3 “工资总额”性质的名词

在人力资源管理中，要对支付给员工的所有薪酬进行统计与分析，所以产生了诸多与“工资总额”相关的名词，其基本内涵都是一致的，只是叫法略有不同，主要包括“人工成本”“人工成本总额”“薪酬总额”“薪资总额”“人工总支出”“人工总费用”等。

1.5 本章小结

本章透过劳动者和企业管理者两个视角来认识“薪酬”的内涵，薪酬即劳动雇佣方(如企业、机构等)向劳动者支付的报酬，是劳动雇佣者与劳动者双方就“劳动”进行交易的价格。

在实践中，更重要的是理解“全面薪酬”的概念，即我们不仅要关注直接经济性薪酬(如工资、补贴、奖金、期权等)，还要认识到间接经济性薪酬(如社保、公积金、其他福利)也是薪酬的重要组成部分，而且比重在不断加大。另外，随着社会的发展，非经济性薪酬(成就感、个人成长、工作环境、信任、授权等)也已经进入HR专业薪酬管理的视野中，对于这部分较为隐晦的薪酬组成部分，要不断提高认识，加强在实践中的运用。

不明确目标和意义就无法落实正确的薪酬管理。在本章中，还以简短的语言叙述了薪酬管理的目标和意义。综合来讲，HR薪酬管理的意义是在保证薪酬内外公平性、合法性的基础上，有效地吸引员工、保留员工、激励员工，从而为企业创造最大的效益产出。

在本章的最后，对于常见的薪酬相关词汇进行了分类解释，这些词汇有的只是叫法不同，有的却有内涵上的差别，通过解释，可以明确其内涵与意义，避免在实践工作中混淆。

第2章　手把手教你做工资、发工资

【本章导读】

- 如何做好做工资的准备工作?
- 如何快速准确地制作工资表?
- 如何及时准确地发放工资?
- 如何理解最低工资标准?
- 如何准确地计算个人所得税?

2.1　如何能做好准备工作

制作工资表与发放工资是薪酬基础管理人员(薪酬专员/助理)必备的工作技能。制作工资表与发放工资前需要做细致的准备工作，只有将准备工作做到位，才能保证工资准确、及时地发放。这些准备工作主要包括以下两个方面。

(1) 学习与理解制作工资表与发放工资所需的知识;

(2) 收集与汇总制作工资表与发放工资所需的数据。

2.1.1　学习与理解制作工资表与发放工资所需的知识

制作工资表和发放工资前，薪酬专员需要认真研读、学习并深入理解一些必备的专业知识，主要包括以下几个方面。

1. 学习与理解薪酬相关管理制度

薪酬专员要认真学习与理解企业现行的薪酬相关管理制度，这些制度一般包括《工资管理制度》《绩效考核管理制度》《福利管理制度》《考勤管理制度》。在这些制度中，要重点掌握工资结构、工资核定标准、计薪周期、工资保密规定、绩效考核周期、绩效考核基本办法、福利的基本内容、与工资相关福利的计算办法、考勤基本规定、与工资相关的考勤管理规定等。

除此之外，薪酬专员还需要学习与薪酬管理有一定关联的管理制度，例如《招聘管理制度》《转正考核管理制度》《离职管理制度》《调动管理制度》《员工奖惩管理制度》等。这些制度涉及工资核算问题，尤其要注意学习并掌握与工资有关联的相关条款。

2. 学习与理解薪酬管理流程

薪酬管理流程与制度有较大的区别，薪酬管理流程侧重从接口关系及做事步骤的角度明确工作的规范性。但不同规模的企业在管理规范程度上区别很大，并不是每个企业都有书面的工作流程规范。薪酬专员可以从书面规范文件、同事、上级等处多方面寻求帮助，以明确薪酬管理的流程要求，为制作工资表及发放工资做好准备。

3. 学习与理解薪酬相关法律法规

在我国，与薪酬相关的法律法规主要包括国家《工资支付暂行条例》和地区性《工资支付条例》，以及《最低工资标准》《中华人民共和国个人所得税法》等，还有《中华人民共和国劳动法》《中华人民共和国劳动合同法》以及地区性《劳动合同法》中与工资相关的条款。这部分内容可以参照本书第9章，其中有详细阐述。

4. 学习与理解基础财务知识

作为薪酬专员，基础财务知识不是一个必需项，但掌握一些基础财务知识可促进薪酬管理工作的顺利开展。薪酬作为人工支出会体现在企业的财务报表中，另外，薪酬专员的部分工作要与财务管理接口，例如工资统计数据、工资发放时的支付请款、报个人所得税等。这也是部分规模较小的企业选择由财务人员来核算和发放工资的原因。

小贴士：HR人员应该掌握一些财务知识

在实际工作中，与人力资源薪酬相关的岗位工作，甚至是人力资源经理级以上的管理岗位，都会运用到财务知识，或者说，其工作内容与财务管理有一定的关联。笔者基于十多年的人力资源管理和企业运营管理工作经验，认为掌握一定的财务知识是非常必要的，主要有三个方面：首先，要能看懂财务的“三个表”，即“损益表(或称利润表)”“资产负债表”和“现金流量表”，通过这三个表从利润、资产、现金三个维度记录和衡量企业运营的过程和结果；其次，要理解这三个表之间的勾稽关系，比如要掌握基础的“收入−成本/费用=利润”“资产−负债=所有者权益”及“现金流入−现金流出=净现金流”等关系；最后，要掌握人力资源管理与财务报表的关系，比如工资/福利在财务上体现的记账科目、人工成本占总成本或总费用的比例、人工成本与利润的关系等。

2.1.2　收集与汇总制作工资表与发放工资所需的数据

制作工资表和发放工资前的另一项重要准备工作就是收集和汇总所需的基础数据。为了一目了然，我们把这些数据整理在一个表格内，如表2-1所示。

表2-1　制作工资表和发放工资前的数据准备一览表

序号	管理类别	来源岗位	形成表格
1	新进员工管理	招聘专员	《新进员工统计表》
2	离职员工管理	员工关系专员	《离职员工统计表》
3	调动员工管理	员工关系专员	《调动员工统计表》
4	转正员工管理	绩效考核专员	《转正员工统计表》
5	绩效考核结果	绩效考核专员	《绩效考核结果表》
6	工资调整管理	薪酬专员	《工资调整统计表》
7	员工考勤管理	薪酬专员	《员工考勤统计表》
8	员工社保/公积金管理	薪酬专员	《员工社保/公积金统计表》
9	员工补贴管理	薪酬专员	《员工补贴统计表》
10	员工扣款管理	薪酬专员	《员工扣款统计表》
11	其他与工资相关管理	各HR专员	相关统计表

下面，我们逐个分析这些与工资表相关的基础数据和表样。

1. 新进员工管理——招聘专员——《新进员工统计表》

新进员工一般在工资核算当月有未出满勤的情况，由招聘专员进行统计，使用的表样见表2-2。

表2-2　新进员工统计表

打印日期：××××年×月×日

序号	部门	姓名	职位	身份	合同性质	岗位工资	绩效工资	入职日期	出勤天数	身份证号码	备注

制表人：　　　　　　　　审核人：　　　　　　　　批准人：

2. 离职员工管理——员工关系专员——《离职员工统计表》

离职员工除了在工资核算当月有未出满勤的情况外，还涉及是否有代通知金、补偿金等，由员工关系专员统计，使用的表样见表2-3。

表2-3　离职员工统计表

打印日期：××××年×月×日

序号	部门	姓名	职位	离职方式	离职日期	出勤天数	本月工资处理说明	代通知金	补偿金(不计税)	其他工资	备注

制表人：　　　　审核人：　　　　批准人：

3. 调动员工管理——员工关系专员——《调动员工统计表》

调动员工主要涉及部门变化、岗位调整和工资调整，原则上要按照调整时间分前后两段对工资分部门、分额度核算，由员工关系专员统计，使用的表样见表2-4。

表2-4　调动员工统计表

打印日期：××××年×月×日

序号	姓名	原部门	原任职位	调往部门	新任职位	薪资变动情况	调动日期	考勤分布		备注
								原	新	

制表人：　　　　审核人：　　　　批准人：

4. 转正员工管理——绩效考核专员——《转正员工统计表》

转正员工主要涉及转正前和转正后的工资变动，原则上要按照转正时间分前后两段对工资分别进行核算，由绩效考核专员统计，使用的表样见表2-5。

表2-5　转正员工统计表

打印日期：××××年×月×日

序号	部门	姓名	职位	转正前岗位工资	转正前绩效工资	转正后岗位工资	转正后绩效工资	转正日期	出勤情况		备注
									转正前	转正后	

制表人：　　　　审核人：　　　　批准人：

5. 绩效考核结果——绩效考核专员——《绩效考核结果表》

绩效考核结果涉及所有有绩效工资的员工，所以，在制作工资表和发放工资的准备工作中，绩效考核结果是非常重要的一项，由绩效考核专员统计。由于岗位属性或公司业务性质的差异，具体的表样可能会有很大差别，在此，仅提供一个通用的模版以供参考，见表2-6。

表2-6　绩效考核结果表

打印日期：××××年×月×日

序号	部门	姓名	职位	职位属性	核定岗位工资	核定绩效工资	考核方式	考核周期	计划任务额	实际完成任务额	完成比例	绩效工资核发额	备注

制表人：　　　　审核人：　　　　批准人：

6. 工资调整管理——薪酬专员——《工资调整统计表》

工资调整可能是由多种原因造成的，如职位升迁、调整，或定期的工资调整，或年度的工资调整，由薪酬专员统计，使用的表样见表2-7。

表2-7　工资调整统计表

打印日期：××××年×月×日

序号	部门	姓名	原任职位	新任职位	原工资	调整后工资	变动日期	考勤分布		备注
								原	新	

制表人：　　　　审核人：　　　　批准人：

7. 员工考勤管理——薪酬专员——《员工考勤统计表》

员工考勤表用于记录员工出勤情况，与工资有直接的关联，其中多项涉及工资扣款，如迟到、早退、旷工等，由薪酬专员统计，使用的表样见表2-8。

表2-8　员工考勤统计表

打印日期：××××年×月×日

序号	部门	姓名	病假	事假	迟到/早退	旷工	带薪休假	其他	备注

制表人：　　　　审核人：　　　　批准人：

8. 员工社保/公积金管理——薪酬专员——《员工社保/公积金统计表》

员工的社会保险(五险)、公积金中有按月计算的个人扣款部分，必须提前统计，并列入工资中，由薪酬专员统计，使用的表样见表2-9。

表2-9　员工社保/公积金统计表

打印日期：××××年×月×日

序号	部门	姓名	职位	养老保险		医疗保险		失业保险		住房公积金		工伤保险	生育保险	备注
				个人缴纳	公司缴纳	个人缴纳	公司缴纳	个人缴纳	公司缴纳	个人缴纳	公司缴纳	公司缴纳	公司缴纳	

制表人：　　　　　　　　审核人：　　　　　　　　批准人：

9. 员工补贴管理——薪酬专员——《员工补贴统计表》

员工补贴涉及工资的增项，补贴可能是福利，也可能是临时工资，原则上补贴应全部列为税前工资，由薪酬专员统计，使用的表样见表2-10。

表2-10　员工补贴统计表

打印日期：××××年×月×日

序号	部门	姓名	职位	补贴类型	核算周期	补贴额度	是否税前	备注

制表人：　　　　　　　　审核人：　　　　　　　　批准人：

10. 员工扣款管理——薪酬专员——《员工扣款统计表》

员工扣款涉及工资的减项，扣款可能是员工惩款，也可能是福利费用，如宿舍费等。扣款分为税前扣款和税后扣款，要注意区分，由薪酬专员统计，使用的表样见表2-11。

表2-11　员工扣款统计表

打印日期：××××年×月×日

序号	部门	姓名	职位	扣款类型	核算周期	扣款额度	是否税前	备注

制表人：　　　　　　　　审核人：　　　　　　　　批准人：

11. 其他与工资相关的管理——各HR专员——相关统计表

除以上与工资相关的通常项目和常用表格外，在实践中还可能有其他的管理项目与工资相关，薪酬专员要注意及时收集与整理，与各HR团队成员紧密交流，并积累形成固定格式的统计表，以提高工作效率。

小贴士：E-HR在企业中的应用

从做工资的准备工作中，可以看出工资涉及的HR管理环节比较多，准备的表格也比较繁杂，而且大部分都与数字有关。如果能有一套信息化系统，不仅能大大减少工作量，还能保证工作的准确性。企业大多是从薪酬模块的需要出发购买E-HR系统的，甚至在一些OA软件产品和财务软件产品中也带了一小部分的薪酬模块。的确，对于人员规模达到一定程度的企业来说，如人员规模在500人以上，使用E-HR系统会大大提高HR管理效率，尤其是薪酬管理的工作效率。但在本书中，笔者还是将制作工资表、发工资的相关表格、细节一一罗列，主要原因是绝大多数中小企业没有配备E-HR系统，还处在靠人工用Excel解决问题的阶段。此外，即使配备E-HR系统，HR人员也要全面理解制作工资表、发放工资的详细过程和原理，如此才能为今后职业发展中的流程改进、E-HR系统设计与上线、制度化建设和战略调整做好基础准备工作。

2.2　制作出规范的工资表

做好充足的准备工作后，就可以制作工资表了。下面我们先分析工资表的结构，再给出工资表的样表，并详细讲解工资表中各项目的计算方法及注意事项。

2.2.1　了解工资表的结构

工资表是详细记录工资、基本福利发放情况的表格，原则上要清晰明了、逻辑关系明确、数据准确。工资表一般包括以下几部分。

1. 表头、表尾

表头一般包括文件名称、统计周期和打印日期三项。大多数企业的工资是一月一发，所以工资表一般是一月一做，文件名称一般为“××公司××××年××月工资明细表”。统计周期是指工资的计薪周期，企业一般采取“自然月(1—30/31日)”“16日—次月15日”或“21日—次月20日”等几种方式，可依据企业的不同情况来确定。打印日期是指出表日期，一般在制作好工资表并准备签批前填写此日期。

表尾一般包括备注、页码和工资表签批人员、日期。备注内容是对工资表进行特别说明或补充说明的事项。工资表签批流程一般包括“制表人”“审核人”和“批准人”，如签批人较多，可以增加“一级审核人”“二级审核人”或“HR经理审核”“业务部门经理审核”等，以此区分不同的审核、批准级别或职位人员。

2. 员工基本信息

员工基本信息是工资表最左侧的几列固定项，用于明确员工的基本信息，一般包括“序号”“部门”“姓名”等，也可根据实际情况增加，如“工卡号”“职位”“二级部门”等。原则上，员工基本信息要尽量简短。

3. 税前工资细目及总额

绝大部分工资科目都是税前工资。在这部分主要体现工资的具体细目，一般采用“基本/岗位工资+绩效工资增项−绩效工资减项+补贴/津贴增项−补贴/津贴减项+其他工资”的模式。

在明确工资细目的基础上，要计算出汇总额，即上述明细科目加减后得到的结果。

4. 社会保险/公积金个人和公司部分

请注意，社会保险(五险)和公积金的个人缴纳部分是列入税前扣款的。虽然社会保险(五险)和公积金的公司缴纳部分不对个人扣款，但仍列入工资表中，用于人工成本总额统计。

5. 考勤

一般使用考勤扣款的汇总数，但也有使用考勤扣款各细目的，如“迟到扣款”“事假扣款”等。

6. 个人所得税

该项目一般是指个人所得税总数，也可分为“税前总额”“扣税基数”“速算扣除数”“个人所得税额”等细项。

7. 税后增减项

对税后增减项要特别注意，尤其是税后增项，需要查询相关税法来确定。

8. 工资实发额

这一项是指实际发到员工手里的工资额。

9. 工资总额

这部分一般包括“公司工资支出合计”“公司福利支出合计”和“公司人工成本支出合计”三项。这部分体现在工资表中主要是为人工成本总额统计做准备工作。

10. 其他补充信息

除以上工资表项目外，还可以添加其他补充信息，包括“身份证号”“银行账号”“发薪地”“备注”等。

2.2.2　工资表样表

通过分析工资表的结构，我们可以得出通行的工资表样表，见表2-12。

表2-12　工资表样表

计薪周期：××××年××月××日至××××年××月××日　　　　打印日期：××××年××月××日

序号	部门	姓名	基本工资	绩效工资	补贴	工资总额	养老(个人)	养老(公司)	医疗(个人)	医疗(公司)	失业(个人)	失业(公司)	工伤(公司)	生育(公司)	住房(个人)	住房(公司)	考勤扣款	个人所得税	其他补贴(+)	其他扣款(−)	工资实发	公司福利支出合计	公司支出合计
1																							
2																							
3																							
4																							
5																							
6																							
7																							
8																							
9																							
10																							
共计：																							

备注：　　　　第　页　共　页

制表人：　　　　审核人：　　　　审批人：

日期：　　　　日期：　　　　日期：

2.2.3 工资表各项目的计算方法及注意事项

1. 工资表中的主要逻辑关系

工资表中主要包含以下几种逻辑关系。

(1) 基本工资+绩效工资+补贴=工资总额；

(2) 工资总额-养老(个人)-医疗(个人)-失业(个人)-住房(个人)-考勤扣款-个人所得税+其他补贴-其他扣款=工资实发；

(3) 养老(公司)+医疗(公司)+失业(公司)+工伤(公司)+生育(公司)+住房(公司)=公司福利支出合计；

(4) 工资总额-考勤扣款+其他补贴-其他扣款+公司福利支出合计=公司支出合计。

2. 工资表的制作工具

当公司规模不大或内部信息化建设较弱时，多使用Microsoft Excel制作工资表。在用Excel制作工资表时，注意多使用Excel中的工具来保证准确性和提高效率。以下是用Excel制作工资表时常用的小工具。

- 设置计算公式，包括加、减、乘、除、IF、SUM、COUNT、ROUND等；
- 统计，包括自动求和(∑)、分类合并、分类汇总等；
- 数据分析，包括排序、筛选、数据透视表等。

有些公司配备内部MIS系统或购买了专业的E-HR系统，其中包含薪酬模块，基本思路不会有太大的变化，配备系统后可大大减少工作量，提高效率和准确度。

3. 工资表中人员的增减项

(1) 人员的增减需要参考准备工作中的《新进员工统计表》和《离职员工统计表》；

(2) 如有重名时，需要单独加注标记；

(3) 离职人员当月变更工资内容后，下月再从表中删除。

4. 工资表的人员部门调整项

(1) 人员部门调整主要参考准备工作中的《调动员工统计表》；

(2) 如当月出现两个部门做同一调动人员的工资，需要按照出勤情况拆分工资；

(3) 注意在下月删除调回原部门人员名单，避免重复计算。

5. 工资表中基本工资项

基本工资项的数额需要综合参考准备工作中的《新进员工统计表》《离职员工统计表》《调动员工统计表》《转正员工统计表》《工资调整统计表》等几个表的相关内容，工资表中的调整量一般不大。

6. 工资表中的绩效工资项

绩效工资项的数额主要参考准备工作中的《绩效考核结果表》，辅助参照《新进员工统计表》《离职员工统计表》《调动员工统计表》《转正员工统计表》《工资调整统计表》等几个表的相关内容。

绩效工资一般调整量比较大，尤其是实行计件、按月提成、按项目考核等制度时，考核周期越短，绩效工资的月度调整量就越大。

7. 工资表中的税前税后补贴项

税前税后补贴项的数额主要参考准备工作中的《员工补贴统计表》和《员工扣款统计表》，辅助参考《新进员工统计表》《离职员工统计表》《调动员工统计表》《转正员工统计表》《工资调整统计表》等几个表的相关内容。

一定要注意补贴、扣款项的个人所得税前和个人所得税后的区分，原则上大部分补贴都是税前的，只有符合劳动法规定的解除劳动合同补偿金放在税后。另外，属于个人承担的支出扣款必须放在税后，如宿舍费、班车费等。如何确定税前税后补贴项需要认真学习相关税法规定，或咨询当地税务机关，否则，在企业接受税务审计时，可能会被要求补缴税款。

8. 工资表中的社保、公积金

社保、公积金项的数额主要参考准备工作中的《员工社保/公积金统计表》。在工资表中，一般会把社保、公积金的个人和公司缴纳部分都放进去，应注意在计算实发工资额时不要误算社保及公积金的公司缴纳部分。

9. 工资表中的考勤扣款

考勤扣款项的数额主要参考准备工作中的《员工考勤统计表》，辅助参照《新进员工统计表》《离职员工统计表》《调动员工统计表》《转正员工统计表》等几个表的相关内容。

考勤扣款额计入工资表时是一个合计额，有部分企业还会设定如“每月迟到3次以内且每次迟到10分钟以内不扣款”等人性化的条款，所以需要注意考勤计算的准确性。

10. 工资表中的个人所得税

个人所得税项的金额是根据个人所得税法的要求计算的，个人所得税的计算内容在本章第4节详细阐述。

11. 工资表中的总额统计

工资总额统计基于工资表内容的全面、完整，这也是把社保及公积金的公司缴纳部分也放入工资表中的原因。工资总额统计是薪酬总额预算和统计分析的重要基础。

12. 其他注意事项

(1) 原则上，工资表内数额均以“元”为单位，取小数点后两位，即计至“分”；

(2) 工资表制作完毕应打印，每页均须有表头和表尾；

(3) 制表人、审核人、审批人签批需要每页都签字，并填写日期；

(4) 工资表原件(包括准备工作的相关表格)原则上保存5年以上。

小贴士：不同企业规模对工资统计相关工作的影响

HR同行所在企业规模大小不一，有的任职于大型集团企业，员工上万人，HR专业管理团队成员多达几百人；有的任职于小企业，创业不久，员工几十人，HR常一人兼任行政、人事、后勤，甚至部分财务、商务等多个职位。客观地讲，企业规模，尤其是员工规模，直接决定HR的管理工作模式。在大多数中小企业中，HR的专业分工并不细致，受人手的限制，可能达不到按HR专业管理模块分工的程度，有的小企业甚至没有单独设立人力资源部。在这种情况下，本书讲到的流程、表格就显得有些繁杂，可能这些表格需全部由一个人完成，所以，建议中小规模企业的HR人员对这些表格进行整理、学习，根据实际情况进行合并，甚至合并成《工资发放准备表》和《工资明细表》两张即可。

2.3　及时准确地发放工资

2.3.1　发放工资的通行流程

1. 一般企业工资发放流程

一般企业工资发放的流程如图2-1所示。

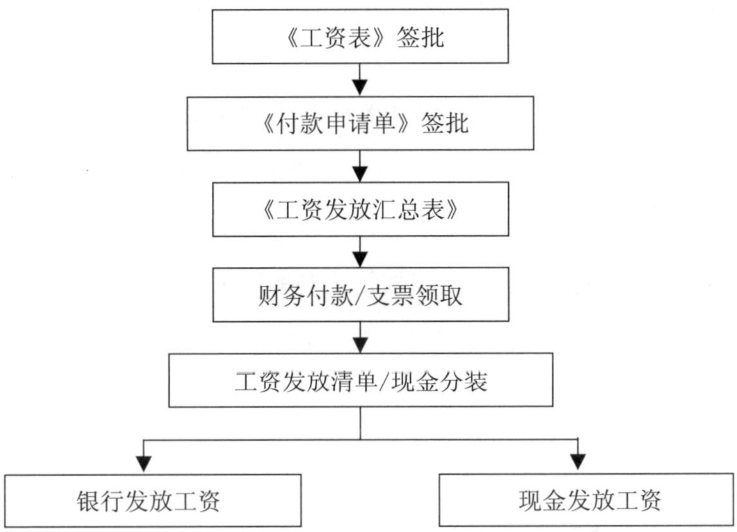

图2-1　企业工资发放流程

2. 发放工资各环节的注意事项

在发放工资流程中，应注意以下几点。

(1) 《工资表》签批流程取决于公司的授权程度，部分公司执行“薪酬专员制表—薪酬主管审核—HR总经理审批—HRD(人力资源总监)审批”的流程；也有一些公司会加入财务审核、业务部门审核和总经理(CEO)审批的环节，如“薪酬专员制表—薪酬主管审核—部门经理审核—HR总经理审核—财务经理审核—HRD审批—CEO审批”。

(2) 《付款申请单》签批流程执行的是公司财务流程，薪酬专员要注意学习公司的财务管理相关制度。

(3) 一般来说，《工资明细表》是不直接交付财务人员的，因为涉及工资保密等问题。但是，财务在支付工资时必须要有入账凭证，所以薪酬专员在完成《工资表》签批和《付款申请单》签批后，要为财务单独制作《工资发放汇总表》，方可领取支票或现金。《工资发放汇总表》可根据各公司财务核算的不同要求与财务相关人员沟通后制作，一般来说，公司财务要求核算到二级部门的汇总数，也有个别公司要求核算至项目或更小单元的汇总数。此外，财务要单独向地方税务局缴纳个人所得税，需要单独做凭证，所以薪酬专员需要单独为财务提供一份《个人所得税缴纳情况表》(参见表2-15)。

(4) 目前，公司发放工资一般采取银行卡发放和现金发放两种方式，其中银行卡发放方式居多。以银行卡发放工资的，薪酬专员在财务领取支票后(也有不领取支票而以网银的方式直接打入银行账户的)，还需要制作银行使用的《工资发放清单》(参见表2-16)。

(5) 以银行卡发放工资时，要有薪酬专员持银行发放清单到开户银行办理，属于对公业务，银行有专人对接此项业务，具体操作注意事项可参见本章“发放工资时与银行对接的相关工作”小节内容。

(6) 以现金发放工资时，薪酬专员需要提前与财务人员一同前往银行提取现金，并要求银行提供部分小额纸币，以方便分装。提取现金后，还需要按照每个人的金额分别装入专门的工资袋中，制作《工资领取表》(参见表2-17)，通知员工分批领取。员工领取工资时，不得代领，而且必须要有本人的签名。

2.3.2　发放工资时需要准备的一些表格

1. 财务使用的相关表格

《付款申请单》如表2-13所示，《部门工资发放汇总表》如表2-14所示，《个人所得税缴纳情况表》如表2-15所示。

表2-13　付款申请单

公司名称：____________________　部门名称：________________　_____年___月___日
项目名称：____________________　合同名称：______________________　其他：

申请人		用途			
付款方式		对方单位			
付款时间		联系人		电话	
对方开户行		对方账号			
金额：____________________　人民币(大写)					
备注：					
部门经理审批：	事业部总经理审批：	财务经理审批：		总裁审批：	

领款人签字：

表2-14　部门工资发放汇总表

制表日期：　　年　月　日

序号	部门	工资总额	养老保险(个人)	养老保险(公司)	医疗保险(个人)	医疗保险(公司)	失业保险(个人)	失业保险(公司)	工伤保险(公司)	生育保险(公司)	住房公积金(个人)	住房公积金(公司)	考勤扣款	个人所得扣税	其他补贴(+)	其他扣款(-)	工资实发额	公司福利支出合计	公司支出合计
1																			
2																			
3																			
4																			
5																			
合计：																			

制表人：　　　　审核人：　　　　审批人：

日期：　　　　日期：　　　　日期：

表2-15　个人所得税缴纳情况表

序号	分档	纳税比例	工资额	税额	人数
1					
2					
3					
4					
5					
6					
7					
合计：					

制表人：　　　　日期：

2. 银行使用的相关表格

工资发放清单如表2-16所示。

表2-16　工资发放清单

序号	姓名	工资实发额	存折/卡号	身份证号码	备注
1					
2					
3					
4					
5					
合计：					

制表人：　　　　日期：

3. 工资领取使用的相关表格

《工资领取表》如表2-17所示。

表2-17 工资领取表

制表日期： 年 月 日

序号	部门	姓名	工资	养老保险(个人)	医疗保险(个人)	失业保险(个人)	住房公积金(个人)	考勤扣款	个人所得扣税	其他补贴	其他扣款	工资实发额	领取人签收
1													
2													
3													
4													
5													
合计：													

制表人： 日期：

2.3.3 发放工资时与银行对接的相关工作

1. 发放工资时银行账户的选择

一般银行要求代发工资必须使用公司的基本账户，在银行开立的一般账户不具有代发工资的功能。

公司要银行代发工资必须提前与基本账户所在银行签订代发工资协议。签订代发工资协议时，银行一般要求薪酬专员带公司介绍信(或法定代表人授权书)及加盖公司公章的代发工资协议书到银行办理，还有些银行要求携带公司营业执照(或副本)、组织机构代码证、员工花名册等资料才能办理。

代发工资协议书(样本)

甲方(银行)：

乙方(企业)：

为了方便员工储蓄、简化企业单位发放工资手续，经甲方与乙方协商，乙方委托甲方代发其单位员工工资。为了明确双方职责，保证该项工作的顺利进行，双方协议如下：

第一条：乙方负责为本单位参加代发工资的员工开立个人银行结算账户，组织员工认真填写《开立个人银行结算账户申请表》(以下简称《申请表》)，此表由甲方提供，并在甲方指定的营业网点开立个人银行账户(代办时乙方应提供员工身份证复印件和填明员工姓名、身份证号的明细表格，并在表格上加盖单位公章，员工身份证复印证件的真实性由乙方验证)。乙方应在收到甲方开立的活期储蓄存折/储蓄卡(银行结算账户)后15日内将其发放到员工本人手中，并告知单位员工及时修改存折/储蓄卡取款密码及查询密码，如因存折遗失、密码泄露等引起纠纷，由乙方承担责任。

第二条：乙方应按照甲方提供的磁盘格式的要求，制作代发工资数据软盘(软盘由乙方自行提供)。

第三条：乙方应在代发工资日前3个工作日(不含代发工作日)内到甲方办理代发工资手续，然后将转账支票、代发工资数据软盘和代发工资清单一并送交甲方。如因为乙方所提供的软盘与代发工资清单不一致及未交手续费等原因而引起差错事故或造成代发工资延误，均由乙方负责，甲方不承担责任。

第四条：每月______日为乙方代发工资日，如因乙方原因造成甲方未能按时发放工资，乙方应向单位员工说明并通知甲方，由此而产生的责任由乙方负责；如因甲方设备或通信故障及其他原因造成账务差错，甲方有权单方面进行账务更正。

第五条：甲方将乙方提供的代发工资数据入账后，即打印代发工资明细清单，乙方可在代发工资日后到甲方指定的网点进行核对。

第六条：乙方在向甲方提供磁盘数据前应认真核对，甲方业务系统只对乙方提供的磁盘数据中的客户账号进行识别，如因乙方磁盘数据错误造成账号串号，责任由乙方承担，但甲方有义务协助乙方进行查找。

第七条：如因乙方提供的代发工资磁盘中的账户有误产生未入账账户，甲方应打印代发工资未入账清单，一式两份，一份由甲方送乙方处理，一份由甲方留存备查。

第八条：根据《×××服务价格管理办法》的规定，对批量代发工资的收费按照每笔______元收取，对手工代发工资的收费按每笔______元收取。每月代发工资后3日内，经甲乙双方对代发工资笔数核实后，由甲方使用“特种转账”传票从乙方账户主动扣划。如乙方账户存款不足，乙方应在每月代发工资后3日内向甲方补足代发工资费用。

第九条：乙方员工在×××银行开立的活期存折或储蓄卡，作为代发工资指定账户的，该账户不得擅自撤销和变更。若遇乙方员工代发工资的存折或卡遗失，可凭本人身份证明，向其开户的营业机构书面申请挂失；若遇乙方员工更换了代发工资账户，乙方必须在代发工资前向甲方提供该员工更换后的代发工资账号，否则引起的一切后果由乙方承担。

第十条：甲方为乙方代发工资编列的代号为：________________

第十一条：本协议有效期一年，从____年____月____日至____年____月____日；本协议到期后，可由乙方提出申请，甲方同意后，重新签订新的协议。

第十二条：本协议未尽事宜，双方另行协商。

第十三条：本协议一式两份，经甲、乙双方法定代表人签字盖章后生效。

甲方(盖章)　　　　　　　　　　乙方(盖章)

法定代表人(或负责人)：　　　　法定代表人(或负责人)：

年　月　日　　　　　　　　　　年　月　日

2. 银行代发的操作方式

现在通行的银行代发工资操作步骤为：双方签订代发工资协议—为员工开工资卡—薪酬专员按约定日期将盖章的《工资发放清单》和银行要求的工资盘送往银行—银行批量操作发放工资。注意，对于工资盘的格式每个银行可能有不同要求。

目前，随着网上银行业务的发展，有部分银行开通了网银代发工资业务，操作步骤一般为：开通企业网银或指定网银业务—领取U盾等安全操作工具—双方签订代发工资协议—为员工开工资卡—薪酬专员按照网银操作办法直接通过网银发放工资。通过网银代发工资，企业不仅不再受与银行签订的协议次数、时间、数量等的限制，而且增加了准确性、节约了薪酬专员往返银行等成本。但需要注意的是，一般网银发工资对于单笔金额有一定的限制条件，且受网络条件的限制较多。

3. 银行代发工资的收费

银行代发工资有的收费，有的免费，主要看签署工资代发协议时约定的情况。如果约定收费，一般费用为0.5～2元/人/笔，该费用有的公司转由员工个人承担，有的由公司承担。另外，银行也会根据企业的人数、存款余额、开卡情况等，免除代发工资的收费。

4. 员工工资卡的管理

(1) 员工工资卡的开户手续一般在员工办理入职手续时一并办理。有的银行为了增加客户量，要求新员工发放工资前须开立新的工资账户；有的银行只需要员工提供本行的卡号即可。

(2) 员工工资卡的开户涉及银行开户业务，需要填写银行要求的资料，HR部门可以向公司的基本户银行先索要一部分开户表，即《开立个人银行结算账户申请表》，从而提高工作效率。要注意的是，该表必须由员工本人亲笔签名，并提供身份证复印件。

(3) 员工工资卡开户后，一般由银行直接交给薪酬专员，再由薪酬专员发放给员工。因工资卡涉及今后工资的准确发放，薪酬专员需要对此登记造册，并由员工在领取工资卡时亲笔签名。同时，要注意该工作的时效性要求，原则上要在一个计薪周期内完成。

(4) 如员工因丢失补办或其他原因需要调整工资账户，可以重新执行以上流程，或者由员工亲自到相应银行办理后，再将新账户号以书面并亲笔签名的方式交由薪酬专员(一般要附新存折/卡的复印件)，完成账户变更。薪酬专员要单独造册登记，并保留相关资料备查。

5. 工资发放后的对账单

(1) 工资发放交易成功后，银行一般会定期反馈相应的银行对账单，其中会列明开户人名称、账号、交易金额、交易日期等内容。

(2) 薪酬专员在收到对账单后，一定要与当初提交的银行发放清单进行比对。一般都会有一定的错误率，如金额串行、账户对调等。由于银行代发工资后，有些员工不会查询账户情况，导致错误发现较晚，通过对账单比对，可以尽早发现并改正错误。

(3) 对账单比对无误后，要与当月的工资明细表一同存档备案。

6. 银行上门服务

随着银行服务意识的增强，很多银行会开展上门服务，例如上门签署工资代发协议、上门送员工工资卡、每月上门收取工资发放清单和工资盘以及上门送对账单等。也有的银行会为企业设立专业服务人员(或称客服专员)，薪酬专员可以与银行进行协商，要求提供专业上门服务。

此外，薪酬专员也可与银行沟通确定专人，以“邮件+快递”的方式完成工资发放工作，进一步提高工作效率和准确度，从而降低成本。

2.3.4 员工工资咨询与工资条

工资发放中还有一项重要的工作，即为员工提供工资咨询和工资条。

1. 员工工资咨询

一般来说，员工工资咨询多发生在工资到账后一周内。咨询内容多集中在当月工资的变动原因、变动金额、计算办法等方面。咨询方式有员工到HR部门当面咨询、电话咨询、邮件咨询等。以下是一些提高员工工资咨询工作效率的办法。

(1) 设定专人在固定时间接受咨询。例如，在HR部门设定薪酬专员在工资到账后一周的每天下午3:00—5:00接受咨询，这样既让员工感受到相应的HR服务，又能保证薪酬专员工作时间的合理安排。

(2) 若遇到工资普遍性调整的情况，采用提前通知的方式可减少单独解释的工作量。例如，社会保险及公积金基数调整、年资工资发放、工资普调或个人所得税政策调整时，可以在发放工资前草拟相关通知，以书面张贴或邮件的形式发给全体员工，让大家预知当月工资会有调整。

(3) 注意加强绩效考核的面谈流程的执行。在执行绩效考核并调整工资后，需要由绩效专员及相应的部门负责人或直属上级对员工绩效考核结果进行面谈，这样有利于员工详细了解绩效结果及其对工资的影响。通过执行面谈流程，员工可确认对绩效工资的调整，并减少工资发放后的咨询量。

(4) 注意其他HR管理流程的执行。在员工入职、离职、调动、转正、调薪、降薪、解除劳动关系等环节，注意应完整地执行相关流程，使员工明晰相关调整对个人工资的影响。如果这些流程未能完整执行，就直接调整员工的工资，必然会增加工资发放后的咨询量，甚至会引发员工的不满。

此外，以上提高员工工资咨询工作效率的方法也可以结合使用，如发现当面咨询时部分员工有共性问题，可以尽快补发群体邮件予以解释，以减少后续咨询量；还可以将在员工咨询工作中发现的问题，如绩效考核面谈未执行、某些流程不完善等工作漏洞形成书面文件向HR负责人汇报，以改善流程，提高效率，防患于未然。

2. 工资条

每个月发放纸质工资条也是薪酬专员执行工资发放工作的重要内容，且工作量较大。所以，对于这项工作，很多企业HR正在寻求改变，力图通过其他方式来代替工资条，现在通行的方式主要有以下几种。

(1) 配备E-HR系统，为员工开通E-HR账号，员工自行查询工资明细。

(2) 以电子邮件的方式发送工资条。

(3) 与银行联系开通个人网银或短信提醒业务，供员工个人查询工资账户明细。

(4) 不统一发送纸质工资条，有需要的员工可以自行到HR部门索取，HR部门凭需制作。

以电子邮件方式发送的工资条，见图2-2。

发件人：HR薪酬专员×××
收件人：××
主题：××××年××月工资明细，请查收！
内容：
××同事：
　　您好！
　　以下是您××××年××月的工资明细，请查收！

如有疑问，请咨询HR部门×××。电话分机：××××；咨询时间：××日—××日下午3：00—5：00。
祝工作顺利！

部门	姓名	工资额	养老	医疗	失业	住房	个税	其他	工资实发
××	××	××	××	××	××	××	××	××	××

×××公司HR部×××
××××年××月××日

图2-2　电子邮件式的工资条

小贴士：用Excel快速制作工资条的技巧

使用Excel制作工资条较为便捷，主要技巧是使用“编辑”中的“排序”和“定位”功能，具体分以下两步：①在工资表中任意插入一列，输入1、2、3…作为序号，之后输入1.1、2.1、3.1、…并对这一列重新排序，工资表中的每一行中间就插入了一行空白行，删除插入的这一列；②将表头行复制，选择工资表，操作“编辑”—“定位”—“空值”，之后单击“粘贴”，就完成了工资条。将其打印出来后，裁剪即可。

2.4　注意最低工资的标准

2.4.1　最低工资标准概述

最低工资标准是指劳动者在法定工作时间或在依法签订的劳动合同约定的工作时间内提供了正常劳动的前提下，用人单位依法应支付的最低劳动报酬。

中华人民共和国劳动和社会保障部令(第21号)《最低工资规定》于2003年12月30日颁布，于2004年3月1日起施行。《劳动法》第四十八条也规定，国家实行最低工资保障制度。用人单位支付劳动者的工资不得低于当地最低工资标准。最低工资标准每年会随着生活费用水平、职工平均工资水平、经济发展水平的变化由当地政府进行调整。

最低工资标准一般采取月最低工资标准和小时最低工资标准两种形式，月最低工资标准适用于全日制就业劳动者，小时最低工资标准适用于非全日制就业劳动者。

最低工资标准每两年至少调整一次，最新的最低工资标准金额可以查阅当地政府部门网站正式公布的数据。

2.4.2 最低工资标准的适用情况

以北京市相关规定为例，最低工资标准的适用情况包括以下几种。

非因劳动者本人原因造成用人单位停工、停业的，在一个工资支付周期内，用人单位应当按照提供正常劳动支付劳动者工资；超过一个工资支付周期的，可以根据劳动者提供的劳动，按照双方新约定的标准支付工资，但不得低于北京市最低工资标准；用人单位没有安排劳动者工作的，应当按照不低于北京市最低工资标准的70%支付劳动者基本生活费。

劳动者患病或者非因工负伤的，在病休期间，用人单位应当根据劳动合同或集体合同的约定支付病假工资。用人单位支付病假工资不得低于北京市最低工资标准的80%。

需要注意的是，劳动者依法享受带薪年休假、探亲假、婚丧假、生育(产)假、节育手术假等国家规定的假期间，以及法定工作时间内依法参加社会活动期间，视为提供了正常劳动。新进员工、离职员工等由于未提供约定的正常劳动，不适用最低工资标准。

2.4.3 最低工资的计算办法

1. 最低工资不包含项

(1) 延长法定工作时间的加班、加点工资。

(2) 中班、夜班、高温、低温、井下、有毒有害等特殊工作环境、条件下的津贴。

(3) 劳动者个人应缴纳的各项社会保险和住房公积金。

(4) 根据国家和地方政府规定不计入最低工资标准的其他收入。

2. 计算最低工资时的注意事项

(1) 最低工资=最低工资标准(不低于当地政府规定的最低工资标准)+加班工资+津贴+社保/公积金个人部分+国家和地方政府规定不计入最低工资标准的其他收入。

(2) 最低工资标准的执行以员工的工资发放地标准为准。例如，A员工在北京某项目工作，但他是与成都子公司签订的劳动合同，并由成都子公司发放工资、缴纳社保/公积金，则应遵循成都当地的最低工资标准，而不是北京的最低工资标准。

(3) 绩效考核中降薪的底限为最低工资标准。在现有很多企业中执行绩效考核，尤其是销售人员，在业绩未完成时，会根据业绩情况予以降薪，这种制度的降薪底限就是最低工资标准。

2.5 如何计算个人所得税

2.5.1 缴纳个人所得税身份界定及周期

根据2019年1月1日正式执行的《中华人民共和国个人所得税法》(第七次修正)(以下简称《个人所得税法》)的相关规定，在中国境内有住所，或者无住所而一个纳税年度内在中国境内居住累计满183天的个人，为居民个人。居民个人从中国境内和境外取得的所得，依法缴纳个人所得税。

在中国境内无住所又不居住，或者无住所而一个纳税年度内在中国境内居住累计不满183天的个人，为非居民个人。非居民个人从中国境内取得的所得，依法缴纳个人所得税。

纳税年度，自公历一月一日起至十二月三十一日止。

对于缴纳个人所得税的身份界定及纳税周期见表2-18。

表2-18 纳个税身份界定及周期

身份名称	界定方法	纳个税所得范围	纳个税周期
居民	在中国境内有住所，或者无住所而一个纳税年度内在中国境内居住累计满183天的个人	从中国境内和境外取得的所得	年度(自公历一月一日起至十二月三十一日止)
非居民	在中国境内无住所又不居住，或者无住所而一个纳税年度内在中国境内居住累计不满183天的个人	从中国境内取得的所得	年度(自公历一月一日起至十二月三十一日止)

2.5.2 个人所得及适用税率

《个人所得税法》规定，个人所得共分为9种，并分别对应不同的个人所得税税率，其中前4项，即工资、薪金所得、劳务报酬所得、稿酬所得、特许权使用费所得4项统称为“综合所得”，具体见表2-19。

表2-19 个人所得及适用税率

<table>
<tr><th>序号</th><th>个人所得</th><th>分类</th><th>适用税率</th></tr>
<tr><td>1</td><td>工资、薪金所得</td><td rowspan="4">综合所得</td><td rowspan="4">适用3%～45%的超额累进税率(见表2-20)</td></tr>
<tr><td>2</td><td>劳务报酬所得</td></tr>
<tr><td>3</td><td>稿酬所得</td></tr>
<tr><td>4</td><td>特许权使用费所得</td></tr>
<tr><td>5</td><td>经营所得</td><td>—</td><td>适用5%～35%的超额累进税率(见表2-21)</td></tr>
<tr><td>6</td><td>利息、股息、红利所得</td><td>—</td><td rowspan="4">适用比例税率，税率为20%</td></tr>
<tr><td>7</td><td>财产租赁所得</td><td>—</td></tr>
<tr><td>8</td><td>财产转让所得</td><td>—</td></tr>
<tr><td>9</td><td>偶然所得</td><td>—</td></tr>
</table>

个人综合所得，以每一纳税年度的收入额减除费用60 000元 (5000元/月)以及专项扣除、专项附加扣除和依法确定的其他扣除后的余额，为应纳税所得额。在扣除标准的基础上执行7级超额累进税率，见表2-20。

表2-20 个人所得税税率(综合所得适用)

级数	全年应纳税所得额	税率/%
1	不超过36 000元的	3
2	超过36 000元至144 000元的部分	10
3	超过144 000元至300 000元的部分	20
4	超过300 000元至420 000元的部分	25
5	超过420 000元至660 000元的部分	30
6	超过660 000元至960 000元的部分	35
7	超过960 000元的部分	45

经营所得，适用5%～35%的超额累进税率，见表2-21。

表2-21 个人所得税税率(经营所得适用)

级数	全年应纳税所得额	税率/%
1	不超过30 000元的	5
2	超过30 000元至90 000元的部分	10
3	超过90 000元至300 000元的部分	20
4	超过300 000元至500 000元的部分	30
5	超过500 000元的部分	35

2.5.3　应纳税所得额

需要注意的是，所有的个人所得均需要以“应纳税所得额”来计算个人所得税，“应纳税所得额”需要在个人所得的基础上进行扣减后得出，具体的确定方法见表2-22。

表2-22　个人所得的应纳税所得额确定方法

<table>
<tr><th>序号</th><th>分类</th><th>个人所得</th><th colspan="2">应纳税所得额</th><th>适用税率</th></tr>
<tr><td>1</td><td rowspan="4">综合所得</td><td>工资、薪金所得</td><td>收入-基本费用减除(60 000元/年)-专项扣除-专项附加扣除-其他扣除</td><td rowspan="4">居民：个人的综合所得，以每一纳税年度的收入额减除费用60 000元以及专项扣除、专项附加扣除和依法确定的其他扣除后的余额，为应纳税所得额。
非居民：个人的工资、薪金所得，以每月收入额减除费用5 000元后的余额为应纳税所得额；劳务报酬所得、稿酬所得、特许权使用费所得，以每次收入额为应纳税所得额</td><td rowspan="4">适用3%～45%的超额累进税率(见表2-20)</td></tr>
<tr><td>2</td><td>劳务报酬所得</td><td>收入×(1-20%)</td></tr>
<tr><td>3</td><td>稿酬所得</td><td>收入×(1-20%)×70%</td></tr>
<tr><td>4</td><td>特许权使用费所得</td><td>收入×(1-20%)</td></tr>
<tr><td>5</td><td>—</td><td>经营所得</td><td colspan="2">以每一纳税年度的收入总额减除成本、费用以及损失后的余额，为应纳税所得额，公式为
经营所得应纳税所得额=收入-成本-费用-损失</td><td>适用5%～35%的超额累进税率(见表2-21)</td></tr>
<tr><td>6</td><td>—</td><td>利息、股息、红利所得</td><td colspan="2">以每次收入额为应纳税所得额，公式为
股息、红利所得应纳税所得额=每次收入额</td><td rowspan="4">适用比例税率，税率为20%</td></tr>
<tr><td>7</td><td>—</td><td>财产租赁所得</td><td colspan="2">每次收入不超过4 000元的，减除费用800元；4 000元以上的，减除20%的费用，其余额为应纳税所得额，公式为
财产租赁所得应纳税所得额=收入-800元或者收入20%(收入≤4 000元/收入＞4 000元)</td></tr>
<tr><td>8</td><td>—</td><td>财产转让所得</td><td colspan="2">以转让财产的收入额减除财产原值和合理费用后的余额，为应纳税所得额，公式为
财产转让所得应纳税所得额=收入-财产原值-合理费用</td></tr>
<tr><td>9</td><td>—</td><td>偶然所得</td><td colspan="2">以每次收入额为应纳税所得额，公式为
偶然所得应纳税所得额=每次收入额</td></tr>
</table>

2.5.4　应纳税所得额中的扣除项目

应纳税所得额中的扣除项目主要包括费用扣除、专项扣除、专项附加扣除及其他扣除4项，具体见表2-23和表2-24。

表2-23 扣除项目

序号	扣除类型	说明	具体标准
1	费用扣除	基础项扣除，考虑了个人基本生活支出情况，设置定额的扣除标准	5 000元/月 60 000元/年
2	专项扣除	社会保险和住房公积金个人缴纳部分	社保和住房公积金相关规定的个人缴纳部分
3	专项附加扣除	包括子女教育、继续教育、首套住房贷款利息、住房租赁、大病医疗、赡养老人6项	见表2-24
4	其他扣除	由国务院决定以扣除方式减少纳税的优惠政策规定，如年金、商业健康险、税收递延型养老保险等	根据国家政策

表2-24 专项附加扣除项目

序号	专项附加扣除类型	内容	标准	扣除方式
1	子女教育支出	学前教育和学历教育	每个子女每年定额12 000元(每月1 000元)	父母各50%/一方100%
2	继续教育支出	学历继续教育和职业资格继续教育	每年定额4 800元取得证书每年3 600元	学历教育可以由其父母扣除，也可以由本人扣除
3	大病医疗支出	自费15 000元以上部分	每年60 000元标准限额，据实扣除	本人汇算清缴时扣除
4	住房贷款利息支出	本人或配偶首套房	每年12 000元(每月1 000元)定额扣除	夫妻可以选择由其中一方扣除
5	住房租金支出	夫妻在主要工作城市无住房	不同城市定额 月1 200元/1 000元/800元	同城一方扣除/不同城各方扣除
6	赡养老人支出	60岁以上父母及法定赡养人	独生子女定额每月2 000元/非独生平均分摊或指定、约定分摊(每人每月最高1 000元)	赡养2个及以上老人的，不按老人人数加倍扣除

2.5.5 个人所得税的累计计算与缴纳

纳税人有中国公民身份号码的，以中国公民身份号码为纳税人识别号；纳税人没有中国公民身份号码的，由税务机关赋予其纳税人识别号。扣缴义务人扣缴税款时，纳税人应当向扣缴义务人提供纳税人识别号。

扣缴义务人在一个纳税年度内，以截至当前月份累计支付的工资薪金所得收入额减除累计基本减除费用、累计专项扣除、累计专项附加扣除和依法确定的累计其他扣除后的余额为预缴应纳税所得额，按照综合所得税率表，计算出累计应预扣预缴税额，减除已预扣预缴税额后的余额，作为本期应预扣预缴税额。

下面，我们将用一个实际例子来说明个人所得税的累计计算方式，见表2-25。为了计算方便，表中的收入为每月固定13 000元，专项扣除(即社保公积金个人缴纳部分)我们按照1 000元模拟计算，累计专项附加扣除(即6项专项附加扣除)我们按照1 000元模拟计算。

表2-25 年度个税累计计算表

月份	累计收入	累计专项扣除	累计费用扣除	累计专项附加扣除	应纳税所得额	税率	速算扣除数	应扣税	前期累计扣税	本期实际扣税
1月	13 000	1 000	5 000	1 000	6 000	3%	0	180	0	180
2月	26 000	2 000	10 000	2 000	12 000	3%	0	360	180	180
3月	39 000	3 000	15 000	3 000	18 000	3%	0	540	360	180
4月	52 000	4 000	20 000	4 000	24 000	3%	0	720	540	180
5月	65 000	5 000	25 000	5 000	30 000	3%	0	900	720	180
6月	78 000	6 000	30 000	6 000	36 000	3%	0	1 080	900	180
7月	91 000	7 000	35 000	7 000	42 000	10%	2 520	1 680	1 080	600
8月	104 000	8 000	40 000	8 000	48 000	10%	2 520	2 280	1 680	600
9月	117 000	9 000	45 000	9 000	54 000	10%	2 520	2 880	2 280	600
10月	130 000	10 000	50 000	10 000	60 000	10%	2 520	3 480	2 880	600
11月	143 000	11 000	55 000	11 000	66 000	10%	2 520	4 080	3 480	600
12月	156 000	12 000	60 000	12 000	72 000	10%	2 520	4 680	4 080	600
累计	156 000	12 000	60 000	12 000	72 000	—	—	4 680	—	4 680

2.5.6 个人所得税的汇算清缴

居民个人取得综合所得，按年计算个人所得税；有扣缴义务人的，由扣缴义务人按月或者按次预扣预缴税款；需要办理汇算清缴的，应当在取得所得的次年三月一日至六月三十日内办理汇算清缴。

非居民个人取得工资、薪金所得，劳务报酬所得，稿酬所得和特许权使用费所得，有扣缴义务人的，由扣缴义务人按月或者按次代扣代缴税款，不办理汇算清缴。

纳税人取得经营所得，按年计算个人所得税，由纳税人在月度或者季度终了后15日内向税务机关报送纳税申报表，并预缴税款，在取得所得的次年三月三十一日前办理汇算清缴。

纳税人取得利息、股息、红利所得，财产租赁所得，财产转让所得和偶然所得，按月或者按次计算个人所得税；有扣缴义务人的，由扣缴义务人按月或者按次代扣代缴税款。

2.5.7 一次性奖金适用的个人所得税计算标准

一次性奖金的个人所得税是按照《国家税务总局关于调整个人取得全年一次性奖金等计算征收个人所得税方法问题的通知》(国税发〔2005〕9号)的规定计算的。纳税人取得全年一次性奖金，在2021年12月31日前，不并入当年综合所得，应单独作为一个月工资、薪金所得计算纳税。在一个纳税年度内，对每一个纳税人，一次性奖金的优惠算法只允许采用一次。

一次性奖金个人所得税的计算方式：

①(全年一次性奖金÷12个月)确定适用税率；

②个人所得税=全年一次性奖金×适用税率-速算扣除数；

③如全年一次性奖金低于税法规定的费用扣除额，则个人所得税=(全年一次性奖金-当月工资薪金所得与费用扣除额的差额)×适用税率-速算扣除数。

下面，我们通过两个实例来说明。

➢ 实例1：全年一次性奖金低于费用扣除额

小孙年底12月工资额为2 900元，另获一次性奖金10 000元，则个人所得税为

［10 000-(5 000-2 900)］÷12=658(元)，对应税率为3%

［10 000-(5 000-2 900)］×3%=237(元)；

小孙年底12月共计应缴纳个人所得税=工资个人所得税(根据税法累计计算)+237

➢ 实例2：全年一次性奖金高于费用扣除额的

小丁年底12月工资为8 500元，另获一次性奖金48 000元，则个人所得税为

一次性奖金48 000÷12=4 000，对应税率为10%，速算扣除数为210

年终奖应纳税额=48 000×10%-210=4 590(元)

小丁年底12月共计应缴纳个人所得税=工资个人所得税(根据税法累计计算)+4 590

2.6 本章小结

本章从薪酬专员实际工作的角度出发，全面、细致地阐述了制作工资表和发放工资的全过程。

首先，阐述了制作工资表和发放工资的准备工作，准备工作主要分为知识准备和数据准备两部分。知识准备主要是学习理解制度、流程、法规、财务4个方面，制度和流

程是所在企业内部的，法规是国家和地区性的，财务则指一些基础的财务知识。数据准备主要涉及员工的所有异动情况，包括新进、离职、调动、转正、考核、调薪、考勤、社保/公积金、补贴、扣款等，要分门别类进行整理，规模较小的企业也可以根据实际情况需要汇总成一张表。

其次，在完成准备工作的基础上，详细分析了工资表的构成、工资表通用样表和工资表中每项计算的注意事项。在这部分中，需要重点强调的是工资表的构成，只有明确工资表各部分的含义，才能清晰地把握它们之间的逻辑关系，并加以改造利用。另外，工资表中一些重点项目的计算关系也要注意。

再次，制作好工资表后，进入工资发放阶段，这是薪酬专员实操的主要内容。工资发放一般有通行的流程，这个流程涉及与公司财务部、外部银行及员工的多方对接，应保证工资及时、准确地从财务部门到银行再到员工。企业与银行签订代发工资协议、开通网银功能、协调员工提前办理工资卡等都能促进工资的顺利发放。此外，在财务部、银行与员工对接的过程中，一些表格非常必要，HR人员要提前掌握。

最后，单独把个人所得税作为一个重点来阐述。新《个人所得税法》对整体个税管理有较多调整，纳税身份界定、计算周期、适用税率、应纳税所得额的扣除项目、个税的累计计算、汇算清缴等均是个税实操中需掌握的要点。

第3章　法定福利合法化——如何管理社会保险、住房公积金

【本章导读】

➢ 社保和公积金包括哪些内容?

➢ 如何做好开户和销户的工作?

➢ 如何保证及时且准确地缴纳社保和公积金?

➢ 如何落实社保和公积金的享受和提取工作?

➢ 如何积极应对社会保险审计?

➢ 如何规范社保公积金的管理?

3.1　社会保险和公积金简介

3.1.1　社会保险、住房公积金的含义

1. 社会保险

社会保险(简称社保)是指国家规定的，为了预防和分担年老、失业、疾病以及死亡等社会风险，实现社会安全，而强制社会多数成员参加的，具有所得重分配功能的非营利性的社会安全制度。社会保险是政府强制性的，要求符合条件的个人、单位将其收入的一部分以社会保险费的形式形成社会保险基金，在满足一定条件的情况下，部分个人、单位可从基金获得固定的收入或损失的补偿。

社会保险的主要项目包括养老保险、医疗保险、失业保险、工伤保险、生育保险。

社会保险是一种社会型的再分配制度，它的目标是保证物质及劳动力的再生产和社会的稳定。

2. 住房公积金

住房公积金(简称公积金)是指国家或地区规定的，为了实现城镇住房分配的货币化，要求单位与城镇在职个人共同缴纳的住房储备金。在满足一定条件的情况下，城镇

在职个人可以支取公积金账户中的住房储备金。

住房公积金在大多数城市已经强制化，但也有个别地区未列入强制性规定中。

3.1.2 社会保险、住房公积金的缴费基数和缴费比例

1. 社会保险、住房公积金的缴费基数

关于社会保险、住房公积金缴费基数的相关规定，各地区略有不同，下面以北京为例进行说明。

社会保险缴费基数上限按照北京市上一年就业人员月平均工资的300%确定。参加养老保险和失业保险的职工缴费基数下限按照北京市上一年就业人员月平均工资的40%确定(注：下限比例分2019、2020和2021三年调整为46%、52%和60%)；参加医疗保险、工伤保险和生育保险的职工，缴费基数下限按照北京市上一年就业人员月平均工资的60%确定。

北京市个体工商户和灵活就业人员参加社会保险，可以在企业职工社会保险缴费下限和上限之间选择适当的缴费基数缴费。

北京市住房公积金缴费基数上限按照北京市上一年职工月平均工资的300%确定，下限没有规定，即职工工资额。如职工工资额扣除职工住房公积金月缴存额后低于北京市公布的当年最低工资标准，职工住房公积金月缴存额可以降低，以达到最低工资标准为限，住房公积金单位月缴存额不变。

北京市社会保险、住房公积金缴费基数见表3-1。

表3-1 北京市社会保险、住房公积金缴费基数

类别	基数核定依据	基数下限			基数上限
养老保险	北京市上一年就业人员月平均工资	46%	52%	60%	300%
失业保险	北京市上一年就业人员月平均工资	46%	52%	60%	300%
医疗保险	北京市上一年就业人员月平均工资	60%			300%
工伤保险	北京市上一年就业人员月平均工资	60%			300%
生育保险	北京市上一年就业人员月平均工资	60%			300%
住房公积金	北京市上一年就业人员月平均工资	—			300%

2. 社会保险、住房公积金的缴费比例

确定社会保险、住房公积金的缴费基数后，还要区分单位和个人的缴费比例，仍以北京市为例，见表3-2。

表3-2　北京市社会保险、住房公积金单位、个人缴费比例

类别	单位比例	个人比例
养老保险	16%	8%
失业保险	0.8%	0.2%
医疗保险	10%	2%+3
工伤保险	行业费率	0
生育保险	0.8%	0
住房公积金	12%	12%

注：2020年4月30日前，北京市地区企业为职工缴存住房公积金的比例由企业根据自身情况在5%～12%的范围内自主确定；失业保险总费率仍为1%

3. 不同户口类型职工的社会保险缴费基数和比例

在大多数地区，由于职工个人的户口类型不同，对于社会保险是否缴费、缴费基数和缴费比例也有不同的规定，以北京市为例，见表3-3。

表3-3　北京市社会保险单位个人缴费比例

人员类别	内容	养老保险(40%～300%)		失业保险(40%～300%)		医疗保险(60%～300%)		工伤保险(60%～300%)		生育保险(60%～300%)	
		单位	个人	单位	个人	单位	个人	单位	个人	单位	个人
北京/外埠城镇职工	比例	16%	8%	1%	0.2%	10%	2%+3	行业费率	—	0.8%	—
	基数下限	40%～60%	40%～60%	40%～60%	40%～60%	60%	60%	60%	—	60%	—
	基数上限	300%	300%	300%	300%	300%	300%	300%	—	300%	—
北京/外埠农村劳动力	比例	16%	8%	1%	—	10%	2%+3	行业费率	—	0.8%	—
	基数下限	40%～60%	40%～60%	40%～60%	—	60%	60%	60%	—	60%	—
	基上限	300%	300%	300%	—	300%	300%	300%	—	300%	—

小贴士：工伤保险的行业费率

工伤保险由国家根据不同行业的工伤风险程度确定行业的差别费率，并根据工伤保险费使用、工伤发生率等情况在每个行业内确定若干费率档次。行业差别费率及行业内费率档次由当地政府定期公布，一般为0.5～2，以北京市为例，具体见表3-4。

表3-4　北京市工伤保险行业基准费率和浮动档次

<table>
<tr><th>行业类别</th><th>行业基准费率</th><th>行业内费率浮动档次</th><th>行业名称</th></tr>
<tr><td rowspan="4">一</td><td rowspan="4">0.5</td><td>0.2</td><td rowspan="4">银行业，证券业，保险业，其他金融活动业，居民服务业，其他服务业，租赁业，商务服务业，住宿业，餐饮业，批发业，零售业，仓储业，邮政业，电信和其他传输服务业，计算机服务业，软件业，卫生业，社会保障业，社会福利业，新闻出版业，广播、电视、电影和音像业，文化艺术，教育，研究与试验发展，专业技术服务业，科技交流和推广服务业，城市公共交通业</td></tr>
<tr><td>0.3</td></tr>
<tr><td>0.4</td></tr>
<tr><td>0.5</td></tr>
<tr><td rowspan="5">二</td><td rowspan="5">1</td><td>0.5</td><td rowspan="5">房地产业，体育业，娱乐业，水利管理业，环境管理业，公共设施管理业，农副食品加工业，食品制造业，饮料制造业，烟草制造业，纺织业，纺织服装、鞋、帽制造业，皮革、毛皮、羽毛(绒)及其制品业，木材加工及木、竹、藤、棕、草制品业，家具制造业，造纸及纸制品业，印刷业和记录媒介的复制行业，文教体育用品制造业，化学纤维制造业，医药制造业，通用设备制造业，专用设备制造业，交通运输设备制造业，电气机械及器材制造业，仪器仪表及文化、办公用机械制造业，非金属矿物制品业，金属制品业，橡胶制品业，塑料制品业，通信设备、计算机及其他电子设备制造业，工艺品及其他制造业，废弃资源和废旧材料回收加工业，电力、热力的生产和供应业，燃气生产和供应业，水的生产和供应业，房屋和土木工程建筑业，建筑安装业，建筑装饰业，其他建筑业，地质勘查业，铁路运输业，道路运输业，水上运输业，航空运输业，管道运输业，装卸搬运和其他行业，运输服务业</td></tr>
<tr><td>0.8</td></tr>
<tr><td>1</td></tr>
<tr><td>1.2</td></tr>
<tr><td>1.5</td></tr>
<tr><td rowspan="5">三</td><td rowspan="5">2</td><td>1</td><td rowspan="5">石油加工、炼焦及核燃料加工业，化学原料及化学制品制造业，黑色金属冶炼及压延加工业，有色金属冶炼及压延加工业，石油和天然气开采业，黑色金属矿采选业，有色金属矿采选业，非金属矿采选业，煤炭开采和洗选业，其他采矿业</td></tr>
<tr><td>1.6</td></tr>
<tr><td>2</td></tr>
<tr><td>2.4</td></tr>
<tr><td>3</td></tr>
</table>

注：用人单位企业法人营业执照或者营业执照登记的经营范围不明确的，需要浮动费率时，不受行业类别的限制；在本办法实施后参加工伤保险的，按照第二类行业的基准费率确定缴费费率；在本办法实施前参加工伤保险的，根据用人单位已经确定的缴费费率，确定费率浮动档次

3.1.3　关于“上一年度职工月平均工资”

“上一年度职工月平均工资”又称“社会平均工资”，每年由当地政府于上半年公布上一年度的数据。自2019年起，“社会平均工资”的统计口径调整为“市城镇非私营单位就业人员平均工资和城镇私营单位就业人员平均工资加权计算，即全市全口径城镇单位就业人员平均工资”。以北京为例，北京部分年度社会平均工资见表3-5。

表3-5 北京部分年度社会平均工资

年度/年	北京		
	全市职工年平均工资/元	职工月平均工资/元	增长率
2018	94 258	7 855	-7%
2017	101 599	8 467	10%
2016	92 477	7 706	9%
2015	85 038	7 087	10%
2014	77 560	6 463	12%
2013	69 521	5 793	11%
2012	62 677	5 223	12%
2011	56 061	4 672	11%
2010	50 415	4 201	4%
2009	48 444	4 037	8%
2008	44 715	3 726	12%
2007	39 867	3 322	10%
2006	36 097	3 008	10%
2005	32 808	2 734	16%
2004	28 348	2 362	18%
2003	24 045	2 004	16%
2002	20 728	1 727	15%
2001	18 092	1 508	15%
2000	15 726	1 311	14%

注：表中2018年数据为北京市城镇非私营单位就业人员平均工资和城镇私营单位就业人员平均工资加权计算，即北京市全口径城镇单位就业人员平均工资

3.1.4 社会保险、住房公积金占员工工资总额的比例

社会保险、住房公积金是国家规定的法定福利，有固定的缴费基数与比例，随着社会保险、住房公积金管理的规范化，这两项福利已经成为人工成本支出中的重要项目。下面，我们根据北京市社会保险、住房公积金的不同缴费基数、比例来分析社会保险、住房公积金在员工工资总额中所占的比例。首先，我们在最低基数至50 000元之间取几个月工资额数据进行测算，具体见表3-6。

表3-6 北京市社会保险、住房公积金缴纳数额测算

类别	工资额	养老保险		失业保险		医疗保险		工伤保险		生育保险		住房公积金	
		个人	单位	个人	单位	个人	单位	个人	单位	个人	单位	个人	单位
		8%	16%	0.20%	0.8%	2%+3	10%	—	0.50%	—	0.80%	12%	12%
最低缴费	3 613/4 713/5 557	289.04	578.08	7.23	28.90	114.14	555.70	0	23.57	0	44.46	433.56	433.56
	5 000	400.00	800.00	10.00	40.00	103.00	500.00	0	25.00	0	40.00	600.00	600.00
	8 000	640.00	1 280.00	16.00	64.00	163.00	800.00	0	40.00	0	64.00	960.00	960.00
	10 000	800.00	1 600.00	20.00	80.00	203.00	1 000.00	0	50.00	0	80.00	1 200.00	1 200.00
	15 000	1 200.00	2 400.00	30.00	120.00	303.00	1 500.00	0	75.00	0	120.00	1 800.00	1 800.00
	20 000	1 600.00	3 200.00	40.00	160.00	403.00	2 000.00	0	100.00	0	160.00	2 400.00	2 400.00
最高缴费	23 565	1 885.20	3 770.40	47.13	188.52	474.30	2 356.50	0	117.83	0	188.52	2 827.80	2 827.80
	30 000	1 885.20	3 770.40	47.13	188.52	474.30	2 356.50	0	117.83	0	188.52	2 827.80	2 827.80
	40 000	1 885.20	3 770.40	47.13	188.52	474.30	2 356.50	0	117.83	0	188.52	2 827.80	2 827.80
	50 000	1 885.20	3 770.40	47.13	188.52	474.30	2 356.50	0	117.83	0	188.52	2 827.80	2 827.80

在表3-6的测算基础上，我们进行汇总分析，具体见表3-7。

表3-7 北京市社会保险、住房公积金占工资总额比例

类别	工资额	个人缴费小计	个人缴费占工资的比例	单位缴费小计	单位缴费占工资的比例	缴费合计	个人与单位缴费占工资的比例
最低缴费	3 613/4 713/5 557	843.97	23.36%	1 664.27	46.06%	2 508.23	69.42%
	5 000	1 113.00	22.26%	2 005.00	40.10%	3 118.00	62.36%
	8 000	1 779.00	22.24%	3 208.00	40.10%	4 987.00	62.34%
	10 000	2 223.00	22.23%	4 010.00	40.10%	6 233.00	62.33%
	15 000	3 333.00	22.22%	6 015.00	40.10%	9 348.00	62.32%
	20 000	4 443.00	22.22%	8 020.00	40.10%	12 463.00	62.32%
最高缴费	23 565	5 234.43	22.21%	9 449.57	40.10%	14 684.00	62.31%
	30 000	5 234.43	17.45%	9 449.57	31.50%	14 684.00	48.95%
	40 000	5 234.43	13.09%	9 449.57	23.62%	14 684.00	36.71%
	50 000	5 234.43	10.47%	9 449.57	18.90%	14 684.00	29.37%

通过表3-6和表3-7的测算及分析，我们可以得出以下几个结论。

(1) 员工工资额在社会平均工资3倍以下时，员工个人社会保险和公积金缴费额占工资额的比例约为22%，企业为员工缴纳的社会保险和住房公积金额占员工工资额的比例约为40%。也就是说，在这个区间内，因为缴纳社会保险和住房公积金，企业为每个员工支出的成本额=核定工资额×(1+40%)，员工个人在缴纳个人所得税前的工资额=核定

工资额×(1−22%)。

(2) 当员工工资额低于社会保险、住房公积金的最低缴费基数时，员工个人社会保险、公积金缴费及企业部分缴费占工资额的比例略有上升，尤其是企业缴费部分，比例大约高至46%。

(3) 当员工工资额超过社会平均工资3倍时，员工个人社会保险、公积金缴费及企业部分缴费占工资额的比例在下降，当工资额约达到社会平均工资3倍的双倍时，比例大约分别下降至10%和19%。

从上述数据测算及分析中可以看出，对于社会保险、住房公积金这两项法定福利，无论从员工个人角度看，还是从企业人工成本管理角度看，都占有不可忽视的比例，尤其对企业来说，员工的社会保险和住房公积金是人工成本支出的重要项目，在实施人工成本管理时，应注意不要忽视社会保险、住房公积金这两个项目。

3.2 如何进行开户和销户

3.2.1 社会保险、住房公积金的管理部门

关于社会保险的政府管理部门，从国家层面来讲为人力资源和社会保障部(网址：http://www.mohrss.gov.cn/)，网上有社会保险相关政策库，HR专业人员可以查询；从各地区层面来讲为省/市人力资源和社会保障局，例如北京市的社会保险政府管理部门为北京市人力资源和社会保障局(网址：http://www.bjrbj.gov.cn/)。1998年以前，社会保险归劳动局管理，后更名为“劳动和社会保障部/局”；2011年，人事部/局与劳动和社会保险部/局合并后，统称为“人力资源和社会保险部/局”。

在各省/市人力资源和社会保障局下设区/县一级的人力资源和社会保障局，例如北京市人力资源和社会保障局下设的海淀区人力资源和社会保障局(网址：http://www.hdlsj.gov.cn/)。企业要办理相关业务，应根据自身的注册所在地找到归口管理的区/县一级人力资源和社会保障局。

住房公积金归属于省/市一级的住房公积金管理中心管理，例如北京市的住房公积金归属北京住房公积金管理中心(网址：http://www.bjgjj.gov.cn/)管理，省/市一级住房公积金管理中心下设分中心。住房公积金管理中心对于企业的注册地没有严格限制，企业在中心或采取就近原则在分中心办理业务均可。

3.2.2　社会保险、住房公积金的开户

1. 社会保险的开户

企业办理注册手续，取得《企业法人营业执照》《组织机构代码证书》《税务登记证》《开户许可证》等必要的文件后，就可以办理社会保险开户手续。原则上规定，企业应该在成立30日内办理社会保险登记。各地区社会保险开户的流程略有不同，下面以北京市为例进行说明，以使大家对社会保险开户的流程有一个认识，社会保险开户流程见图3-1。

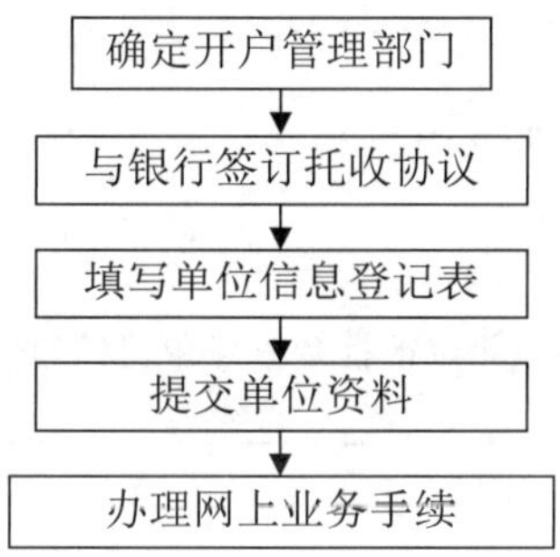

图3-1　社会保险开户流程

> 确定开户管理部门

开户管理部门一般为企业注册所在地所属的市/区/县人力资源和社会保障局。

> 与银行签订托收协议

北京市人力资源和社会保障局规定，北京辖区内的企业可以选择北京银行、工商银行、建设银行、邮政银行、农业银行、农商银行、中信银行、光大银行、广发银行、交通银行、民生银行、招商银行12家银行作为社会保险费的托收行。

企业在开立社会保险户前须与以上12家银行中的一家签订《北京市同城特约委托收款付款授权书》。为了减少转账流程带来的工作量，如果企业的开户行也在这12家银行中，最好选择开户银行来托收社会保险费。

> 填写单位信息登记表

企业按照人力资源和社会保障局的要求打印并填写《北京市社会保险单位信息登记表》。在该表中需要详细填写企业的相关信息。目前，北京市实现了网上直接填写，并可下载打印。

> 提交单位资料

企业所提交的资料主要是与企业相关的文件，主要包括以下几种。

- 《北京市社会保险单位信息登记表》(见表3-8)；
- 《组织机构代码证书》(副本)；
- 《企业法人营业执照》副本；
- 法定代表人身份证；
- 银行《开户许可证》；
- 《北京市社会保险费银行缴费协议》。

➢ 办理网上业务手续

- 填写《北京市社会保险网上申报系统用户承诺书》；
- 填写《北京市社会保险网上申报业务申请表》；
- 填写《数字证书一证多用授权书》；
- 由北京数字证书认证中心签发单位数字证书(USB Key)。

表3-8　北京市社会保险单位信息登记表

填报单位(公章)：

*组织机构代码			*单位简称		*缴费户开户银行			*行 号	
*单位名称			*单位电话		*缴费户开户全称			*账 号	
*单位经营(办公)地址			*邮政编码		*支出户开户银行			*行 号	
工商登记执照信息	执照号码		执照种类		*支出户开户全称			*账 号	
	发照日期		有效期限		主管部门或总机构				
	工商注册地址				集中缴费单位组织机构代码		集中缴费单位社会保险登记证编码		
批准成立信息	批准单位				集中缴费单位名称				
	批准日期		批准文号		农转非类别		依法批准征地日期		
单位法人或负责人	*姓名				施工期起始日期		施工期截止日期		
	证件类型		联系电话						
	证件号码				维修期起始日期		维修期截止日期		
单位经办人	姓名	所在部门		联系电话	竣工期日期		延长期日期		
*缴费业务					参加保险情况	*险种			*登记日期
支付业务						养老			
*单位类型		*单位类别				失业			
*经济类型		*隶属关系				工伤			
*行业代码		*行业费率				生育			
*行业性质		行业系统				医疗			
参统方式		特殊标识			*社会保险登记机构名称				
*结算周期		*缴费形式			*社会保险登记证编码		*社保登记证发证日期		
所属行政区县名称		*四险缴费所属经(代)办机构			单位电子邮件地址				
*医疗缴费地区		*报销地区			单位网址		单位传真号码		

单位负责人：　　　　社保经(代)办机构经办人员(签章)：
单位经办人：　　　　社保经(代)办机构(盖章)：
填报日期：　　　　办理日期：　　年　　月　　日
备注：表格中带 * 号的项目为必录项。

办理完毕社会保险开户手续(包括网上业务手续)后，企业会获得人力资源和社会保障局颁发的《社会保险登记证》。

2. 住房公积金的开户

住房公积金开户流程见图3-2。

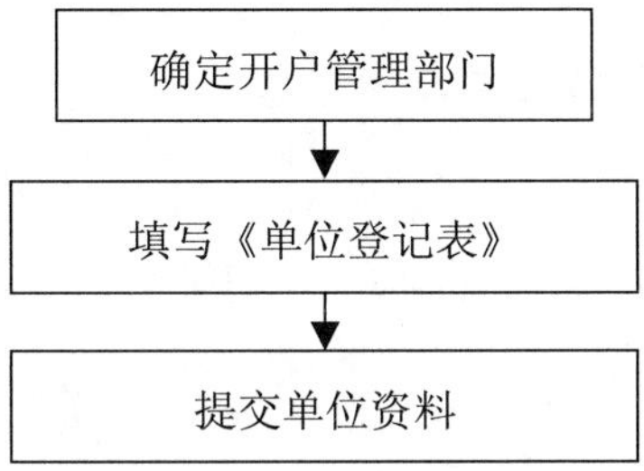

图3-2 住房公积金开户流程

➢ 确定开户管理部门

北京市辖区内的企业可到北京市住房公积金管理中心下属的29个分中心和管理部办理开户手续。原则上可以就近选择，到距离企业最近的分中心办理手续。

➢ 填写《单位登记表》

《单位登记表》的格式应遵照住房公积金管理中心的要求，可以先去办理点领取，填好盖章后与企业的其他资料一同提交。

➢ 提交单位资料

企业办理住房公积金开户应提交以下几项资料。

- 《单位登记表》；
- 《企业法人营业执照》副本；
- 《组织机构代码证书》(副本)；
- 法定代表人身份证；
- 单位经办人身份证。

经住房公积金管理中心审核通过后，企业住房公积金开户手续即办理完毕。

3.2.3 社会保险、住房公积金的销户

1. 社会保险的销户

当企业合并、分立、撤销、解散或者破产时，需要在变更后30日内，完成企业社会保险户的销户工作。

企业在办理社会保险销户前，需要将户内的职工社会保险办理停缴。企业办理社会保险销户的管理部门与开户时相同。

企业办理社会保险销户需要提交以下几项资料。

- 有关部门出具的文件原件及复印件，如上级部门批准文件、人民法院破产裁定、公司决议、工商管理部门责令关闭文件等；
- 《北京市社会保险单位信息变更登记表》；
- 《社会保险登记证》。

社会保险销户后，原企业的《社会保险登记证》原件收回，而且企业销户后无法再恢复或办理缴纳社会保险费的业务。

2. 住房公积金的销户

当企业合并、分立、撤销、解散或者破产时，需要在变更后30日内，完成企业住房公积金户的销户工作。

企业在办理住房公积金注销登记前，需为员工办理个人住房公积金账户的封存及转移手续，具体流程为：企业填制《住房公积金转移申请书》及《住房公积金转移清册》，将所属职工转入新单位或转入集中封存库封存。企业办理住房公积金销户的管理部门与开户时相同。

企业办理住房公积金销户需要提交以下几项资料。

- 有关部门出具的文件原件及复印件，如上级部门批准文件、人民法院破产裁定、公司决议、工商管理部门责令关闭文件等；
- 填写住房公积金管理中心统一印制的《单位账户注销登记表》；
- 注销登记办理人身份证。

住房公积金销户后，企业及员工个人住房公积金账户不得留有余额，而且企业住房公积金账户显示为注销状态，无法再进行其他操作。

3.3 如何及时准确地缴纳

在了解了社会保险与住房公积金的基本知识，以及办理完毕企业开户手续后，HR薪酬专员需要按月及时缴纳社会保险及住房公积金。下面，我们分别阐述人员增加、人员减少、基数核定、补缴、社保卡/住房公积金联名卡办理、信息变更等社会保险及住房公积金日常缴纳过程中的主要工作。

3.3.1　社会保险的人员增加与减少

1. 社会保险人员增加前的准备工作

➢ 需要办理社会保险的员工类型

新员工入职当月企业就需要给员工缴纳社会保险和住房公积金，这里需要注意的是，无论员工是正式还是试用，都需要从入职当月开始办理社会保险和住房公积金，只有已退休人员、在校实习人员和已经在其他单位办理社会保险的人员不需办理。

➢ 需要办理社会保险的员工的入职时间

在不同地区，社会保险政策略有不同。以北京市为例，每月企业缴纳社会保险的时间为5—25日，所以，原则上在当月5—25日入职的新员工都可以办理社会保险。但由于新员工需要提交资料，再加上还需要企业进行增员网上操作及报送资料等，一般来说，企业规定当月15—18日前入职的员工可以在当月缴纳社会保险。

➢ 新员工办理社会保险需要提交的资料

- 身份证复印件(包括正反面)；
- 户口本复印件(包括户口本户主首页和本人页)；
- 照片(1寸彩色)；
- 社会保险个人信息登记表(见表3-9)。

表3-9　北京市社会保险个人信息登记表

填报单位(公章)：
组织机构代码：
社会保险登记证编码：

<table>
<tr><td>* 参加险种：</td><td colspan="4">养老(　　)　失业(　　)　工伤(　　)　生育(　　)　医疗(　　)</td><td rowspan="5"></td></tr>
<tr><td>* 姓名</td><td></td><td>* 公民身份号码</td><td colspan="2"></td></tr>
<tr><td>* 性别</td><td></td><td>* 出生日期</td><td colspan="2"></td></tr>
<tr><td>* 民族</td><td></td><td>婚姻状况</td><td colspan="2"></td></tr>
<tr><td>* 文化程度</td><td></td><td>* 户口性质</td><td colspan="2"></td></tr>
<tr><td>户口所在区县街乡</td><td colspan="5"></td></tr>
<tr><td>* 户口所在地地址</td><td colspan="3"></td><td>* 户口所在地邮政编码</td><td></td></tr>
<tr><td>* 居住地(联系)地址</td><td colspan="3"></td><td>* 居住地(联系)邮政编码</td><td></td></tr>
</table>

(续表)

*选择邮寄社会保险对账单地址				*邮政编码	
*参保人电话		联系人姓名		联系人电话	
*参加工作日期		*个人身份		申报月均工资收入/元	
*缴费人员类别			*医疗参保人员类别		
离退休类别			离退休日期		
农转非类别			批准征地日期		
农转工补缴单位名称			*是否患有特殊病	否	
特殊标识		残疾证编号		兼职	
《北京市工作居住证》编号			有效截止日期		
委托代发基金银行名称					
委托代发基金银行行号			委托代发基金银行账号		
养老保险视同缴费年限			定点医疗机构1		
定点医疗机构2			定点医疗机构3		
定点医疗机构4			定点医疗机构5		
本人目前确属社会保险参保对象，现申请参加社会保险，按照社会保险登记的要求本人已如实填写了上述相关信息，并对所填写内容的真实有效性负责					
参保人签字：　　　　签字日期：　年　月　日					

单位负责人：　　　　　　　　　　社保经(代)办机构经办人员(签章)：

单位经办人：　　　　　　　　　　社保经(代)办机构(盖章)：

填报日期：　年　月　日　　　　　办理日期：　年　月　日

注：此表为参保单位职工专用。表格中带*号的项目为必录项

2. 社会保险人员增加

在做好社会保险人员增加的准备工作后，HR薪酬专员需要做以下两方面工作来完成人员新增(以北京市为例)。

➢ 网上申报工作

在员工准备好资料并填写社会保险个人信息登记表后，HR薪酬专员要对新增人员的信息进行网上申报，主要是在“个人信息录入”模块中录入新增人员的个人信息，并扫描上传新增人员的照片。操作完成后，系统会自动生成《北京市社会保险个人信息登记表》(见表3-9)，以及《北京市社会保险参保人员增加表》(见表3-10)。

➢ 现场资料提交工作

HR薪酬专员携带员工个人资料、盖章的《北京市社会保险个人信息登记表》(见

表3-9)，以及《北京市社会保险参保人员增加表》(见表3-10)、网上系统生成的资料U盘，到人力资源和社会保障局办理新增业务。

表3-10　北京市社会保险参保人员增加表

填报单位(公章)：
组织机构代码：
社会保险登记证编码：

序号	* 姓名	性别	* 公民身份号码	* 参加险种					* 个人缴费/支付(恢复)原因		申报月工资收入/档次/元	* 增加日期
				养老	失业	工伤	生育	医疗	四险	医疗		
甲	乙	丙	丁	1	2	3	4	5	6	7	8	9
1												
2												
3												
4												
5												
6												
7												
8												
9												
10												

单位负责人：　　　　社保经(代)办机构经办人员(签章)：
单位经办人：　　　　社保经(代)办机构(盖章)：
填报日期：　　　　办理日期：
备注：1. 表格中带 * 号的项目为必录项。
2. 四险按收缴业务、支付业务分别填报

3. 社会保险人员减少

相较于社会保险人员的增加，社会保险人员减少的操作要简单一些，只需要执行以下两步操作即可。

➢ 网上申报工作

HR薪酬专员要对减少人员的信息进行网上申报，主要是在“普通减员”模块中录入减少人员的信息，操作完成后，系统会自动生成《北京市社会保险参保人员减少表》(见表3-11)。

➢ 现场资料提交工作

HR薪酬专员携带盖章的《北京市社会保险参保人员减少表》(见表3-11)、网上系统生成的资料U盘，到人力资源和社会保障局办理减少业务。

表3-11　北京市社会保险参保人员减少表

填报单位(公章)：
组织机构代码：
社会保险登记证编码：

序号	*姓名	性别	*公民身份号码	*停止缴费(支付)险种					*个人停止缴费(支付)原因		是否清算	*缴费(支付)截止日期
				养老	失业	工伤	生育	医疗	四险	医疗		
甲	乙	丙	丁	1	2	3	4	5	6	7	8	9
1												
2												
3												
4												
5												
6												
7												
8												
9												
10												
11												
12												

单位负责人：　　　　社保经(代)办机构经办人员(签章)：
单位经办人：　　　　社保经(代)办机构(盖章)：
填报日期：　　　　办理日期：年　月　日
备注：1. 表格中带*号的项目为必录项。
2. 四险按收缴业务、支付业务分别填报

3.3.2　住房公积金人员增加与减少

1. 住房公积金初始工作

企业在住房公积金开户工作结束后，便可进行住房公积金初始登记，需提供以下几项资料。

- 《住房公积金开户申请表》(见表3-12)；
- 《住房公积金汇缴清册》(见表3-13)；
- 《北京住房公积金管理中心管理部印鉴卡》(见表3-14)；

表3-12 住房公积金开户申请表

单位全称(公章)：

单位登记号：　　　　　　　　　　　　　　　　　　　　　开户管理部编号：

<table>
<tr><td>账户属性</td><td colspan="5">□住房公积金　□住房基金　□维修基金　□住房补贴</td></tr>
<tr><td>单位开户银行及行号</td><td colspan="2"></td><td>账号</td><td colspan="2"></td></tr>
<tr><td>发薪日期</td><td colspan="3"></td><td>附汇缴清册</td><td>张</td></tr>
<tr><td>经办部门</td><td colspan="3"></td><td>经办人</td><td></td></tr>
<tr><td rowspan="2">经办人
联系电话</td><td>座机</td><td colspan="2"></td><td rowspan="2">经办人
证件号码</td><td rowspan="2"></td></tr>
<tr><td>手机</td><td colspan="2"></td></tr>
</table>

单位主管：　　　　　　复核：　　　　制表：　　　　制表日期：　　年　月　日

填表说明：

1.《开户申请表》是管理中心为单位设立相应资金账户的凭证。

2. 填写单位申请人开立住房公积金、住房补贴账户时，须填列该表第三行。

3. 填写经办人身份证复印件作为本表附件一并报管理部。

4. 填写经办人电话时应尽量同时提供手机号码，便于开展短信服务

表3-13 住房公积金汇缴清册

______年度　住房公积金汇缴(跨年)清册

单位全称(盖章)：________________________　　资金来源：□财政拨款 □单位自筹

单位登记号：__________　单位缴存比例/%______　个人缴存比例/%______　第　页　共　页

<table>
<tr><td rowspan="2">序号</td><td rowspan="2">职工编号</td><td rowspan="2">姓名</td><td rowspan="2">性别</td><td rowspan="2">出生年月</td><td rowspan="2">证件类型</td><td rowspan="2">证件号码</td><td rowspan="2">户口类型</td><td rowspan="2">参加工作时间</td><td rowspan="2">现单位工作时间</td><td rowspan="2">现有学历及学位</td><td rowspan="2">现有职务</td><td rowspan="2">现有职称</td><td rowspan="2">具有何种执业资格</td><td rowspan="2">缴存基数</td><td colspan="2">住房公积金月缴存额</td><td rowspan="2">住房情况</td><td rowspan="2">是否住房贷款</td><td colspan="3">配偶信息</td><td rowspan="2">缴存状态</td></tr>
<tr><td>个人部分</td><td>单位部分</td><td>姓名</td><td>证件号码</td><td>是否建立公积金</td></tr>
<tr><td>1</td><td></td><td></td><td></td><td></td><td></td><td></td><td></td><td></td><td></td><td></td><td></td><td></td><td></td><td></td><td></td><td></td><td></td><td></td><td></td><td></td><td></td><td></td></tr>
<tr><td>2</td><td></td><td></td><td></td><td></td><td></td><td></td><td></td><td></td><td></td><td></td><td></td><td></td><td></td><td></td><td></td><td></td><td></td><td></td><td></td><td></td><td></td><td></td></tr>
<tr><td>3</td><td></td><td></td><td></td><td></td><td></td><td></td><td></td><td></td><td></td><td></td><td></td><td></td><td></td><td></td><td></td><td></td><td></td><td></td><td></td><td></td><td></td><td></td></tr>
<tr><td>4</td><td></td><td></td><td></td><td></td><td></td><td></td><td></td><td></td><td></td><td></td><td></td><td></td><td></td><td></td><td></td><td></td><td></td><td></td><td></td><td></td><td></td><td></td></tr>
<tr><td>5</td><td></td><td></td><td></td><td></td><td></td><td></td><td></td><td></td><td></td><td></td><td></td><td></td><td></td><td></td><td></td><td></td><td></td><td></td><td></td><td></td><td></td><td></td></tr>
<tr><td>6</td><td></td><td></td><td></td><td></td><td></td><td></td><td></td><td></td><td></td><td></td><td></td><td></td><td></td><td></td><td></td><td></td><td></td><td></td><td></td><td></td><td></td><td></td></tr>
<tr><td colspan="9" rowspan="2">本页缴存小计：</td><td colspan="4">金额合计</td><td colspan="3">个人缴存额</td><td colspan="4">单位缴存额</td><td colspan="3">缴存人数</td></tr>
<tr><td colspan="4"></td><td colspan="3"></td><td colspan="4"></td><td colspan="3"></td></tr>
<tr><td colspan="9">缴存合计：</td><td colspan="4"></td><td colspan="3"></td><td colspan="4"></td><td colspan="3"></td></tr>
</table>

总人数：　　　　　　　单位主管：　　　　　　制表日期：　　年　月　日

经办人：　　　　　　　制表：　　　　　　　　联系电话：

接柜：　　　　　　　　管理部盖章：

表3-14　北京住房公积金管理中心管理部印鉴卡

印鉴卡正面样式

单位登记号：

<table>
<tr><td>单位名称</td><td></td></tr>
<tr><td>所在区县</td><td></td></tr>
<tr><td>主管部门</td><td></td></tr>
<tr><td>电话：</td><td>年　月　日启用</td></tr>
<tr><td colspan="2">印鉴使用说明：</td></tr>
<tr><td colspan="2">印模：</td></tr>
</table>

单位主管：　　　　复核：　　填制：

印鉴卡背面样式

<table>
<tr><td colspan="3">更换印鉴申请书</td></tr>
<tr><td colspan="2">我单位前在你管理部开立
账户，现拟
更换印鉴，兹将印鉴附盖
正页，自　　年　月
日起启用。请将前送
印鉴注销为荷</td><td>(在管理部原留印鉴)</td></tr>
<tr><td></td><td>审批单位签章</td><td></td></tr>
<tr><td colspan="2"></td><td></td></tr>
</table>

注：印鉴卡必须到管理部柜台领取

2. 住房公积金每月人员增加与减少

当月因员工入职、离职等情况引起汇缴金额变动时，HR薪酬专员应提交一份《住房公积金汇缴变更清册》(见表3-15)，并向住房公积金管理中心提交《住房公积金汇缴书》(见表3-16)和根据汇缴书开具的转账支票。

表3-15　住房公积金汇缴变更清册

年　月份

单位全称(盖章)：

单位登记号：　　　　第　页　共　页

<table>
<tr><td colspan="9">本月增加汇缴</td><td colspan="9">本月减少汇缴</td></tr>
<tr><td colspan="9">(新增职工开户)</td><td colspan="9">(职工调出、封存、销户)</td></tr>
<tr><td rowspan="2">序号</td><td rowspan="2">职工编号</td><td rowspan="2">职工姓名</td><td rowspan="2">证件名称</td><td rowspan="2">证件号码</td><td rowspan="2">缴存基数</td><td colspan="3">住房公积金月缴存额/元</td><td rowspan="2">序号</td><td rowspan="2">职工编号</td><td rowspan="2">职工姓名</td><td rowspan="2">证件名称</td><td rowspan="2">证件号码</td><td rowspan="2">减少原因</td><td colspan="3">住房公积金月缴存额/元</td></tr>
<tr><td>个人</td><td>单位</td><td>合计</td><td>个人</td><td>单位</td><td>合计</td></tr>
<tr><td></td><td></td><td></td><td></td><td></td><td></td><td></td><td></td><td></td><td></td><td></td><td></td><td></td><td></td><td></td><td></td><td></td><td></td></tr>
<tr><td></td><td></td><td></td><td></td><td></td><td></td><td></td><td></td><td></td><td></td><td></td><td></td><td></td><td></td><td></td><td></td><td></td><td></td></tr>
<tr><td></td><td></td><td></td><td></td><td></td><td></td><td></td><td></td><td></td><td></td><td></td><td></td><td></td><td></td><td></td><td></td><td></td><td></td></tr>
</table>

(续表)

<table>
<tr><td colspan="2" rowspan="3">本页小计</td><td rowspan="2">人数</td><td colspan="3">金额</td><td rowspan="3">本页小计</td><td rowspan="2">人数</td><td colspan="3">金额</td></tr>
<tr><td>个人</td><td>单位</td><td>合计</td><td>个人</td><td>单位</td><td>合计</td></tr>
<tr><td></td><td></td><td></td><td></td><td></td><td></td><td></td><td></td></tr>
<tr><td>首页填写</td><td>本月增加汇缴合计</td><td></td><td></td><td></td><td></td><td>本月减少汇缴合计</td><td></td><td></td><td></td><td></td></tr>
</table>

填写说明：

1.《住房公积金汇缴变更清册》一式两份，加盖单位印章，一份单位留存，一份报管理部。

2.《住房公积金汇缴变更清册》中“增加人数合计”“增加金额合计”“减少人数合计”“减少金额合计”应与《住房公积金汇缴书》中相应栏目一致。

3.《住房公积金汇缴变更清册》中各项内容的填写应准确、完整

表3-16　住房公积金汇缴书

NO.

年　　月　　日　　　　　　　　　　　　　　　　　　附变更清册　　　张

<table>
<tr><td>单位全称</td><td colspan="11"></td></tr>
<tr><td>单位登记号</td><td></td><td colspan="5">资金来源：□财政　　□自筹</td><td colspan="5">汇缴　　年　　月份</td></tr>
<tr><td colspan="2" rowspan="2">汇缴金额
(大写)</td><td>千</td><td>百</td><td>十</td><td>万</td><td>千</td><td>百</td><td>十</td><td>元</td><td>角</td><td>分</td></tr>
<tr><td></td><td></td><td></td><td></td><td></td><td></td><td></td><td></td><td></td><td></td></tr>
<tr><td colspan="12">上月汇缴
人数
金额　　　　本月增加
人数
金额　　　　本月减少
人数
金额　　　　本月汇缴
人数
金额</td></tr>
<tr><td colspan="2">支票号码：</td><td colspan="10">备注：</td></tr>
</table>

单位主管：　　　　　　　　　复核：　　　　　　　　　制单：

填写说明：

1.《住房公积金汇缴书》一式两联，为无碳复写凭证，第一联由住房公积金管理中心留存作为记账凭证，第二联作为单位存根备查。

2. 部分行政事业单位既有财政统发又有单位自筹汇缴住房公积金的，需根据财政统发部分和单位自筹部分分别填制《住房公积金汇缴书》。

3.《住房公积金汇缴书》中各项内容的填写应准确、完整

3.3.3　基数核定

1. 社会保险基数的核定

➢ 社会保险基数核定的原则

(1) 新入职的员工按照员工第一个月的工资额核定基数。

(2) 在职员工按照员工上一年月平均工资核定基数。

➢ 上一年月平均工资核定办法

(1) 依据《关于工资总额组成的规定》及解释确定，注意一般企业发放的薪酬均计入工资总额中，例如岗位工资、基本工资、绩效工资、奖金、补贴、津贴等。另外，需要注意的是，这里所指的“工资额”为税前工资总额。

(2) “上一年”指的是基数核定年上一年的1月1日至12月31日。

(3) 计算办法：上一年月平均工资=工资总额÷实发工资月数。

➢ 社会保险基数核定的金额

(1) 可以参照本章表3-1、表3-2、表3-3、表3-4、表3-5、表3-6等表格的数据。

(2) 每年的社会保险基数核定须参照上一年的地区社会平均工资额执行。

➢ 社会保险基数核定的时间

(1) 以北京市为例，每年应在6月30日前完成上一年社会保险基数的申报核定工作。

(2) 每年7月份当月的社会保险按照新核定的基数执行，至次年6月之间，基数不变。

(3) 社会保险基数核定工作如有时间上的调整，以管理部门的通知为准。

➢ 社会保险基数核定流程

社会保险基数核定流程如图3-3所示。

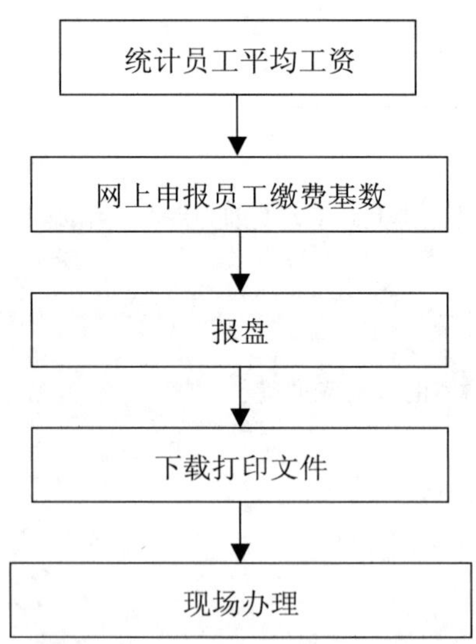

图3-3　社会保险基数核定流程

(1) 员工月平均工资统计样表见表3-17。

表3-17　月平均工资统计表

序号	姓名	性别	身份证号	月平均工资	1月工资	2月工资	3月工资	4月工资	5月工资	6月工资	7月工资	8月工资	9月工资	10月工资	11月工资	12月工资	备注
1																	
2																	
3																	
4																	
5																	
6																	
7																	
8																	
9																	
合计：																	

(2) 形成的汇总表参见表3-18所示的年度社会保险缴费基数稽核核定表。

表3-18　年度社会保险缴费基数稽核核定表

<table>
<tr><td rowspan="3">参保单位信息</td><td>单位名称</td><td colspan="2"></td><td>单位编码</td><td></td></tr>
<tr><td>单位地址</td><td colspan="2"></td><td>联 系 人</td><td></td></tr>
<tr><td>联系电话</td><td colspan="2"></td><td>手 机 号</td><td></td></tr>
<tr><td rowspan="6">参保单位申报</td><td>全部用工人数</td><td></td><td>缴费职工人数</td><td colspan="2"></td></tr>
<tr><td>年全部用工工资总额</td><td></td><td>年缴费职工工资总额</td><td colspan="2"></td></tr>
<tr><td>申报单位全部用工月缴费基数</td><td></td><td>申报参保职工月缴费基数</td><td colspan="2"></td></tr>
<tr><td>申报职工最低月缴费基数</td><td></td><td>申报职工最高月缴费基数</td><td colspan="2"></td></tr>
<tr><td colspan="5">不计入职工缴费工资总额及不申报缴费人员情况说明(可附页)：</td></tr>
<tr><td colspan="5">我单位郑重声明：向社保稽核部门提供的工资总账、明细账、工资发放表等社会保险缴费基数稽核核定资料真实有效，如有虚假瞒报，我单位承担由此引发的一切法律责任。
(单位盖章)
年　月　日
单位法定代表人：　　科室负责人：　　经办人：</td></tr>
</table>

(续表)

<table>
<tr><td rowspan="6">社会保险稽核部门审核</td><td>核实全部用工人数</td><td></td><td>核实缴费职工人数</td><td></td></tr>
<tr><td>核实年全部用工工资总额</td><td></td><td>核实年缴费职工工资总额</td><td></td></tr>
<tr><td>核定单位月缴纳社会保险费基数</td><td></td><td>核定参保职工月缴纳社会保险费基数</td><td></td></tr>
<tr><td>单位全部职工月平均缴费基数</td><td></td><td>核定职工月平均缴费基数</td><td></td></tr>
<tr><td>核实职工最低月缴费基数</td><td></td><td>核实职工最高月缴费基数</td><td></td></tr>
<tr><td colspan="4">复核人：(签字)　　　　　　审核人(签字)：
年　月　日　　　　　　　　年　月　日</td></tr>
</table>

2. 住房公积金基数的核定

➢ 住房公积金基数核定的原则

(1) 新入职的员工按照员工第一个月的工资额核定基数。

(2) 在职员工按照员工上一年月平均工资核定基数。

➢ 上一年月平均工资核定办法

(1) 依据《关于工资总额组成的规定》及解释确定，注意一般企业发放的薪酬均计入工资总额中，例如岗位工资、基本工资、绩效工资、奖金、补贴、津贴等。另外，需要注意的是，这里所指的“工资额”为税前工资总额。

(2) “上一年”指的是基数核定年上一年的1月1日至12月31日。

(3) 计算办法：上一年月平均工资=工资总额÷实发工资月数。

➢ 住房公积金基数核定的金额

(1) 可以参照本章表3-1、表3-2、表3-5、表3-6、表3-7等表格的数据。

(2) 每年的住房公积金基数核定须参照上一年的地区社会平均工资额执行。

➢ 住房公积金基数核定的时间

(1) 以北京市为例，每年6月10日前完成上一年住房公积金基数的申报工作，6月30日前完成基数的核定工作。

(2) 每年7月份当月的住房公积金按照新核定的基数执行，至次年6月之间，基数不变。

(3) 住房公积金基数核定工作如有时间上的调整，以管理部门的通知为准。

➢ 住房公积金基数核定流程

住房公积金基数核定流程如图3-4所示。

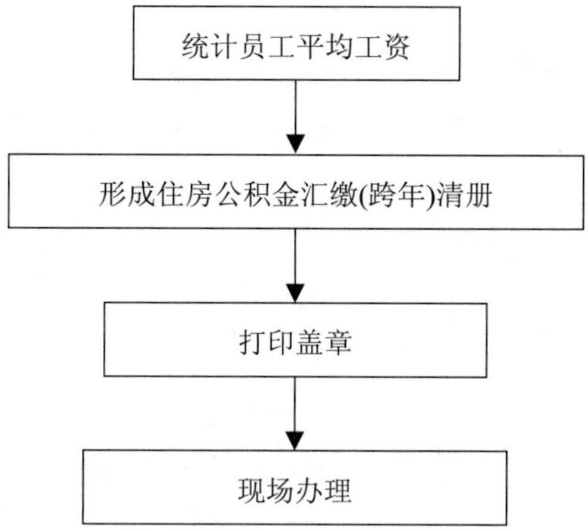

图3-4　住房公积金基数核定流程

(1) 统计员工平均工资，样表参见表3-17。

(2) 形成住房公积金汇缴(跨年)清册，参见表3-13。

3.3.4　补缴

1. 社会保险补缴

➢ 社会保险补缴适用的情况

(1) 社会保险补缴目前只有企业可以操作。

(2) 社会保险的补缴需要先准备资料，经审批通过后方可执行。

(3) 社会保险的补缴人必须是现有正常缴费的员工，停缴或转出的员工不可以补缴。

(4) 社会保险的补缴办理时间一般有具体规定。

➢ 社会保险补缴所需准备的资料

(1) 《补缴社会保险费申办单》(以北京市为例，见表3-19)。

(2) 补缴期间企业发放工资的会计凭证。

(3) 补缴人在企业工作期间的劳动合同。

(4) 补缴人的户口本(含首页、本人页)。

(5) 社会保险登记证。

(6) 企业营业执照副本。

表3-19 北京市补缴社会保险费申办单

单位全称(公章)：

单位登记号：

<table>
<tr><td colspan="2">补缴人数</td><td>联系人</td><td>联系电话</td><td></td><td>填报日期</td><td></td></tr>
<tr><td colspan="2" rowspan="2">补缴申请(需注明补缴原因及补缴险种)</td><td colspan="5"></td></tr>
<tr><td colspan="5">现申请补缴：□养老保险 □失业保险 □工伤保险 □生育保险 □医疗保险</td></tr>
<tr><td colspan="7">补 缴 人 员 情 况</td></tr>
<tr><td>序号</td><td>姓名</td><td>身份证号码</td><td>补缴起止时间</td><td>补缴月数</td><td>补缴基数</td><td>本人签字</td></tr>
<tr><td>1</td><td></td><td></td><td></td><td></td><td></td><td></td></tr>
<tr><td>2</td><td></td><td></td><td></td><td></td><td></td><td></td></tr>
<tr><td>3</td><td></td><td></td><td></td><td></td><td></td><td></td></tr>
<tr><td>4</td><td></td><td></td><td></td><td></td><td></td><td></td></tr>
<tr><td>5</td><td></td><td></td><td></td><td></td><td></td><td></td></tr>
<tr><td>6</td><td></td><td></td><td></td><td></td><td></td><td></td></tr>
<tr><td>7</td><td></td><td></td><td></td><td></td><td></td><td></td></tr>
<tr><td>8</td><td></td><td></td><td></td><td></td><td></td><td></td></tr>
<tr><td>9</td><td></td><td></td><td></td><td></td><td></td><td></td></tr>
<tr><td>10</td><td></td><td></td><td></td><td></td><td></td><td></td></tr>
<tr><td colspan="2" rowspan="2">社保中心意见及盖章：</td><td colspan="5">经办人：　　　　办理日期：　　　　盖章：</td></tr>
<tr><td colspan="5">审核人：　　　　办理日期：　　　　盖章：</td></tr>
</table>

2. 住房公积金补缴

➢ 住房公积金补缴适用的情况

(1) 住房公积金补缴只有企业可以操作。

(2) 住房公积金的补缴需要先准备资料，经审批通过后方可执行。

(3) 住房公积金的补缴人必须是现有正常缴费的员工，停缴或转出的员工不可以补缴。

(4) 住房公积金的补缴办理时间一般有具体规定。

➢ 住房公积金补缴所需准备的资料

(1) 《住房公积金补缴书》(见表3-20)；

(2) 《住房公积金补缴清册》(见表3-21)；

(3) 补缴原因说明，加盖公章。

表3-20　住房公积金补缴书

NO.

年　月　日　　　　　　　　　　　　　　　　　　附补缴清册　张

单位全称						□补缴封存库				
单位登记号			资金来源：□财政 □自筹			补缴　　人				
补缴金额	千	百	十	万	千	百	十	元	角	分
(大写)										
支票号码：	备注：									

单位主管：　　　　　　复核：　　　　　　制单：

表3-21　住房公积金补缴清册

单位全称(盖章)：　　　　　　　　补缴比例：单位比例：　%　个人比例：　%

单位登记号：　　　　　　　　　　单位：　元　　　　共　页　第　页

序号	姓名	职工编号	证件号码	补缴年月	月补缴基数	月补缴额			补缴金额
						个人部分	单位部分	合计	
				年 月至 年 月					
				年 月至 年 月					
				年 月至 年 月					
本页补缴	补缴金额合计			个人补缴额		单位补缴额			补缴人数
小计：									
补缴合计(首页填写)									

单位主管：　　　制表：　　　单位经办人签字：　　　制表日期：　年　月　日

3.3.5　社会保障卡与住房公积金联名卡

1. 社会保障卡

➢ 社会保障卡的作用

(1) 社会保障卡，也称社保卡、医保卡，它记载了持卡人姓名、性别、公民身份号码等基本信息，同时记录了持卡人的社会保险缴费情况、养老保险个人账户信息、医疗保险个人账户信息、职业资格和技能、就业经历、工伤及职业病伤残程度等。

(2) 社会保障卡是持卡人办事的电子凭证。持卡人可以凭卡就医，进行医疗保险个人账户结算；可以凭卡办理养老保险事务；可以凭卡到相关部门办理求职登记和失业登记手续，申领失业保险金，申请参加就业培训；可以凭卡申请劳动能力鉴定和申领享受工伤保险待遇等。

(3) 社会保障卡是信息查询工具，持卡人可以凭卡号上网查询信息，或在网上办理有关劳动和社会保障事务。

➢ 社会保障卡的领取与发放

(1) 企业HR薪酬专员持《北京市社会保险登记证》到相应的人力资源和社会保障局申请领卡。

(2) 企业HR薪酬专员领取社会保障卡及《北京市社会保障卡发行回执单》，核对无误后在《北京市社会保障卡发行回执单》上签字确认。

(3) 企业HR薪酬专员将社会保障卡发放给参保员工。

2. 住房公积金联名卡

➢ 住房公积金联名卡的作用

(1) 住房公积金联名卡是住房公积金管理中心和相应的银行共同设立的具有住房公积金管理功能的银行储蓄卡。

(2) 住房公积金联名卡可以查询、打印住房公积金账户信息，持卡人可查询其住房公积金账户余额及汇缴、补缴、提取、计息等账户明细，并通过住房公积金对账簿打印住房公积金账户信息。

(3) 住房公积金联名卡有提取住房公积金转账入卡的功能， 按规定提取住房公积金时，持卡人可指定联名卡作为住房公积金提取账户，将提取的住房公积金转入本人联名卡的储蓄账户中。

(4) 住房公积金联名卡具有银行储蓄卡的金融功能，另外，住房公积金联名卡免收年费及小额账户管理费。以北京市为例，目前北京住房公积金管理中心与交通银行、建设银行、工商银行、招商银行、北京银行、中国银行、农业银行、中信银行共8家银行合作发行联名卡。

➢ 住房公积金联名卡的办理

(1) 住房公积金联名卡可以由个人直接到住房公积金指定银行办理，也可以由企业统一代为办理。

(2) 如果由员工个人办理，只需要携带本人身份证件，到指定银行填写相关表格、提交个人资料即可。

(3) 如果是企业统一办理，可以按照住房公积金管理中心指定银行的要求，让员工填写相关表格并提交个人资料，统一办理并发放。

3.3.6　信息变更

在社会保险和住房公积金管理中，信息变更主要涉及企业信息变更和员工个人信息变更两类。

1. 企业信息变更

企业信息变更时，负责人员需携带变更资料到企业开户所在的社会保险和住房公积金管理部门办理。主要的变更证明资料有法人变更资料或营业地址变更资料，另外还要填写变更登记表。以北京市为例，社会保险单位信息变更登记表如表3-22所示，住房公积金单位信息变更登记表如表3-23所示。

表3-22　北京市社会保险单位信息变更登记表

填报单位(公章)：
组织机构代码：
社会保险登记证编码：

变更时间	变更项目	变更前内容	变更后内容

备注：请参保单位提供相关的变更证明材料
单位负责人：　　　　　　　　　　社保经(代)办机构经办人员(签章)：
单位经办人：
填报日期：　　年　　月　　日　　　　　　　　办理日期：　　年　　月　　日

四险单位缴费情况变更	
单位终止缴费原因	关闭(　) 破产(　) 分离(　) 兼并(　) 转出(　) 其他原因(　)
单位恢复缴费	恢复缴费(　)　　　恢复缴费原因：
单位整体转移去向	
备注	
社保经(代)办机构审核意见	1. 根据你单位申请，变更材料经审核同意变更
	2. 经核定，同意你单位转出我社保经(代)办机构
	3. 现收回你单位社会保险登记证，登记证号为(　　　　　　　　)

表3-23　住房公积金单位信息变更登记表

单位登记号：

单位名称(公章)：

<table>
<tr><th>项目</th><th colspan="2">变更信息</th><th>变更前</th><th>变更后</th></tr>
<tr><td rowspan="10">单位基本信息变更</td><td colspan="2">单位名称</td><td></td><td></td></tr>
<tr><td colspan="2">组织机构代码</td><td></td><td></td></tr>
<tr><td colspan="2">法定代表人或负责人</td><td></td><td></td></tr>
<tr><td colspan="2">证件号码</td><td></td><td></td></tr>
<tr><td colspan="2">单位地址</td><td></td><td></td></tr>
<tr><td colspan="2">邮政编码</td><td></td><td></td></tr>
<tr><td colspan="2">主管部门</td><td></td><td></td></tr>
<tr><td colspan="2">单位性质代码</td><td></td><td></td></tr>
<tr><td colspan="2">法人资格</td><td></td><td></td></tr>
<tr><td colspan="2">电子信箱</td><td></td><td></td></tr>
<tr><td rowspan="8">单位开户信息变更
□住房公积金
□住房基金
□维修基金
□住户补贴</td><td colspan="2">经办部门</td><td></td><td></td></tr>
<tr><td colspan="2">经办人</td><td></td><td></td></tr>
<tr><td colspan="2">经办人证件号码</td><td></td><td></td></tr>
<tr><td rowspan="2">联系电话</td><td>座机</td><td></td><td></td></tr>
<tr><td>手机</td><td></td><td></td></tr>
<tr><td colspan="2">发薪日期</td><td></td><td></td></tr>
<tr><td colspan="2">开户银行及行号</td><td></td><td></td></tr>
<tr><td colspan="2">账号</td><td></td><td></td></tr>
<tr><td colspan="3">单位应提供证件材料</td><td colspan="2">可选
□单位设立批准文件及复印件
□法人证书副本及复印件
□营业执照副本及复印件
□组织机构代码证副本及复印件
□法定代表人或负责人身份证复印件
□经办人身份证复印件
□单位经办人授权委托书
□开户行的有关信息
□其他(请注明)</td></tr>
</table>

单位主管：　　　　复核：　　　　制表：　　　　制表日期：　　年　月　日

2. 员工信息变更

员工个人信息变更时，需由本人提供相应的变更资料，由企业HR薪酬专员携带变更资料到企业开户所在的社会保险和住房公积金管理部门办理。主要的变更证明资料有身份证、户口本、储蓄卡等，并填写变更登记表。以北京市为例，社会保险个人信息变更登记表如表3-24所示，住房公积金个人信息变更申请书见图3-5。

表3-24　北京市社会保险个人信息变更登记表

填报单位(公章)：
组织机构代码：
社会保险登记证编码：

序号	＊姓名	性别	＊公民身份号码	＊变更项目	＊变更前内容	＊变更后内容
甲	乙	丙	丁	戊	己	庚
1						
2						
3						
4						
5						
6						
7						
8						
9						
10						
11						
12						

单位负责人：　　　　　　　　　　社保经(代)办机构经办人员(签章)：
单位经办人：　　　　　　　　　　社保经(代)办机构(盖章)：
填报日期：　　　　　　　　　　　办理日期：　　年　月　日
备注：请参保单位提供相关的变更证明材料，表格中带＊号的项目为必录项

住房公积金个人信息变更申请书

北京住房公积金管理中心_______管理部：

本人_______证件号_______(兹委托_______证件号_______)申请办理个人信息变更事宜。变更前(□姓名、□证件号、□证件类型、□储蓄类型、□储蓄账号、□储蓄开户行)为_______，变更后(□姓名、□证件号、□证件类型、□储蓄类型、□储蓄账号、□储蓄开户行)为_______。

单位登记号：　　　　　　　　职工编号：

单位已核对无误。

单位盖章：

变更申请人签字：　　　　　　　　　　　　　　单位经办人签字：

年　月　日　　　　　　　　　　　　　　　　　年　月　日

图3-5　住房公积金个人信息变更申请书

3.4　如何操作享受和提取

3.4.1　医疗费用报销

员工参加医疗保险后，可以按照比例报销医疗费用，以北京市为例，报销比例如

表3-25所示。

表3-25　北京市基本医疗报销比例一览表

<table>
<tr><td>报销类别</td><td colspan="5">参保人员类别</td><td>起付线</td><td>报销比例</td><td>补充医疗保险</td><td>封顶线</td></tr>
<tr><td rowspan="5">门诊费用</td><td rowspan="2">在职</td><td colspan="4">本市社区卫生服务机构就诊</td><td rowspan="2">1800元</td><td>90%</td><td rowspan="2"></td><td rowspan="2">2万元</td></tr>
<tr><td colspan="4">非社区卫生服务机构就诊</td><td>70%</td></tr>
<tr><td rowspan="3">退休</td><td colspan="4">70周岁以下(非社区卫生服务机构就诊)</td><td rowspan="3">1300元</td><td>70%</td><td>15%</td><td rowspan="3">2万元</td></tr>
<tr><td colspan="4">70周岁以下(本市社区卫生服务机构就诊)</td><td>80%</td><td>10%</td></tr>
<tr><td colspan="4">70周岁以上</td><td>80%</td><td>10%</td></tr>
<tr><td rowspan="2">报销类别</td><td rowspan="2">参保人员类别</td><td colspan="6">统筹基金支付</td><td colspan="2">大额医疗互助基金支付(支付超出统筹基金封顶线部分)</td></tr>
<tr><td>起付线</td><td colspan="4">报销比例</td><td>封顶线</td><td>报销比例</td><td>封顶线</td></tr>
<tr><td rowspan="7">住院费用</td><td rowspan="4">在职</td><td rowspan="7">1300元</td><td>报销金额</td><td>三级医院</td><td>二级医院</td><td>一级医院</td><td rowspan="7">10万元</td><td rowspan="4">85%</td><td rowspan="7">20万元</td></tr>
<tr><td>起付线～3万元</td><td>85%</td><td>87%</td><td>90%</td></tr>
<tr><td>3万～4万元</td><td>90%</td><td>92%</td><td>95%</td></tr>
<tr><td>4万元～封顶线</td><td>95%</td><td>97%</td><td>97%</td></tr>
<tr><td rowspan="3">退休</td><td>起付线～3万元</td><td>91%</td><td>92.2%</td><td>94%</td><td rowspan="3">90%(其中含10%补充保险)</td></tr>
<tr><td>3万～4万元</td><td>94%</td><td>95.2%</td><td>97%</td></tr>
<tr><td>4万元～封顶线</td><td>97%</td><td>98.2%</td><td>98.2%</td></tr>
</table>

以上医疗费用都以自然年度为准，即当年1月1日至12月31日的医疗费用。上一个自然年度内的医疗费用须在次年1月20日前申报完毕。申报准备的资料主要是社会保障卡、治疗医院相关资料等。

3.4.2　工伤认定

1. 工伤认定的范围

职工在履行工作职责、因公出差或在上下班途中发生事故受到伤害，或者按照职业病防治法规定被诊断、鉴定为职业病。

2. 工伤申请的时间

企业应当自事故伤害发生之日或者被诊断、鉴定为职业病之日起30日内，向统筹地区社会保险行政部门提出工伤认定申请。

3. 企业在提出工伤认定申请时需提交的资料

(1) 《工伤认定申请表》(见表3-26)。

(2) 劳动合同或劳动关系证明。

(3) 医院诊断证明、病历。

(4) 员工身份证、企业营业执照副本。

(5) 事故报告。

(6) 其他证明材料。

表3-26　工伤认定申请表

申请人：

受伤害职工：

申请人与受伤害职工关系：

填表日期：　　年　月　日

<table>
<tr><td>职工姓名</td><td></td><td>性别</td><td></td><td>出生日期</td><td>年　月　日</td></tr>
<tr><td>身份证号码</td><td colspan="3"></td><td>联系电话</td><td></td></tr>
<tr><td>家庭地址</td><td colspan="3"></td><td>邮政编码</td><td></td></tr>
<tr><td>工作单位</td><td colspan="3"></td><td>联系电话</td><td></td></tr>
<tr><td>单位地址</td><td colspan="3"></td><td>邮政编码</td><td></td></tr>
<tr><td>职业、工种或工作岗位</td><td colspan="3"></td><td>参加工作时间</td><td></td></tr>
<tr><td>事故时间、地点及主要原因</td><td colspan="3"></td><td>诊断时间</td><td></td></tr>
<tr><td>受伤害部位</td><td colspan="3"></td><td>职业病名称</td><td></td></tr>
<tr><td>接触职业病
危害岗位</td><td colspan="3"></td><td>接触职业病
危害时间</td><td></td></tr>
<tr><td>受伤害经过简述(可附页)</td><td colspan="5"></td></tr>
<tr><td colspan="6">申请事项：
申请人签字：
年　月　日</td></tr>
<tr><td colspan="6">用人单位意见：
经办人签字：　　(公章)
年　月　日</td></tr>
<tr><td rowspan="2">社会保险
行政部门
审查资料
和受理
意见</td><td colspan="5">经办人签字：
年　月　日</td></tr>
<tr><td colspan="5">负责人签字：　　(公章)
年　月　日</td></tr>
<tr><td colspan="6">备注：</td></tr>
</table>

填表说明：

1. 用钢笔或签字笔填写，字迹工整清楚。

2. 申请人为用人单位的，在首页申请人处加盖单位公章。

3. “受伤害部位”一栏，填写受伤害的具体部位。
4. “诊断时间”一栏，职业病者，按职业病确诊时间填写；受伤或死亡的，按初诊时间填写。
5. “受伤害经过简述”一栏，应写明事故发生的时间、地点，当时所从事的工作，受伤害的原因以及伤害部位和程度。职业病患者应写明在何单位从事何种有害作业、起止时间、确诊结果。
6. 申请人提出工伤认定申请时，应当提交受伤害职工的居民身份证，医疗机构出具的职工受伤害时初诊诊断证明书，或者依法承担职业病诊断的医疗机构出具的职业病诊断证明书(或者职业病诊断鉴定书)，以及职工受伤害或者诊断患职业病时与用人单位之间的劳动、聘用合同或者其他存在劳动、人事关系的证明。
有下列情形之一的，还应当分别提交相应证据：
(1) 职工死亡的，提交死亡证明；
(2) 在工作时间和工作场所内，因履行工作职责受到暴力等意外伤害的，提交公安部门出具的证明或者其他相关证明；
(3) 因工外出期间，由于工作原因受到伤害或者发生事故下落不明的，提交公安部门出具的证明或者相关部门出具的证明；
(4) 上下班途中，受到非本人主要责任的交通事故或者城市轨道交通、客运轮渡、火车事故伤害的，提交公安机关交通管理部门或者其他相关部门出具的证明；
(5) 在工作时间和工作岗位，突发疾病死亡或者在48小时之内经抢救无效死亡的，提交医疗机构出具的抢救证明；
(6) 在抢险救灾等维护国家利益、公共利益活动中受到伤害的，提交民政部门或者其他相关部门的证明；
(7) 属于因战、因工负伤致残的转业、复员军人，旧伤复发的，提交《革命伤残军人证》及劳动能力鉴定机构对旧伤复发的确认。
7. “申请事项”一栏，应写明受伤害职工或者其近亲属、工会组织提出工伤认定申请并签字。
8. “用人单位意见”一栏，应签署是否同意申请工伤，所填情况是否属实，经办人签字并加盖单位公章。
9. “社会保险行政部门审查资料和受理意见”一栏，应填写补充材料或是否受理的意见。
10. 此表一式两份，社会保险行政部门、申请人各留存一份。
说明：劳动者或其近亲属申请工伤认定的，“单位意见”一栏经办人签字、加盖公章不是必需的

3.4.3 退休

1. 退休办理的条件

对于退休办理的条件，国家根据不同的身份和性别有不同的要求(见表3-27)。

表3-27 退休办理的条件

身份	类别	性别	年龄要求	工龄要求	其他要求
干部身份	正常退休	男	年满60周岁	工作满10年	
		女	年满55周岁	工作满10年	
	因病退休	男	年满50周岁	工作满10年	医院证明丧失劳动能力
		女	年满45周岁	工作满10年	
工人身份	正常退休	男	年满60周岁	工作满10年	
		女	年满50周岁	工作满10年	
	从事繁重体力或有害工作环境的工作	男	年满55周岁	工作满10年	
		女	年满45周岁	工作满10年	
	因病退休	男	年满50周岁	工作满10年	医院证明丧失劳动能力
		女	年满45周岁	工作满10年	

2. 退休办理的时间

对于符合退休条件的人员，企业HR薪酬专员需要在退休年龄到达前2个月准备资料，退休年龄到达当月办理相关手续，退休年龄到达次月开始领取养老金。

3. 退休金的核算

企业职工的退休金主要是由基本养老金组成的，其中基本养老金在计发时又由“基础养老金”“个人账户养老金”“地方养老金”三部分组成。

- 基础养老金=(全市上年度在职职工月平均工资×a+本人指数化月平均缴费工资)÷2×缴费年限(含视同缴费年限)×1%
- 个人账户养老金=个人账户储存额÷个人账户养老金计发月数
- 2006年6月30日前参加基本养老保险、2006年7月1日后申领基本养老金计发月数参保人，再计发地方养老金。地方养老金=(本市2005年度在职职工月平均工资−全市2005年度在职职工月平均工资)÷2×本人2006年6月30日前缴费年限×1%

小贴士：养老保险金计算中a的取值

关于a的取值，本人平均缴费指数大于等于0.6时，a=1；本人平均缴费指数小于0.6时，a=本人平均缴费指数÷0.6。个人的平均缴费指数就是个人实际的缴费基数与社会平均工资之比的历年平均值。指数化月平均工资=全市上年度在职职工月平均工资×本人平均缴费指数。

4. 退休办理的资料

(1) 退休申请书。

(2) 退休协议书。

(3) 退休人员档案。

(4) 退休人员劳动合同。

(5) 退休人员户口本。

(6) 企业营业执照副本。

(7) 其他资料。

3.4.4 生育津贴及费用报销

1. 生育津贴

(1) 定义。生育津贴又称“产假工资”，是女员工在生育期间由生育保险基金支付的工资。

(2) 前提条件。参保女员工在分娩前连续缴费9个月，或者分娩之月后连续缴费满12个月，方可由生育保险基金支付生育津贴。

(3) 生育津贴支付的标准。生育津贴=员工所在用人单位月缴费平均工资÷30×产假天数。需要注意的是，员工缴费基数按照员工所在用人单位上一年月平均工资计算；低于上一年市职工月平均工资60%的，按照上一年市职工月平均工资的60%计算；高于上一年市职工月平均工资3倍以上的，按照上一年市职工月平均工资的3倍计算；本人上一年月平均工资无法确定的，按照上一年市职工月平均工资计算。另外，生育津贴高于本人产假工资标准的，用人单位不得克扣；生育津贴低于本人产假工资标准的，差额部分由用人单位补足。

(4) 产假天数与生育津贴。由于女员工生育的各种情况不同，产假天数也不同，进而会影响生育津贴的数额，具体可参见表3-28。

表3-28 生育津贴待遇一览表

名称	享受方	条件	产假规定	计算公式
生育津贴	女职工	妊娠不满16周(含)流产	15天	用人单位月缴费平均工资÷30×产假天数
		妊娠16周以上(含)流产	42天	
		正常生育	98天	
		难产	113天	
		多胞胎	98天+每多1胎15天	
晚育津贴	男/女	女方年满24周岁生第一胎	30天	用人单位月缴费平均工资
		注：男女双方都参加生育保险的，晚育津贴可以按额度高的一方享受		

生育津贴的领取需要在女员工产后3个月内办理，以北京市为例，所需提交的资料包括以下几项。

- 结婚证；
- 生育服务证；
- 出生证明；
- 诊断证明；

- 男女双方身份证；
- 北京市申领生育津贴人员信息登记表(见表3-29)；
- 北京市参保职工生育津贴支付月报表。

表3-29 北京市申领生育津贴人员信息登记表

组织机构代码： 单位名称(章)： 申领生育津贴次序号：

<table>
<tr><td>申领人公民身份号码</td><td colspan="2"></td><td>姓名</td><td></td><td>性别</td><td></td></tr>
<tr><td>配偶证件类别</td><td colspan="6">( )公民身份证 ( )港澳台证 ( )护照</td></tr>
<tr><td>配偶证件号码</td><td colspan="2"></td><td>配偶姓名</td><td colspan="3"></td></tr>
<tr><td>配偶出生日期</td><td></td><td>生育/引、流产日期</td><td></td><td>终止妊娠前的怀孕周数</td><td colspan="2"></td></tr>
<tr><td>本次生育胎儿数</td><td></td><td>生育类别</td><td colspan="4">( )正常产 ( )难产 ( )引、流产</td></tr>
<tr><td>产假终止原因</td><td colspan="6">( )正常到期 ( )退休 ( )死亡 ( )其他</td></tr>
<tr><td>是否为晚育</td><td colspan="2">( )是 ( )否</td><td>产假终止日期</td><td colspan="3">——</td></tr>
<tr><td>申领晚育津贴公民身份号码</td><td colspan="2"></td><td>申领晚育津贴人员姓名</td><td colspan="3"></td></tr>
<tr><td>申领人开户姓名</td><td colspan="2">——</td><td>申领人开户账号</td><td colspan="3">——</td></tr>
<tr><td>申领人开户银行名称</td><td colspan="2">——</td><td>行号</td><td colspan="3">——</td></tr>
<tr><td>女方签字</td><td colspan="2"></td><td>男方签字</td><td colspan="3"></td></tr>
<tr><td colspan="3">女方所在单位(盖章)
年 月 日</td><td colspan="4">男方所在单位(盖章)
年 月 日</td></tr>
<tr><td>申请单位联系电话</td><td colspan="2"></td><td>申请单位邮编</td><td colspan="3"></td></tr>
<tr><td>申请单位地址</td><td colspan="6"></td></tr>
</table>

单位负责人： 填报人： 填报日期： 年 月 日

填表说明：

1. 在( )中画“√”进行选择。
2. 在生育时采用产钳助产、胎吸、剖宫生育的，在生育类别中选难产。
3. 申领晚育奖励津贴的，应夫妻双方签字确认，并加盖所在单位的公章。如果一方无单位，应在所在单位(盖章)处注明本人无单位。
4. 产假非正常到期的，应填写具体日期。
5. 女性生育时超过24周岁且为初育的属于晚育。
6. 申领生育津贴次序号由经(代)办机构填写。
7. 军人配偶应填写身份号码

2. 生育费用报销

(1) 女员工住院医疗费用，应由个人支付的，定点医疗机构与参保职工直接结算。通常医院会在产妇办理住院手续的时候，留下社保卡、生育服务证，会在自动结账的时候划走报销费用部分。

(2) 门诊产检费用实行实报实销，目前北京市门诊产检费用最高报销额度为1400元，需要在生产后由女方单位提交到社保中心报销。

3.4.5 住房公积金封存与提取

1. 住房公积金封存

住房公积金封存由员工所在单位通过办理汇缴时填报的《住房公积金汇缴变更清册》(见表3-15)即可办理，恢复缴存时也由单位通过填报《住房公积金汇缴变更清册》予以启封。

2. 住房公积金提取

(1) 提取住房公积金时，需满足下列条件。

- 购买、建造、翻建、大修自住住房的；
- 离休、退休的；
- 完全丧失劳动能力，并与单位终止劳动关系的；
- 出境定居的；
- 偿还购房贷款本息的；
- 房租超出家庭工资收入5%的；
- 生活困难，正在领取城镇最低生活保障金的；
- 遇到突发事件，造成家庭生活严重困难的；
- 进城务工人员，与单位解除劳动关系的；
- 在职期间判处死刑、判处无期徒刑或有期徒刑期满时达到国家法定退休年龄的；
- 死亡或被宣告死亡的；
- 住房公积金管理委员会规定的其他情形。

(2) 提取住房公积金时，需提交以下几项资料。

- 购房合同(如有配偶，还需要提交结婚证)；
- 购房发票；
- 本人身份证；
- 银行账号(原则上为住房公积金联名卡号)。

3.5　如何应对社保的审计

3.5.1　社会保险审计的方式

社会保险审计一般由省/市人力资源和社会保障局委托专业的第三方会计师事务所进行专项审计，主要目的是检查辖区内单位的法定社会保险是否依法缴费。人力资源和社会保障局将根据会计师事务所的专项审计结果要求单位对于欠缴的法定社会保险进行补缴，并根据国家或地区社会保障法律法规执行相应的处罚。

以北京市为例，每年年中(7月中旬)，北京市人力资源和社会保障局会委托第三方会计师事务所对北京市的缴费单位进行社会保险专项审计。审计的内容主要是该单位上一年度社会保险的缴费情况，一般以社会保险基数核定的周期为准，即上一年度(一般为上一年7月至本年6月)的社会保险缴费情况。这项审计由北京市人力资源和社会保障局按照辖区内单位的一定比例抽取，每年抽取的总数量不固定。被抽取的单位原则上采取隔年抽取的模式，即当年进行过社会保险专项审计的单位原则上次年不再抽取，但隔年仍可能被抽到。被抽到的单位在社会保险专项审计前10～15天，会接收到会计师事务所的专项审计通知。社会保险专项审计单位根据被审计单位的规模及资料的准备情况来确定审计时间，一般由会计师事务所的专业人员到单位进行1～3天的现场审计工作。

3.5.2　社会保险审计的内容

社会保险专项审计的主要内容是单位上一年度(特指上一年7月至本年6月)的法定社会保险缴纳情况。社会保险专项审计的思路是：根据社会保障法相关法律法规的规定，检查单位在一个缴纳年度内是否按照法律法规的规定核定基数、是否按照法定基数足额缴纳各项社会保险、是否有基数差额造成的社会保险差额、是否有人员漏缴问题等。

社会保险专项审计一般审查的资料主要包括人力资源管理中的工资资料、劳动关系资料、社会保险缴费资料，财务管理中的相关付款凭证、托收凭证，以及单位的相关资料三个部分，具体可以参见表3-30。

表3-30 社会保险专项审计审查的资料清单表

<table>
<tr><th>准备部门</th><th>资料类别</th><th>资料名称</th><th>备注</th></tr>
<tr><td rowspan="10">人力资源部</td><td rowspan="3">基数审核</td><td>上一年度的基数核定表</td><td></td></tr>
<tr><td>上上年度(1月—12月)工资明细(即上一年度基数核定的依据)</td><td></td></tr>
<tr><td>上一年度7月至本年度6月期间每月的工资明细表</td><td></td></tr>
<tr><td>社保审核</td><td>上一年度7月至本年度6月期间每月社会保险月报</td><td></td></tr>
<tr><td rowspan="3">人员审核</td><td>最新在岗人员花名册</td><td></td></tr>
<tr><td>特殊基数人员清单(包括超上限人员和最低基数人员)</td><td></td></tr>
<tr><td>补充证明(离退休人员、外籍人员、我国港澳台人员、聘用的外单位缴纳人员、实习人员、外包人员等)</td><td></td></tr>
<tr><td rowspan="3">人员审核</td><td>如有委托缴费情况的，需要提供委托协议或相关证明</td><td></td></tr>
<tr><td>员工劳动合同、身份证明</td><td></td></tr>
<tr><td>补充说明(如补缴情况、企业所在地的特殊情况等)</td><td></td></tr>
<tr><td rowspan="5">财务部</td><td rowspan="2">账目</td><td>上两个年度的现金、银行存款日记账</td><td></td></tr>
<tr><td>上两个年度的总账、明细账</td><td></td></tr>
<tr><td rowspan="3">凭证</td><td>上年度7月到本年6月的社会保险托收凭证</td><td></td></tr>
<tr><td>如有补缴社保的，出具补缴社保专用收据</td><td></td></tr>
<tr><td>会计凭证</td><td></td></tr>
<tr><td rowspan="4">企业管理部</td><td rowspan="4">单位资料</td><td>营业执照副本</td><td></td></tr>
<tr><td>社会保险登记证</td><td></td></tr>
<tr><td>社保开户证明</td><td></td></tr>
<tr><td>单位组织结构图及人员分布情况</td><td></td></tr>
</table>

在社会保险专项审计中，会计师事务所专业人员到场后会要求企业相关负责人员提供资料。审计是封闭的，审计人员会在审核资料时提出相关疑问，并要求企业相关负责人员进行解释或提供补充资料，审计人员最终会根据所有资料进行审核，并出具审计报告，直接报给委托部门，即人力资源和社会保障局。人力资源和社会保障局会根据会计师事务所出具的审计报告要求企业执行补缴(如果有)。

3.5.3 社会保险审计的应对技巧

社会保险专项审计是HR薪酬专员必须学习准备和应对的一项工作，主要包括以下几个方面。

1. 资料的收集、整理与提前自查

一方面，所有的资料都要在审计前逐项认真准备，尤其要注意与财务、企业管理相关部门的配合，要保证资料的全面性与准确性，如有欠缺的资料要提前与内外部相关部门沟通，寻找替代资料、证明等。

另一方面，企业要提前进行自查，将审计期间所涉及的资料准备好后，要查询相关法律法规要求，并根据社会保险专项审计的思路进行自审，主要包括：基数核定的准确性，是否有基数差；是否逐月按照工资表中的人员缴纳社会保险，有无人员漏缴，如有，需要查明原因，如确实是漏缴的，应提前计算补缴金额。这样，可对社会保险的审计结果有一个预估。

需要注意的是，在基数核定时，员工上一年度内(1月—12月)所有的收入都需要列入基数核定之列，例如奖金、年底双薪、提成、绩效工资、饭补、交通补贴、房补等，只要是在这一年度内实际发放的税前工资，均需要列入基数核定之列。

2. 特殊情况的深入准备工作

每个企业总会有一些有特殊情况的人员，例如离退休返聘人员、兼职人员、实习人员、聘用的外包人员(如保洁、保安、厨师等)、劳务人员等。这些人员多数情况下并不需要缴纳社保，但是需要HR薪酬专员准备好相关证明材料，否则会因资料准备不足而造成补缴。

除了人员的特殊情况外，还有一些企业存在社会保险缴纳方式的特殊性。例如，集团内所有下属公司由集团公司统一缴纳社会保险，社会保险以外包的方式由第三方公司代为缴纳等。有这些特殊情况的，需要提前协调缴纳方共同配合开展社会保险的专项审计工作。

3. 与会计师事务所审计人员的交流

除了资料准备与自查外，当会计师事务所审计人员到达现场后，与现场审计人员保持良好的沟通也是社会保险专项审计中的一项重要工作。每个企业都会有一些特殊情况，而社会保险专项审计的时间又非常短暂，所以，需要对口的HR薪酬专员与审计人员保持良好的沟通，不仅要正确理解审计人员提出的各项要求，还要与审计人员深入沟通各项补充证明的内容格式等，积极配合审计人员的各项工作，如果有资料欠缺或理解不清的情况，应及时与审计人员沟通补充。

4. 后续事务的跟进

社会保险专项审计结束后，由会计师事务所根据资料审查出具审计结果，这一审计结果会直接提交给人力资源和社会保障局，HR薪酬专员需要及时了解审计结果，如果审计结果中确有不公或遗漏之处，需要及时向人力资源和社会保障局及负责审计的会计师事务所提出。如果有需要补缴的(一般分基数差与人数差)，需要及时办理补缴，以免逾期导致更多的滞纳金。

3.6 其他需要了解的事项

3.6.1 社会保险、住房公积金工作外包

社会保险、住房公积金管理工作是人力资源管理中比较适合使用外包模式的业务模块。

社会保险、住房公积金管理工作的外包内容包括：社会保险、住房公积金政策咨询，代为办理缴费，代为办理变更(如新员工、离职员工的增减等)，代为办理享受(如医疗费用报销、退休、住房公积金提取等)。各服务机构的服务内容需要在合同签订时再具体确认，收费一般为20～50元/人/月。

采用社会保险、住房公积金工作外包模式具有以下几点优势。

(1) 能获得最新、最专业的政策支持。外包机构一般会对社会保险、住房公积金的政策比较了解，再加上其专注性更高，能够及时、准确地了解国家及地区的政策规定，并进一步了解实操中的具体细节，而企业的HR人员不一定有更多的时间去学习和了解这些政策。

(2) 能够节约管理成本。外包后可以减少社会保险、住房公积金日常管理的事务性工作，HR团队人员可以更加专注于提高内部管理的专业性，而且随着企业规模的扩大、人员数量的增加，以及人员分布地区的扩大，将社会保险、住房公积金管理工作进行外包，可大大减少企业自身的人员配置，进而节约管理成本。

(3) 能够提升员工服务的满意度。外包后有专业对口的人员进行专项服务，相较于企业配置HR管理人员兼顾其他工作的情况，可为员工提供更加专业化的服务，进而增加员工的满意度。

但与此同时，将社会保险、住房公积金管理工作外包后，也会产生一些问题，其中之一是沟通成本会增加，如果仅仅外包社会保险、住房公积金管理工作，与薪酬相关的工作等仍由企业HR管理团队完成，那么在社会保险、住房公积金基数核定及人员变更等诸多情况下，需要企业HR人员与外包机构进行密切沟通，看起来是一项工作被刻意拆分，反而会增加沟通成本或者工作失误率。此外，如果外包服务公司管理不善，也可

能出现外包服务公司仅提供常规服务，遇到政策咨询、特殊情况处理等还需要企业HR跟进的情况，这样服务外包就失去它的价值。

综合起来看，社会保险、住房公积金管理工作是否外包还需要根据每个企业的实际情况进行确定，也可以采取部分外包的模式。例如，在总部人员集中的区域配置专业HR人员，而对于分散的区域则采用外包模式。

3.6.2　离职员工社会保险、住房公积金的处理

离职员工的社会保险分为区内转移和跨地域转移两类。目前，离职员工区内转移是比较简单的，只需要在规定的时间内由转出单位办理减员、转入单位办理增员手续即可。比较复杂的是跨地区转移。一般来说，跨地区转移目前只适用于外区域转移至员工户口所在地的社会保险，而且在跨区域转移时，一般只能转移个人账户部分，社会统筹是无法跨地区转移的。

离职员工的住房公积金可以采取转移、封存和一次性提取三种处理方法。区内转移比较简单，只需要在规定时间内转出单位办理减员、转入单位办理增员手续即可。如果离职员工暂时无新用人单位，可以封存，等待有新用人单位时再启封。对于部分符合条件的，可以一次性提取，具体可以参见本章中关于住房公积金提取的相关内容。

3.6.3　社会保险、住房公积金个人查询

在一些管理信息系统建设完善的地区，社会保险已经可以实现个人网上直接查询。例如，北京已经开放了社会保险网上个人查询系统，员工个人可以在网上通过输入身份证号码和密码，查询个人社会保险的历年缴费情况，还可以通过网上系统修改个人信息、定点医院等。部分地区未开通网上查询的，在人力资源和社会保障部门会设立自助查询机，员工可以在自助查询机上按要求输入信息，查询个人的社会保险缴费情况。如这两种渠道均不具备，员工可以向企业HR薪酬专员提出查询要求，企业HR薪酬专员根据员工的要求准备相关资料，到人力资源和社会保障部门进行查询与资料打印。此外，社会保障部门会以自然年度为单位出具社会保险出账单，该对账单会以信件的形式统一邮寄至员工所在企业，由企业HR薪酬专员发放至员工手中，这也是员工查询社会保险缴纳情况的方式之一。

住房公积金的查询一般通过住房公积金联名卡及相关账户来实现。员工开具住房公积金联名卡时会同时开具住房公积金账户查询存折，员工可以定期到指定银行打印

住房公积金对账单，以查询住房公积金的缴纳情况。另外，办理住房公积金支取或约定支取的，住房公积金支取额会定期打入住房公积金联名卡中，员工可以通过住房公积金联名卡直接查询或支取住房公积金。对于未设立住房公积金联名卡的地区，员工可以提出住房公积金查询申请，企业HR薪酬专员定期到住房公积金管理中心进行查询并打印资料。

3.7 本章小结

首先，本章从定义、缴费基数、缴费比例、社会平均工资、占工资总额的比例等几个方面简单介绍了社会保险和住房公积金的基本情况。社会保险和住房公积金这一法定福利已经成为企业为员工提供的重要、基本福利之一，而且占工资总额的比例也比较高。

其次，从实操的角度，详细阐述了社会保险与住房公积金的归口管理部门、开户、销户、人员增加、人员减少、基数核定、补缴、办卡、信息变更等HR薪酬专员经常要处理的与社会保险和住房公积金管理有关的具体工作，也罗列了这些工作的基本流程和主要使用的表样，以备查询。

再次，介绍了医疗费用报销、工伤认定、退休、生育津贴与费用报销、住房公积金封存与提取等社会保险和住房公积金享受的主要方面。

最后，社保审计、工作外包、离职员工及个人查询等几个方面也是HR薪酬专员在社会保险、住房公积金管理工作中可能会遇到的一些专项工作，本章以短小的篇幅进行了阐述。

总之，本章以全景的形式全面展示了社会保险、住房公积金这项工作的大部分细节，可以作为HR薪酬专员在工作初期或实际操作过程中的指引。

第4章　考量出勤——考勤管理的细节

【本章导读】

- 考勤管理主要包括哪些内容？
- 如何做工作时间与出勤记录？
- 如何精细地管理非正常出勤？
- 休假管理流程包括哪些步骤？
- 如何做好考勤的统计汇总？

4.1　考勤管理的主要内容

考勤管理是人力资源日常管理的基础工作之一，考勤主要用于全面、客观地反映和记录员工出勤、加班、出差、年休假、病假、事假、迟到、早退、旷工等信息。考勤是企业了解员工劳动强度、身体状况、人员配置合理程度的重要指标，为企业加强员工健康管理、科学调度人员、合理配置资源及员工奖惩、晋升等提供科学依据。

考勤管理一般包括以下几项主要内容。

(1) 工作时间；

(2) 出勤记录方式；

(3) 外出管理；

(4) 出差管理；

(5) 非正常出勤管理；

(6) 休假管理；

(7) 特殊人员考勤管理；

(8) 考勤统计与工资扣款管理。

4.2　工作时间与出勤记录

4.2.1　工作时间

工作时间一般分为标准工作时间、不定时工作时间和综合计算工作时间三种。

1. 标准工作时间

国家规定的法定工作时间为每周工作5天，每天工作8小时，即每周40小时的工作时间。

每月工作日数量=(365天−假日104天−节日11天)÷12月=20.83个工作日，所以，在计算月工资时，应以“月工资额÷20.83×实际出勤日”来计算。需要注意的是，根据《中华人民共和国劳动法》(以下简称《劳动法》)的规定，在计算日工资和小时工资时，工作日的计算不减节日11天，即每月工作日数量=(365天−假日104天)÷12月=21.75个工作日。

一般规定的法定工作时间为上午9:00—12:00，下午13:00—17:00，中间休息1小时。需要注意的是，国家规定中间休息的1小时也列入8小时工作时间内。

另外，有些企业为了体现人性化管理，避免上下班高峰拥堵，采取了具有一定弹性的工作时间。例如，工作时间仍为8小时/天，但上班时间可以为8:00—10:00，根据上班时间后延8小时即为下班时间，早来早走，晚来晚走。

2. 不定时工作时间

不定时工作时间是指每一个工作日没有固定的上下班时间限制。它主要针对因生产特点、工作特殊需要或职责范围的关系，无法按标准工作时间衡量员工的工作时间的情况。相关职业有高级管理人员、外勤人员、推销人员、部分值班人员、长途运输人员、出租车司机等。

实行不定时工作时间的员工，不受《劳动法》第41条规定的日延长工作时间标准和月延长工作时间标准的限制，但企业应采用弹性工作时间等适当的工作和休息方式，确保员工的休息休假权利和工作任务的完成。实行不定时工作制的人员不执行有关加班工资的规定，但是实行不定时工作人员的工作时间仍应遵循相关法规文件的规定，平均每天原则上工作8小时，每周至少休息1天。

3. 综合计算工作时间

对于某些从事特殊工种的员工，由于其工作具有连续性或季节性，可以周、月、季、年等为周期，综合计算工作时间，但其平均日工作时间和平均周工作时间应与法定的标准工作时间基本相同。

4.2.2 出勤记录

员工在工作日按规定的工作时间正常上班及经审批外出执行公务、出差等均为正常出勤。原则上要求出勤期间不得无故离岗、串岗，不得办理私人事务。出勤以0.5天为最小考勤单位。

企业会对员工的出勤情况进行记录，出勤记录方式一般分为打卡或门禁刷卡、指纹考勤及签到(签到册见表4-1)等几种。原则上要求员工在工作日上班、下班、中途因公务外出时均需进行考勤记录。

表4-1　签到册

公司：

序号	部门	姓名	上班时间	下班时间	备注
1					
2					
3					
4					
5					
6					
7					
8					
9					
10					

4.3　如何管理非正常出勤

4.3.1　外出管理

员工经常需因工外出，由于因工外出不仅涉及企业支出费用(如外出交通、外出餐费、招待费用等)，还涉及管理责任问题(如工伤、意外伤害等)，所以一般企业都会加强员工的外出管理。以下是一些员工外出管理的参考原则。

员工因工外出需提前一天提交经部门经理批准的《考勤制度执行补充说明表》(见表4-2)，此表后补无效，未按时提交按旷工处理。

凡在正常工作时间因工外出人员，除提交《考勤制度执行补充说明表》外，还需在考勤管理员处进行外出登记备案，登记外出时间、去向、事由及批准人(见表4-3)。外出未报部门经理批准并备案的，一律按旷工处理。

表4-2 考勤制度执行补充说明表

申请日期：

<table>
<tr><td colspan="2">申请人：</td><td colspan="2">所属部门：</td><td>职位/岗位</td></tr>
<tr><td>时间</td><td colspan="2"></td><td>地点</td><td></td></tr>
<tr><td colspan="5">外出事项：</td></tr>
<tr><td colspan="5">部门负责人签批：

签名：　　　　　　日期：</td></tr>
</table>

表4-3 外出登记表

公司：

序号	部门	姓名	外出时间	返回时间	事由	批准人	备注
1							
2							
3							
4							
5							
6							
7							
8							
9							
10							

4.3.2 出差管理

员工因工作离开驻地去向异地即为出差，出差管理流程见图4-1。

凡出差的员工，在出差之前必须向其直属上级明确出差的工作目标及达到目标所需的行程安排和费用支出，填写《出差审批表》(见表4-4)，其直属上级必须认真审核员工在《出差审批表》中填写的出差目标及行程安排和费用支出。

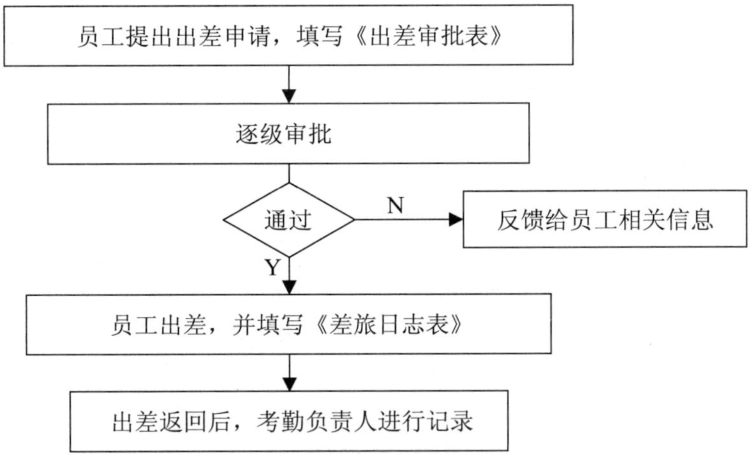

图4-1　出差管理流程

在出差申请得到批准后，员工凭《出差审批表》支取差旅借支款，借款后将批准的《出差审批表》报考勤员备案。在外出差期间，员工必须如实记录每天的工作进展情况及相关的费用花销情况，填写《差旅日志表》(见表4-5)，并及时与直属上级沟通和联系，汇报工作进展情况。

原则上，出差不得超出《出差审批表》规定的期限，超出期限一律按事假计算。如确有特殊情况，必须提前向直属上级提出申请，经直属上级许可后，方可延期。

返回公司后，员工将《差旅日志表》与报销票据一并提交至直属上级处，直属上级对于员工出差是否达到目标、实际行程安排是否合理、实际费用支出是否合理等进行审核，提出审核意见，并根据财务相关规定审核报销票据、签署报销单，之后员工可到财务部办理相关报销手续。同时，考勤管理人员对员工的实际出差情况进行记录。

表4-4　出差审批表

申请日期：　年　月　日

申请人：	同行人：
目的地：	预计期限：从　月　日一　月　日
预期目标：	
日程安排：	
费用计划：	

(续表)

部门经理审批	
财务经理审批	
总经理审批	

表4-5 差旅日志表

出差人： 项目名称及编号：

工作记录			花费记录		
日期	工作内容		花费条款	数额	说明
出差人具体往返日期：					
部门经理意见：					
财务经理意见：					

4.3.3 加班管理

员工在正常工作时间外的延长工作时间，即为加班。

由于加班会增加人工成本(按不同的标准支付1.5倍、2倍和3倍工资)，所以对于加班要加强管理。员工或加班安排人须在加班前提出申请，填写加班审批表(见表4-6)，得到审批后方可加班。

表4-6 加班审批表

加班申请人：		所属部门：	申请时间： 年 月 日
加班人：			
加班事由：			
预计加班时间		实际加班时间	
批准人		审核人	

4.3.4　其他非正常出勤管理

有部分员工因各种原因会出现非正常出勤情况，主要有迟到、早退、旷工以及其他非正常出勤等。对于休假我们将在下一节中单独论述。

1. 迟到、早退

在工作日晚于到岗时间到达公司的员工视为迟到，早于离岗时间离开公司的员工视为早退。

企业为了避免员工迟到和早退行为，一般会对迟到和早退行为进行扣款惩罚。例如，员工迟到或早退扣款10元/次，每月累计迟到加早退次数超过3次的员工，通报员工上级并予以批评警告等。

2. 旷工

旷工是指未事先办理请假手续而缺勤或未准假而私自离岗，以及各种假期逾期而未办理续假等行为。

企业为了避免员工的旷工行为，一般会对旷工进行扣薪惩罚，如旷工1天扣发3天日薪。

此外，旷工也是一种非常严重的违纪行为，很多企业会针对连续旷工进行惩罚，而且会与解除劳动合同联系在一起。例如，员工旷工时间超过3天或者1年以内累计旷工时间超过10天的，公司有权予以解除劳动合同，并不予支付任何经济补偿金。

3. 其他非正常出勤

除了企业的正常员工外，还有一些身份较为特殊的员工，如兼职员工、实习学生、临时工作人员等，他们的考勤管理与正常员工的考勤管理会有些不同。例如，在企业兼职的员工，其上班期间以打卡记录出勤情况，之后再结合任务完成情况予以考核。再如，在企业实习的在读学生，可以根据学期所选课程表与时间安排，提前向公司报备上班时间，上班期间以打卡记录出勤情况，之后再结合任务完成情况进行考核。

4.4　如何落实休假的管理

4.4.1　请假流程及审批权限

1. 员工请假流程

在实际工作中，员工会因各种原因申请请假。一般来说，员工请假的管理流程如

图4-2所示。

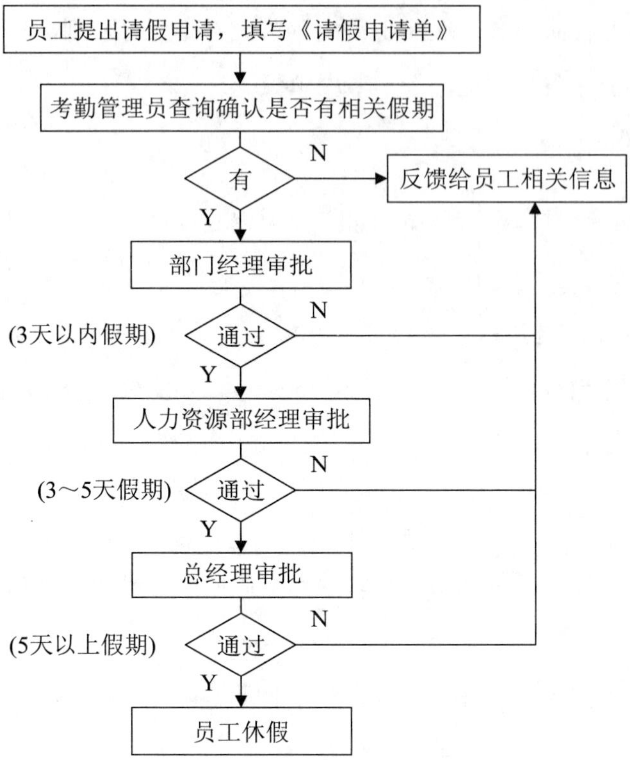

图4-2　员工请假管理流程

企业在规定请假流程时，需要明确请假类别，例如事假、病假、婚假、产假、丧假、年休假、福利假等假期。另外，要求员工在请假前填写《请假申请单》(见表4-7)，按假期种类及期限请具有相关权限的负责人审批通过后，方可休假。

原则上，除因患急症或突发紧急事件无法提前办理请假手续的情况外，其他情况均应提前办理请假手续。如休假提前结束，员工需要办理销假手续。如实际休假时间超出《请假申请单》的期限，员工须再次提出申请，经批准后可延长休假。

表4-7　请假申请单

假期类别：　年　月　日

<table>
<tr><td>部门</td><td colspan="3"></td><td>姓名</td><td colspan="3"></td></tr>
<tr><td>日期</td><td colspan="3"></td><td>天数</td><td colspan="3"></td></tr>
<tr><td>事由</td><td colspan="7"></td></tr>
<tr><td>工作安排</td><td colspan="7">申请人：________</td></tr>
<tr><td>直属上级</td><td></td><td>部门经理</td><td></td><td>人力资源部</td><td></td><td>总经理</td><td></td></tr>
</table>

2. 请假审批权限

一般来说，企业会根据员工请假类型和长度来设定一定的审批权限。例如，请假3天以下的，由部门经理审批后生效；请假3天以上5天以下的，由部门经理及人力资源部经理审批后生效；请假5天以上的，由部门经理、人力资源部经理、总经理审批后生效。

4.4.2　主要假期类型

一般来说，企业假期类型有事假、病假、婚假、产假、丧假、年休假和全国法定节假日。

1. 事假

事假是指员工因办理私人事务需占用工作时间而请休的假期。

一般企业规定事假是无薪的。另外，企业会对长时间请事假的员工进行惩罚。例如，连续请事假超过15日或年度事假累计超过30日的，自符合条件之日起视为该员工自动辞职。

2. 病假

病假是指员工因生病无法出勤而请休的假期。

一般企业规定病假是带薪的，但病假的带薪标准各企业有不同的规定。例如，员工因病休假须向公司出示医院诊断证明，病假期间按照原薪资的50%计薪。

3. 婚假

婚假是指员工因结婚而请休的假期。

对于婚假，国家和地区都有相应的规定。例如，婚假假期为3天，符合国家规定晚婚条件(男方满25周岁，女方满23周岁)的，假期为10天(包含双休日、法定节假日)。

4. 产假

产假是指女员工因流产、生育而请休的假期。

对于产假，国家有明确的规定。符合国家计划生育政策，并已办理准生证明的女员工，产假期限为98天，其中包含产前假15天，产后假83天。难产的(须出示医院证明)，增加产假15天。多胞胎生育的，每多生育一个婴儿，增加产假15天。女员工怀孕流产的，根据医院的证明，妊娠不满4个月的，产假为15天；妊娠4个月以上的，产假为42天。婴儿在一周岁以内的女员工，每天可享受一小时哺乳假。

另外，各地区对于女员工产假还会有一些特殊的规定。例如，北京市规定，女员工符合晚育条件者(已婚妇女年满24周岁初育的为晚育)，可增加奖励假30天。

5. 丧假

丧假是指员工因直系亲属(父母、子女、配偶)身故而请的假。

对于丧假，国家也有相应的规定，丧假假期为3天。

6. 年休假

年休假是指法律规定的员工可以享有的固定带薪假期。

关于年休假，国家有明确规定：员工累计工作已满1年不满10年的，享受年休假5天；已满10年不满20年的，享受年休假10天；已满20年的，享受年休假15天。

7. 全国法定节假日

全国法定节假日是指国家统一规定的全国法定节假日(包括新年、春节、清明节、劳动节、端午节、中秋节、国庆节等)，放假时间按照当地政府颁布的具体放假办法执行。

小贴士：带薪假期

根据国家法律规定，除了事假和病假外，其他假期，如婚假、产假、丧假、年休假和法定节假日都是带薪的，而且这些假期企业是必须设置的。另外，有的企业为了加强对员工的人性化管理，还会增加一些其他假期，如男员工的产假、全薪病假、企业统一休假、旅游休假等。除了法律规定外，企业增加的其他假期的长短、是否带薪等均可灵活规定。

4.5 考勤管理的统计汇总

考勤的设置、统计以及考勤系统的维护工作一般由专人负责监督及管理。考勤数据的确认一般采用统一管理与部门管理双向负责制。

考勤周期结束后会生成考勤原始记录，对员工考勤异常情况进行正常记录，再结合外出登记、请休假等进行确认与调整，最终形成月考勤情况汇总表(见表4-8)，可以此作为考勤扣款依据。

表4-8　月考勤情况汇总表

部门：

序号	部门/分支	姓名	病假	事假	迟到/早退	旷工	年休假	其他
1								
2								
3								
4								
5								
6								
7								
8								
9								
10								

制表人：　　　　　　日期：

4.6　本章小结

考勤管理是HR薪酬专员的日常基础工作之一，是HR管理中不可或缺的一个环节，也是薪酬管理、员工关系管理的基础。考勤管理并不复杂，但能从小的方面反映企业员工的工作状态，也是落实企业人性化管理的一个方面。

本章主要从工作时间设定、出勤记录、外出管理、出差管理、加班、非正常考勤管理、休假、考勤统计等几个方面阐述了考勤管理。

工作时间可以按照不同人员的工作属性确定，也可以实行人性化的弹性管理，如何既保证人性化管理又保证员工的工作时间与质量是考勤管理中的难点。

出勤记录的方式与工作时间的设定模式相关，出勤记录要保证及时、准确。外出、出差、加班、非正常考勤等，均属于考勤管理中的特殊情况，需要做到有申请、有审批、有记录、有反馈。

休假是考勤管理中的一个关键环节，企业要有详细的规定，从休假申请、审批权限、审批流程到记录，必须要清楚、明确、完整。

考勤统计是对考勤管理的整体记录，同时形成薪酬管理的基础数据，考勤统计要做到周期适当、记录清晰。

第5章　恰到好处——如何管理企业补充福利

【本章导读】

- 如何正确理解企业通行的补充福利？
- 如何掌控企业补充福利运行方式？
- 如何明确企业应选择的补充福利？

5.1　了解企业补充福利

5.1.1　企业补充福利的内涵

企业补充福利是指在国家法定的基本福利之外，由企业自行确定的福利项目。企业补充福利项目的多少和标准的高低在很高程度上要受到企业经济效益高低和支付能力强弱的影响，兼顾企业自身的经营目的。

5.1.2　企业补充福利要达到的目标

(1) 企业补充福利应使员工感受到企业的关怀，增加员工的安全感，解除员工的后顾之忧，缓解员工的工作压力和生活困难。

(2) 现代化的企业需要依靠内部激励来提高员工的工作积极性，企业补充福利可使员工的身体和心理健康受益，进而增强员工和企业的凝聚力。

(3) 企业补充福利可使企业的人工支出具有更高的灵活性，而且企业补充福利的支出存在规模效益，一些福利项目如果由企业集体购买，能降低成本，提高管理质量。

5.1.3　企业补充福利的主要内容

目前，一些常见的企业补充福利如表5-1所示。

表5-1　常见的企业补充福利

序号	类别	企业补充福利	备注
1	补充保险	补充医疗保险	
2		综合意外伤害保险	
3		年金计划	
4	住房计划	补充住房公积金	
5		购房贷款或购房贴息	包括购房借款
6		住房补贴	
7		宿舍	
8	交通计划	交通补贴	
9		私车公用补贴	
10		购车补贴	
11		公车	
12		班车	
13	餐饮计划	餐费补贴	
14		免费食品	
15		内部食堂	
16		协议餐厅	
17	员工休息休假	带薪休假	
18		节日慰问金或礼品	
19		疗养	
20		弹性工作时间	
21		在家办公	
22	员工个人成长	员工内部培训	包括企业内部大学
23		员工送外培训	
24		学费资助	
25		定期轮岗	
26	员工身心关怀	员工体检	
27		员工活动	
28		带薪旅游	
29		员工心理辅导	
30	其他补充福利	手机通信费补贴	
31		年资补贴	
32		生日慰问	
33		儿童托管中心	

5.2 通行的企业补充福利

5.2.1 补充保险

1. 补充医疗保险

➢ 补充医疗保险的含义

补充医疗保险是相对于国家法定社会保险中的基本医疗保险而言的。补充医疗保险不是国家法定强制实施的，而是在企业和职工参加统一的基本医疗保险后，根据需求，由企业和个人自愿参加的，适当增加医疗保险项目，来提高保险保障水平的一种补充性保险。

小贴士：北京市补充医疗保险的规定

北京市有地方性的政策要求企业实施补充医疗保险。根据《北京市企业补充医疗保险暂行办法》的规定，企业可以建立补充医疗保险，重点用于解决退休人员个人负担的医疗费用，以及员工住院治疗需个人自付的医疗费用，具体包括个人账户不足支付时的医疗费用、基本医疗保险统筹基金支付之余应由个人支付的医疗费用、大额医疗费用互助资金支付之余应由个人支付的医疗费用等。补充医疗保险费的提取额在本企业上一年职工工资总额4%以内的部分从成本中列支。

➢ 补充医疗保险的种类

一般来说，补充医疗保险可以分为企业自办或参加商业保险。

对于有条件的企业，可以根据员工的实际医疗需求自行办理补充医疗保险。例如，规定不同类型医疗费用(社保外)的报销比例，也可以规定每人每年的固定报销医疗费用，或者直接以现金的形式发放医疗费用补贴。

此外，企业也可以选择参加商业保险性的补充医疗保险，包括一般医疗保险、意外伤害医疗保险、住院医疗保险、手术医疗保险、特种病医疗保险等。需要先分析企业员工的实际需求，如果企业员工平均年龄较小，则补充医疗需求主要集中在一般医疗保险、意外伤害医疗保险、住院医疗保险三类，尤其是一般医疗保险。员工平均年龄较小的，一般整体性医疗费用较低，可以在此项补充福利上控制投入。反之，如果企业员工平均年龄较大或者存在部分特殊的工作岗位或工作环境，则应重视这项补充福利，这项支出一定会是员工重要支出，除了关注一般医疗保险、意外伤害医疗保险、住院医疗保险外，还需要在手术医疗保险、特种病医疗保险等方面加大投入。

商业性补充医疗保险的供应商选择范围较大，大型商业保险公司均有此项保险，在企业需求、预算确定的基础上，需要综合比较保费投入与享受待遇的投入产出比，而且要与供应商就基本费率、不计免赔、最低赔偿金额、最高赔偿金额、赔偿范围、赔偿程序等事宜进行详细沟通、比较，并最终确定。

2. 综合意外伤害保险

➢ 综合意外伤害保险的含义

综合意外伤害保险是指对因工作、上下班、运动、旅游、交通、天气等原因发生意外伤害所导致的意外身故、意外普通医疗、意外住院医疗等综合性的保险。

➢ 综合意外伤害保险的作用与内容

综合意外伤害保险主要适用于员工平均年龄较小和工作要求出差频繁的企业，因为年轻员工好动，经常外出，工作出差频繁，可以以此补充保险替代机票购买时的意外伤害保险，提高企业的成本投入效率。综合意外伤害保险中涵盖的医疗保险也可以作为补充医疗保险的一部分，用以补充员工社保医疗保险外的医疗支出。

综合意外伤害保险的供应商较多，可以进行比较后再选择。一般来说，综合意外伤害保险是一项投入低但保值高的险种，一般每年每人投入几百元甚至更低，就可以投保几十万元甚至百万元以上的意外身故保险，加上几万元的意外医疗保险。

此外，还需要注意的是，综合意外伤害保险一般以企业投保时，可以按月变更人员，员工离职后，保险未到期的，可以更换员工，这样，可以进一步提高综合意外伤害保险的利用率。

3. 企业年金计划

➢ 企业年金计划的含义

企业年金计划即企业的补充养老金计划，又称“企业退休金计划”或“职业养老金计划”。我们在上一章中详细介绍了法定社会保险中的养老保险，但在实际生活中，由于国家法定养老保险只用于保障员工退休后的基本生活，它所体现的是社会保险中的公平和救济原则，主要为那些无法通过自我积累(包括企业和个人)实现养老生活目标的低收入劳动者提供最低收入保障，并不一定能保证员工退休后生活水平不受影响，所以，在企业有条件的情况下，为了增强在企业服务多年后退休的老员工的生活保障，企业会单独设立补充养老金计划，或称年金计划。这一计划可以使企业老员工在工作到一定年限退休之后，按月从企业得到养老金。

➢ 企业年金计划的形式

企业补充养老保险(企业年金计划)是由企业设立的一种商业保险形式，它采取基金制管理。企业补充养老保险由企业委托专门的经营机构从事基金运营，使其以投资的形式进入资本市场。因此，它可以有效避免自行管理的种种弊端，减少管理成本，为投保企业和个人带来较丰厚的利润。企业补充养老保险的资金可以由企业一方缴纳，也可由企业和员工双方缴纳。企业补充养老保险的资金运营与企业的效益直接相关。从性质上讲，补充养老金是员工未来收入的一部分，但是企业能否为职工提供未来养老保险，取决于企业当前的经营效益和未来的预期效益。

企业补充养老保险分为两种基本形式：一种是缴费型，即通过企业建立养老保险账户，由企业和员工定期按一定比例缴纳保险费。员工退休时，补充养老保险的水平取决于资金积累规模及其投资收益。第二种是给付型，即企业按照员工的经验、资历和其他条件为员工缴付一定的养老金。它一般取决于员工特定的收入水平和劳动就业年限两个因素。

➢ 我国对企业年金计划的相关规定

我国曾发布《企业年金试行办法》，对于已经参加基本养老保险、具有经济负担能力和集体协商机制的企业，提出企业年金方案，其中对参加人员范围、资金筹集方式、职工企业年金个人账户管理方式、基金管理方式、计发办法和支付方式、支付企业年金待遇的条件、组织管理和监督方式、中止缴费的条件等事项进行约定。企业年金方案报本企业职工大会通过后，报当地人力资源和社会保障部门审批通过后实行。该办法要求企业缴费每年不超过本企业上年度职工工资总额的六分之一，企业和员工个人缴费合计一般不超过本企业上年度职工工资总额的十二分之一。

5.2.2 住房计划

1. 住房计划的含义

随着居民生活水平的提高，住房已经成为员工的重要支出之一，而且住房也直接决定员工生活的稳定与工作取向。因此，住房计划是企业在法定住房公积金外，根据企业的实际需求与经济实力，为员工提供的旨在满足或提高员工住房水平的一项企业补充福利。

2. 住房计划的主要形式

企业住房计划作为一项企业补充福利，可以根据企业的经济实力采取不同的方式，目前通行的主要有以下几类。

➢ 补充住房公积金

补充住房公积金是指在法定住房公积金之外，以企业单独出资或企业和个人分别出资的方式缴纳的补充住房公积金。但是这一补充福利由于不受政策的支持，原则上无法列入税前计发，而需要税后支出。另外，个别地区允许特定企业提高法定住房公积金的缴纳比例，或者允许个人或企业自行选择缴费比例的，可以列入税前支出。

➢ 购房贷款或购房贴息

部分企业为了支持员工购房，提供一定金额的企业内部购房贷款，这一贷款金额一般根据员工的职位级别、在司年限、在司表现等综合评定。这一类购房贷款实际上也是企业面向个人的专项借款，这类借款有的约定利息，有的无利息，双方约定在一定期限内分期偿还，也可以工资的一定比例进行偿还。因此，这类借款一般会对员工的服务年限有一定的要求。另外，有的企业会根据员工购房贷款的金额给予一部分购房贷款利息补贴，定期发放给员工。

➢ 住房补贴

除了以上形式外，企业可以根据员工的实际情况，直接以现金的形式按照员工的职位级别、服务年限、服务表现等给予住房补贴。该住房补贴核定为固定金额，税前在工资中直接发放给员工。还有些具备条件的人员，例如外派人员等，可以当地的房屋租赁票据报销一定金额的住房补贴。

➢ 宿舍

为了解决员工住宿及上下班距离较远的问题，有些企业自建住房或租用一些住房，以较低的价格提供给员工住宿，即为宿舍。一般来说，宿舍选择在距离企业办公地点较近的地方，也可结合班车选择固定的地点。宿舍收费一般比较便宜，远低于市场价格，差额部分由企业给予一定的补贴。如果收取宿舍使用费，需要在员工税后工资中扣除。

5.2.3 交通计划

1. 交通计划的含义

在规模较大的城市，交通出行是一个比较重要的问题，加上部分员工上班距离较远，所以部分企业针对员工的交通出行制订了有针对性的交通计划，作为企业补充福利中的一项。目前，这一项福利在大城市的多数企业中比较通行。

2. 交通计划的主要形式

➢ 交通补贴

交通补贴可以是企业按照员工的工作性质、级别等发放的固定数额的现金补贴，也可以是根据员工工作或上下班时实际发生的费用给予一定金额的报销(需提供相关票据)。如果发放现金补贴，需要列入员工工资，税前计发。

➢ 私车公用补贴

如果员工个人已经购买了私车，企业可以根据员工实际工作需要和职位级别给予一定额度的私车公用补贴，简称车补。与交通补贴一样，车补可以现金形式补贴，也可凭发票报销。原则上，发放车补的人员就不再享受交通补贴。

➢ 购车补贴

对于员工个人希望购车的，企业可以根据员工的职位级别及服务年限等给予一定额度的购车补贴。有的企业规定几种车型，以企业团购的方式协助员工团体购车，并给予一定比例的优惠和补贴。目前，车辆价格在逐步下降，这一项补充福利更加切实可行。但是，有些大城市出台了车辆限购政策，导致这项补充福利执行起来很困难。

➢ 公车

公车福利是指企业将企业购置的车辆配发给员工使用，同时承担车辆的相关费用。这一项补充福利一般针对企业高级管理人员和一些特殊职位的员工。对于部分级别较高的管理层员工，企业还会同时配备公车的专职司机。

➢ 班车

企业为了解决员工上下班问题，统一配置车辆用于接送员工上下班，即为班车。根据员工的实际需求情况，班车可以是免费的，也可以象征性地收取一些费用。根据公司所在地及城市交通情况，班车可以分为几条线，也可以提供公司至最近地铁、公交站的摆渡班车。

5.2.4　餐饮计划

1. 餐饮计划的含义

围绕员工的“食”，企业开展多种形式的餐饮计划，这是企业补充福利的一项。目前，绝大部分企业都提供午餐补贴或免费午餐这一福利，其他相关福利则根据企业的不同条件而设定。

2. 餐饮计划的主要形式

➢ 餐费补贴

餐费补贴是一种常见的补充福利，几乎所有企业都采用这一模式。只是根据企业所处地域的不同，金额略有不同，一般每餐为10～30元。餐费补贴主要针对工作午餐，也包括加班时的加班正餐。餐费补贴一般按照员工的实际出勤日计发，请假期间不计发。餐费补贴一般只包括午餐和晚餐两顿正餐，不包括早餐。

➢ 免费食品

有些企业在条件具备的情况下，会为员工提供免费食品，例如茶、咖啡、小吃等。一方面，可营造人性化关怀的氛围；另一方面，也可鼓励员工注意劳逸结合。还有的企业会为此开辟交流专区或用餐专区，方便员工自带午餐或工间休息。

➢ 内部食堂

为了方便员工用餐，企业在条件具备的情况下，会自建食堂。由于原料统一采购并自行管理，餐品的质量非常有保证，而且价格便宜。一般有内部食堂的企业，会为员工提供标准的工作餐，并且可以接待外部客户。

➢ 协议餐厅

有些企业没有内部食堂，员工只能就近用餐。出于关怀员工的考虑，企业可以考察周边餐厅，并与之签订协议，凡企业员工出具工卡等证明的，在协议餐厅用餐可以记账或者打折。

5.2.5　员工休息休假

1. 员工休息休假的含义

员工工作之余进行合理的休息休假能够促进工作的高效开展，随着生活水平的提高，这一点也逐步得到了社会和企业的认可，所以，目前很多企业并不鼓励员工过度加班，那样不仅会浪费企业的部分资源，例如工位费、水电费、加班费等，还会造成员工身体的隐患。与此同时，越来越多的企业把员工的休息休假作为企业补充福利的一项。

2. 员工休息休假的主要形式

➢ 带薪休假

除了国家法定的节假日、年休假外，企业还会给员工额外增加一些带薪休假。这些带薪休假可以计入法定节假日，也可以由员工自行选择休假时间。例如，考虑到员工春节返家的因素，一些企业会在春节时增加几天带薪休假。

➢ 节日慰问金或礼品

企业可根据预算情况，在节日时向员工发放一些慰问金或礼品，以体现人性化管理理念。例如，“三八”妇女节为女性员工发放慰问品，在清明节、端午节、中秋节、春节等发放慰问金。慰问金或礼品也可针对员工的工作性质发放，例如，为在项目现场工作的人员发放慰问金，或为在偏远地区工作的人员发放慰问金等。

➢ 疗养

针对一些从事特殊工种的工作人员、一定级别的管理人员或者生病员工，有条件的企业可以出资让员工暂时离开工作岗位外出疗养。企业可与部分疗养机构签订协议，或者员工自行选择疗养机构。

➢ 弹性工作时间和在家办公

对于弹性工作时间和在家办公我们已经在考勤管理制度中提及，就不再赘述。

5.2.6　员工个人成长

1. 员工个人成长的含义

员工个人成长是企业人才培养重点关注的问题，越来越多的企业意识到，只有让员工个人成长，企业才具备长期发展的可能。随着技术的进步与发展，员工个人成长已成为企业人力资源增值的重要衡量标准，在一些以技术为核心的企业中，员工个人成长已经成为企业的核心竞争力之一。所以，关注员工个人成长已经成为企业补充福利中的重要支出项目，甚至有些企业会将每年收入的固定比例用于培养员工个人成长。许多著名的大型企业在实施员工教育计划方面很有成效。目前，我国的许多企业也开始重视员工教育计划的实施。

2. 关注员工个人成长的形式

➢ 员工内部培训与送外培训

许多企业为员工设计了与员工职业开发相对应的培训计划，并采取多种手段激励员工进行知识和技能更新。许多知名企业创建了企业大学，专门用于培训企业内部员工。内部培训一般采取集中授课、导师辅导、在线学习等多种形式。另外，有些企业会定期送员工参加外部组织的相关培训。

➢ 学费资助

为了保证学习效果及学习的个性化，有些企业会给员工提供学费资助。例如，针对企业中层以上的管理人员，企业提供MBA一定比例的学费，鼓励管理人员积极学习管理知识。再如，有些企业会给员工提供提高技术等级的相关学习的学费资助，只要技术人员考取相应的技术等级证书，企业会给予一定的学费资助和奖励。

➢ 定期轮岗

定期轮岗是企业为提高员工技能的多样性而采取的一种培养方式。目前，它已经成为企业内普遍实行的一种人才培养模式，但企业应根据自身的实际情况、人员规模进行相应的具体设计。

5.2.7　员工身心关怀

1. 员工身心关怀简介

在企业补充福利中，大部分企业都会设立一些针对员工身心关怀的项目，主要目标是关注员工的身体和心理健康。有些企业具有一定的经济实力，可以在这方面投入较多。

2. 员工身心关怀的形式

➢ 员工体检

员工体检是多数企业会为员工提供的一项福利，一般以年度为单位，组织员工进行身体检查。目前，可以选择常规医院作为企业员工体检项目的实施单位，也可以选择商业性体检机构。商业性体检机构由于分布网点多、就检时间灵活和服务好等，更受到企业的青睐。

➢ 员工活动

员工活动一般包含在企业的团队建设活动中。它既可以是企业定期组织的集体性员工活动，例如春游、秋游，也可以是专项活动，例如员工拓展、管理层拓展等。一般企业会就此设置专项费用，可以人员为单位设置，也可以项目为单位设置，例如春游人均预算300元、员工2天拓展人均预算500元等。

➢ 带薪旅游

带薪旅游是一种奖励性的补充福利，多用于对优秀员工的奖励，例如年度优秀员工出国旅游等项目。

➢ 员工心理辅导

随着管理意识的增强，员工的心理健康逐步受到社会和企业的关注。因此，有些企业会单独为员工提供心理辅导服务，以便及时发现、及时疏导员工的心理问题。另外，由于现代社会普遍压力比较大，导致员工的心理问题不断增多，所以，心理辅导逐步成为许多企业，尤其是一些大型企业必备的补充福利项目。

5.2.8 其他补充福利

除了上述企业补充福利项目外，还有一些项目无法归入大类中，主要包括以下两项。

1. 手机通信费用补贴

手机通信费用补贴是指员工个人的手机因工作需要用于公务时由公司发放的补贴。手机通信费用补贴的前提必须是确实因公务需要，而且需要提前申请。补贴额度一般会根据员工的工作性质有所区别，例如销售人员的补贴额度不超过150元/月，技术人员的补贴额度不超过100元/月。目前，由于通信资费的逐步下降，这一补充福利的额度也在逐年下调。手机通信费用补贴一般要求员工每月持有效通信费用发票报销。

2. 年资补贴

年资补助是企业对长期为公司服务的员工提供的一种补充福利。一般来说，该项福利会对享受条件有一些规定，例如要求员工每年1月1日至12月31日在职，且年度内病假少于10天，事假少于5天，无重大违规违纪等。年资补助的金额可以根据企业的实际情况确定，一般为几百元/年/人。年资补助一般于每年度内合并入奖金或工资中发放，费用单独列入预算。

此外，部分企业可根据预算情况和员工需求，提供生日慰问、儿童托管中心等福利项目。

5.3 企业补充福利的选择

通过前文叙述，我们已经了解了企业补充福利的主要内容。应该说，企业补充福利的种类和方式还是比较多的，但作为企业，该如何选择呢？笔者认为，主要可从以下几个角度出发进行选择。

1. 要看企业的经济实力与预算

企业在经营中，最重要的是生存，应该说，很多初创企业或经历波折的企业仅能承担法定福利，很难再在企业补充福利上进行投入。企业补充福利的确有利于提高员工的满意度与企业凝聚力，但企业的生存仍是第一位的。所以，企业应根据实际的经济实力与预算来有选择地执行补充福利。随着企业的发展，待经济实力逐步雄厚以后，再增加补充福利的投入。

同时，有些福利虽然被列入企业补充福利，但几乎在所有企业中通行，那么，即使企业经营比较艰难，也不能减少这部分投入。例如，午餐补贴、员工内部培训、手机通信费补贴、交通补贴等。

对于规模较大、业务成熟稳定的企业，在补充福利的投入上，要进行严谨的预算，可以按照人工成本、经营收入的一定比例预算，也可以进行专项预算后再汇总。预算一般要以年度为单位，与经营计划、人工成本总额计划一同制定。

2. 要看企业的工作性质与员工需求

每个企业所属的行业不同、区域不同，导致企业的工作性质与员工需求有所不同。企业补充福利主要的着眼点是员工满意度的提高与企业凝聚力的增强。所以，在企业补充福利的选择上，一定要切实针对企业的工作性质和员工的实际需求，否则就会出现偏差，导致企业资源的巨大浪费。

对于如何了解有针对性的需求，规模小的企业可以单独或以会议的方式征求意见，规模大的企业可以员工调查的方式进行，通过仔细分析这些需求，并结合供应商的实际情况进行决策与选择。

3. 企业补充福利的选择还要看投入产出的性价比

企业补充福利是由企业来操作执行的，客观上很难具有很强的个性化，所以企业补充福利最应发挥的就是规模效应，例如集团采购、大宗消费等，根据人员数量和规模的要求，可以与供应商进行有优势的价格谈判。另外，企业要仔细衡量每项企业补充福利投入产出的性价比。一些需求量小、个性化强的项目，一般性价比比较低，反之亦然。企业补充福利管理人员一定要仔细分析工作性质需要，充分考察供应商产品，综合比较，再行选择。此外，规模较大的企业的补充福利采购可以采用公开招标的形式进行。

5.4　本章小结

本章首先介绍了企业补充福利的定义、目标与主要的企业补充福利类型。企业补充福利不同于法定福利，企业有很大的自主选择权。其次对目前企业通行的主流补充福利逐一进行分析，详细介绍了这些补充福利的含义、内容、形式等。其中，就企业通常采用的部分补充福利，例如补充保险、企业年金、住房计划、交通计划、员工个人成长和员工身心关怀等进行了详细阐述。企业补充福利不同于法定福利，对于如何实施，企业需要做出客观、正确的选择，企业经济实力与预算、企业的工作性质与员工需求和投入产出性价比是影响企业选择补充福利项目的关键因素。

第6章　薪酬总额的统计与预算入门

【本章导读】

- 薪酬总额统计与预算包含哪四个层面？
- 如何开展薪酬总额统计工作？
- 如何精确编制薪酬总额预算？

6.1　理解薪酬总额的内涵

关于薪酬总额的概念，我们在第1章和第2章中有所提及，这里再次进行阐述，主要是从薪酬总额统计与预算的角度来理解薪酬总额的不同构成。

一般来说，薪酬总额统计与预算可以分为四个层面，如表6-1所示。

第一个层面，是固定工资。

在第一个层面中，薪酬总额统计与预算的着眼点就是固定工资。例如，基本工资、岗位工资，或者从员工的角度讲是指每月固定能拿到的部分。

第二个层面，是固定工资+法定福利+部分企业补充福利。

在第二个层面中，薪酬总额统计与预算的着眼点除了固定工资，还扩展到法定福利和部分企业的补充福利。例如，社会保险、住房公积金、餐费补贴、交通补贴等。

第三个层面，是固定工资+法定福利+部分企业补充福利+变动工资。

在第三个层面中，薪酬总额统计与预算的着眼点除了第二个层面的内容外，还增加了变动工资部分。例如，绩效工资、提成、奖金等。

第四个层面，是全面薪酬的视角，即包括企业为员工支出的所有成本。例如，固定工资、法定福利、企业补充福利、变动工资、企业其他人工成本支出等。

在第四个层面中，薪酬总额统计与预算可以说是全面的、宏观的，除了前三个层面的内容，还包括以各种形式支出的与人力资源相关的成本。例如，员工培训、员工活动、员工体检、班车、宿舍等。

表6-1　薪酬总额统计与预算的4个层面

层面划分	定位	包括内容
第一层面	固定直接经济性薪酬	固定工资
第二层面	含部分补充福利的直接经济性薪酬	固定工资+部分补充福利
第三层面	含部分补充福利的经济性薪酬	固定工资+变动工资+部分补充福利
第四层面	全面薪酬	固定工资+变动工资+所有福利

6.2　薪酬总额统计的要点

6.2.1　薪酬总额统计的数据收集工作

在薪酬总额统计中，基础工作就是日常薪酬数据的收集、整理。

日常薪酬数据可以分为不同种类，首先是每个月的工资表(见表6-2)。

表6-2　月工资明细表

计薪周期：××××年××月××日至××××年××月××日　　　　打印日期：××××年 ××月××日

序号	部门	姓名	基本工资	绩效工资	补贴	工资总额	养老(个人)	养老(公司)	医疗(个人)	医疗(公司)	失业(个人)	失业(公司)	工伤(公司)	生育(公司)	住房(个人)	住房(公司)	考勤扣款	个人所得税	其他补贴(+)	其他扣款(－)	工资实发	公司福利支出合计	公司支出合计
1																							
2																							
3																							
4																							
5																							
6																							
7																							
8																							
9																							
10																							
共计：																							

备注：　　　　第　页　共　页

制表人：　　　　审核人：　　　　审批人：

日期：　　　　日期：　　　　日期：

大部分企业以“月”为单位发放工资，并将本月中发生的绩效工资、补贴等一并在月工资中发放。通过月工资明细表的形式，可以对以“月”为单位集中发放的所有薪酬进行统计，其中包括月基本工资、绩效工资、相关补贴、法定的社会保险、住房公积金、其他税后补贴等。这部分薪酬额的统计形成了薪酬总额统计的基础部分，在企业的薪酬支出中也占据了较大比例。

小贴士：月工资表中的公司支出合计

在月工资明细表中，最重要的是最后一列，即公司支出合计，这一列统计的是公司每个月为每个员工发放的薪酬总额，它的公式为

公司支出合计=基本工资+绩效工资+补贴+养老(公司)+医疗(公司)+失业(公司)+工伤(公司)+生育(公司)+住房(公司)−考勤扣款+其他补贴−其他扣款

除此以外，在发放月工资的基础上，有些企业还会不定期发放一些劳务工资、临时性工资或者提成、奖金等。在发放这些临时性薪酬时，企业会单独制作明细表，其中也包括对每个员工发放的具体金额的统计(见表6-3)。

表6-3 劳务工资明细表

序号	部门	姓名	劳务费	考勤扣款	个人所得税	其他补贴(+)	其他扣款(−)	工资实发	公司支出合计
1									
2									
3									
4									
5									
6									
7									
8									
9									
10									
共计：									

备注： 第 页 共 页

制表人： 审核人： 审批人：

日期： 日期： 日期：

不定期发放的提成、奖金等明细表与劳务工资明细表基本一致，但需要注意的是，如果提成、奖金是当月发放，需要与当月发放的工资额合并缴纳个人所得税。

除了月度发放的工资和不定期发放的劳务工资、提成、奖金外，还有企业会按节日、季度或者年度发放奖金或福利等，例如中秋节慰问金、年度奖金等。注意每年内可以使用一次“一次性奖金”的纳税办法，一般会选择在一次性支出金额比较大的时候使用。

在薪酬总额统计的基础工作中，这些表格与相关的数据是需要在日常工作中不断积累的，除了以上三类数据(月工资、不定期工资、季度/年度奖金)以外，有些企业还会有一些零散的数据，例如补充医疗保险缴纳、综合意外伤害保险缴纳、学费报销、手机通信费用报销、车辆补贴报销、宿舍费用、班车费用等。

总之，这些与员工薪酬相关的表格都需要及时保留，并进行分类整理，一般按照时间周期整理在一起，以备日后汇总和分析。

6.2.2 薪酬总额的分类汇总

收集薪酬基本数据后，需要对其进行分类汇总，这也是薪酬总额统计的重要工作。一般来说，薪酬总额分以下几个角度进行分类汇总。

首先，按照员工个人进行分类汇总。将薪酬支出以个人为单位进行汇总，即把企业内所有的薪酬支出均列明至个人，以个人为单位汇总所有的支出额，并求和统计。这里需要做的工作是将所有基础数据进行加工，全部整理成以个人为单位的数据。

其次，以部门为单位进行分类汇总。按月发放的工资和不定期发放的劳务工资、提成、奖金等均可以形成以部门为单位的分类汇总表，这一汇总表不仅包括本月发放的工资，还包括本月发放的劳务工资、提成、奖金等(见表6-4)。

表6-4　XXX公司XXXX年XX月部门工资发放汇总表

制表日期：　　年　月　日

序号	部门	工资总额	养老(个人)	养老(公司)	医疗(个人)	医疗(公司)	失业(个人)	失业(公司)	工伤(公司)	生育(公司)	住房(个人)	住房(公司)	考勤扣款	个人所得扣税	其他补贴(+)	其他扣款(—)	工资实发额	公司福利支出合计	公司支出合计
1																			
2																			
3																			
4																			
5																			
合计：																			

制表人：　　　　审核人：　　　　审批人：
日期：　　　　日期：　　　　日期：

再次，以时间为单位对薪酬进行分类汇总。可以将基础的薪酬数据整理成按月、按季、按年汇总的数据，目的是把所有的薪酬发放单按照时间单位进行合并，统计出总额，年工资福利汇总表见表6-5。

表6-5 XXX公司XXXX年工资福利汇总表

制表日期： 年 月 日

序号	部门	姓名	1月工资额	1月福利额	2月工资额	2月福利额	3月工资额	3月福利额	…	…	12月工资额	12月福利额	公司福利支出合计	公司支出合计
1														
2														
3														
4														
5														
合计：														

制表人： 审核人： 审批人：

日期： 日期： 日期：

除了上述以个人、部门、时间为单位进行汇总统计外，还可以从薪酬类别的维度进行统计。例如，可以按基本薪酬支出、浮动薪酬支出、基本福利支出、补充福利支出等进行统计(见表6-6)。

表6-6 XXX公司XXXX年XX月工资福利分类汇总表

制表日期： 年 月 日

序号	部门	姓名	1月基本工资小计	1月浮动工资小计	1月基本福利小计	1月补充福利小计	公司工资支出合计	公司福利支出合计	公司支出总计
1									
2									
3									
4									
5									
合计：									

制表人： 审核人： 审批人：

日期： 日期： 日期：

对薪酬总额进行分类汇总后，就可以将四类(个人、部门、时间、类别)统计维度结合在一起进行汇总，并可根据企业薪酬管理的实际需求确定结合的维度数量。两个维度相结合的，有个人部门薪酬汇总表、部门季度薪酬汇总表等；三个维度相结合的，有个人部门季度薪酬汇总表、个人部门年度薪酬汇总表等；四个维度相结合的，有个人部门季度工资福利分类汇总表等。

小贴士：巧用Excel进行薪酬报表合并与分类统计

Excel具有“分类汇总”功能，选定数据后，在分类汇总功能项中直接选择字段，即可以形成分类汇总数据，而且汇总的方式可以选择“求和”“计数”等。这是一种较为便捷的分类汇总方式，不需要再在部门下单独插入一行。另外，Excel还有“合并计算”功能，可以固定的表头合并多个Sheet。工作人员在进行汇总时，会面临将多个表的数据合并计算的情况，这个功能能够快速实现报表合并。在这一点上，也体现出薪酬日常报表格式统一的重要性。

6.2.3 薪酬总额统计的注意事项

1. 在薪酬总额统计中避免重复统计和遗漏统计

在薪酬总额统计工作中，重复计算是可能出现的错误之一，主要是因为有些项目是有包含关系的。通常可能出现重复计算的有个人所得税、社会保险个人部分、住房公积金个人部分等。这些数据总额已经包括在员工个人税前工资额中，在计算薪酬总额时，只需要将税前工资总额加入薪酬总额中统计即可，不必再统计这些包含项目，否则会造成重复统计。

在薪酬总额统计工作中，可能出现的另一个错误是遗漏统计，主要是因为薪酬总额涉及的面相对比较宽泛，而且一般会跨越一定的周期，所以在统计中要保证全面性与准确性就会有一定的难度。因此，薪酬专员在日常工作中要及时收集整理与薪酬相关的数据，之后再进行分类，这样在统计时就不会遗漏。

2. 薪酬表格的标准化

薪酬表格在设计时要注意标准化的问题，薪酬表格的标准化是为了便于统计汇总。一般来说，在薪酬表格的标准化中要注意以下几点：首先，表格名称要规范，表格名称要精确反映表格的内容，而且在薪酬表格的名称中要特别注意标注时间、内容；其次，表格表头要统一，即薪酬表格的第一行、第一列要统一，一般以序号、部门、姓名作为表格固定的前三列，这样在合并数据时可以保证准确性；最后，表格字段要标准化，字段从名称到具体内容都要实现标准化的统一，如部门名称的标准化等。

3. 及时汇总数据，减少集中工作量

薪酬数据随着时间的推移、企业人员的增长和薪酬种类的增多而不断增加，所以，对于薪酬数据要分阶段进行分类汇总。例如，先以“月”为单位分类汇总，再以“季”为单位分类汇总，最后以“年”为单位分类汇总，这样一个阶段一个阶段地汇总能大大减少集中汇总的工作量，而且还能保证准确性。

4. 合理应用统计汇总工具

目前，大多数企业使用Excel开展薪酬统计汇总工作，但随着新技术的应用，越来越多的企业在内部信息系统建设方面增加了投入，有的企业在OA系统、ERP系统中配有独立的薪酬模块，还有的企业单独建设了E-HR系统，这些系统工具为薪酬统计汇总工作带来了更多的便捷。

6.3　薪酬预算编制的入门

6.3.1　薪酬预算的定义

薪酬预算是企业管理者对企业未来薪酬支出的一种预测，包括企业薪酬的支出预测和企业薪酬的增长预测，目的是在人工成本支出方面进行权衡和取舍。薪酬预算是薪酬管理的一个重要环节，同时也是企业经营计划和组织规划的一部分。

6.3.2　薪酬预算编制的目标与影响

1. 薪酬预算编制的目标

从企业管理者的角度出发，薪酬预算的基本目标是保证企业未来在人工成本支出方面的可预测性、可调整性和可控制性。

薪酬的可预测性这一目标是比较好理解的，尤其对于薪酬支出占企业成本、费用的比例比较高的企业来说，企业人工成本的支出金额直接关系企业未来的现金流支出和经营结果。准确预测企业未来的薪酬支出也是薪酬总额管理的基础工作。

薪酬的可调整性取决于薪酬总额、薪酬结构、人员流动、企业支付能力等多个因素。企业管理者对于薪酬总额的管理目标之一是确保可调整性，但在现实企业管理中，要保证薪酬总额的可调整性，需要在薪酬总额预测、与企业经营结果紧密结合以及人员流动性及薪酬结构方面提前做好计划与制度设计，否则薪酬的可调整性就很难实现。

薪酬的可控制性包括未来对于薪酬支出的个人分配、部门分配、区域分配以及与企业经营效益挂钩的动态浮动。要实现薪酬总额的可控制性，还需要考虑薪酬的刚性问题以及管理中的滞后现象，保证薪酬的整体可控制性是薪酬管理的终极目标。

2. 薪酬预算编制的影响

薪酬预算的编制会对企业和员工个人产生较大的影响，可以保证企业在未来一段时间内的薪酬支付得到一定程度的协调和控制，主要表现在以下几个方面。

(1) 薪酬预算会影响企业的现金流和经营结果。薪酬预算的多少会直接影响企业未来将有多少支出投入在人工成本中，而这些人工成本多需要以现金流的方式支出，所以薪酬预算会直接影响企业现金流的管理，尤其是业务模式中现金流比较紧张的企业更应该注意这一点。此外，人工成本是企业的关键成本之一，所以薪酬预算会直接影响企业效益。

(2) 薪酬预算会影响企业的人力资源规划、人员招聘和人员流动。薪酬预算的额度直接决定企业可以增加的薪酬额度和人员数量，在薪酬预算额度不足时，需要裁减部分薪酬和人员，所以薪酬预算直接决定未来企业的人员招聘和人员流动。

(3) 薪酬预算会影响员工的工作努力程度和满意度。薪酬直接与员工利益相关，薪酬预算的多寡直接决定了在员工基本薪酬、绩效薪酬、福利等方面的支出，或者说会有倾向性很强的薪酬策略，这会影响员工对未来努力付出后的收益预期，所以，薪酬预算直接影响员工的工作努力程度以及满意度。

6.3.3 薪酬预算需要考虑的因素

1. 企业内部因素

薪酬预算需要考虑的企业内部因素包括企业的经营情况、支付能力、人力资源规划、人员招聘、人员晋升、人员流动、薪酬策略、薪酬水平、薪酬结构等各方面。

(1) 企业经营情况和支付能力，具体包括经营收入、经营利润、经营成本、经营费用、薪酬占收入比、薪酬利润率、薪酬费用率等指标。

(2) 企业的人力资源规划、人员招聘、人员晋升、人员流动，具体包括人力资源三年/五年规划、组织结构设计、年/季/月人员招聘计划、年人员晋升、年/季/月人员流动率等。

(3) 企业的薪酬策略、薪酬水平、薪酬结构，具体包括薪酬的支出策略，如领先型、跟随型、滞后型等；薪酬的分布，如各部门薪酬总额、各区域薪酬总额、人均薪酬等；薪酬结构，如薪酬的分类、分级、比例等。

2. 企业外部因素

薪酬预算需要考虑的企业外部因素包括国家/地区相关政策、劳动力整体市场供需情况、整体市场薪酬水平、行业竞争对手薪酬水平、薪酬变化趋势等各方面。

(1) 国家/地区相关政策，即针对与薪酬相关的内容，国家或地区新发布的政策或在未来一段时间内可能发布的新政策或相关调整。

(2) 劳动力整体市场供需情况，即企业外部的整体劳动力市场供给和需求是会快速增长、稳定增长还是萎缩，这会影响企业对人力资源的需求。

(3) 整体市场薪酬水平和行业竞争对手薪酬水平，包括企业所处市场或行业主要职位的市场薪酬水平(主要是25分位、50分位、75分位、90分位等关键数据)、核心职位的平均薪酬水平、最高水平和最低水平、核心职位的薪酬水平分布、核心职位的薪酬构成比例等。

(4) 薪酬变化趋势，包括企业所处市场的整体薪酬变化趋势，例如匀速增长、迅速增长或是下降。

6.3.4　薪酬预算与薪酬总额统计

1. 薪酬总额统计是薪酬预算的基础

对薪酬总额及时、准确地进行日常统计与汇总，是保证薪酬总额预算可预测性、可调整性及可控制性的前提。薪酬总额预算必须要以薪酬日常支出的实际情况为出发点，在此基础上再计算增量。同时，薪酬总额的历史统计数据可以直观地反映企业薪酬策略、薪酬分布、薪酬水平、薪酬结构、人员招聘、人员流动等重要指标，而这些均是薪酬预算的重要基础。在企业经营业务调整变化不大、外部市场环境也相对稳定的前提下，上一年的薪酬总额几乎可以作为本年度的薪酬预算。

2. 薪酬总额统计不能代替薪酬预算

从另一个角度讲，薪酬总额统计不能直接代替薪酬预算。虽然薪酬总额统计是薪酬预算的主要组成部分，但是，薪酬预算涉及的因素比薪酬总额统计要多，其中较为重要的是与企业变化与外部环境变化相关的因素。薪酬预算中有一项重要的工作是预测未来的变化，例如预测未来企业经营的变化、业绩情况、人员调整、外部相关政策法规的调整、行业市场薪酬水平的变化等，这些变动因素会直接影响未来薪酬的支出情况。所以，薪酬总额统计不能代替薪酬预算。

6.4 本章小结

本章再次强调了对薪酬总额的正确理解，与第1章中的相关内容不同的是，本章对薪酬总额从薪酬统计范围的角度分4个层面进行分解，这样更便于在实际工作中理解不同层面的薪酬总额。

在本章中，详细讲解了薪酬总额的统计汇总工作。这是薪酬专员在日常薪酬管理中的一项重要工作，是工资发放和福利管理的延续工作。薪酬总额统计又分为数据收集和统计汇总两个层面。数据收集是基础，分类汇总时一般分为个人、部门、时间、种类4个维度，以及4个维度的结合。此外，要注意薪酬总额统计中的常见错误以及应对的技巧。

在本章中，引入薪酬预算的概念，主要是从薪酬专员日常薪酬总额统计汇总工作出发，初步讲解薪酬预算的定义、目标、影响、需要考虑的因素等，以及薪酬预算与薪酬总额统计之间的关系。关于薪酬预算我们还将在后续章节中进行详细阐述。

第7章　知彼先知己——内部薪酬调查

【本章导读】

- 什么是内部薪酬调查?
- 编制内部薪酬调查有哪些目标?
- 如何编制内部薪酬调查问卷?
- 如何编写内部薪酬调查报告?

7.1　内部薪酬调查的目标

内部薪酬调查，也称为内部薪酬满意度调查，是指企业为了解员工对薪酬的满意程度、对薪酬的期望值及对企业薪酬管理制度的意见和建议等而进行的内部调查。内部薪酬调查一般由企业管理者提出，或者由企业人力资源管理部门定期按制度规定执行。

内部薪酬调查的执行周期一般为每年度调查一次，如有特殊情况或企业有特殊变动，也可能会缩短调查周期。

一般来说，企业内部薪酬调查的目标包括以下几点。

(1) 定期了解企业内部员工对于实际支付薪酬的满意程度。

(2) 定期了解企业内部员工对于企业薪酬相关管理的意见与建议。

(3) 与外部薪酬调查结果相结合，验证市场薪酬变化对企业薪酬水平的影响。

(4) 预测企业人才流动与核心人才流动的可能。

(5) 帮助企业管理者决策是否调整薪酬策略、薪酬制度。

7.2　内部薪酬调查关键点

7.2.1　内部薪酬调查问卷的设计思路

在设计内部薪酬调查问卷时，可以调查内容来分类，主要有以下几条思路。

(1) 调查员工对个人整体薪酬的满意程度。

(2) 调查员工对个人基本收入的满意程度。

(3) 调查员工对激励性收入的满意程度。

(4) 调查员工对企业薪酬结构的满意程度。

(5) 调查员工对企业福利的满意程度。

(6) 调查员工对薪酬内部公平性的感受。

(7) 调查员工对薪酬外部公平性的感受。

(8) 调查员工对企业薪酬制度的感受。

(9) 调查员工对企业薪酬发放流程的满意程度。

(10) 调查员工对企业涨薪管理的满意程度。

(11) 调查员工离职、保留的原因。

(12) 调查员工对薪酬的意见与建议。

7.2.2　内部薪酬调查问卷样本

根据上述薪酬调查问卷的设计思路，可以参照以下内部薪酬调查问卷进行设计。为了使问卷内容更加清晰，可在问卷中对题目进行归类。

内部薪酬调查问卷(样本)

调查问卷说明：

(1) 本次薪酬调查只面向内部员工，所有答题结果和个人信息都会严格保密，不会泄露。

(2) 员工作答后直接以密封方式提交给人力资源部指定人员，人力资源部相关人员将按照严格保密程序进行拆封和统计工作。

(3) 内部薪酬调查的目的在于为公司调整薪酬体系、薪酬制度等提供一定的依据，希望员工能真实反映个人的意见与建议。

(4) 内部薪酬调查问卷采用单项选择的方式，对于不选、多选的题目视作无效回答，当无效回答超过50%时，问卷将视为无效。

(5) 内部薪酬调查问卷每位员工限答一份。

类别：调查员工对个人整体薪酬的满意程度

1. 根据你现有的资历，你对自己的工资收入的评价是(　　)。

A. 非常满意

B. 较满意

C. 不确定

D. 不满意

E. 非常不满意

2. 你认为自己在工作中付出的努力与工资回报的匹配程度是(　　)。

A. 非常匹配

B. 比较匹配

C. 不确定

D. 不匹配

E. 很不匹配

3. 你觉得目前的工资能体现你的个人价值吗？(　　)

A. 肯定能

B. 应该能

C. 不确定

D. 不能

E. 绝对不能

4. 领到工资时，你的感受是(　　)。

A. 非常愉快

B. 比较开心

C. 不确定

D. 有些失落

E. 心情非常糟糕

5. 以下关于薪酬与工作的关系，最接近你的观点的是(　　)。

A. 通过工作，我自己感到生活充实并获得合理的薪酬回报

B. 我工作的基本目的就是挣一份工资

C. 干什么工作都是次要的，只要有钱赚

D. 给我多少钱，我就干多少活

E. 没有钱什么也别谈

类别：调查员工对个人基本收入的满意程度

6. 与当地的一般消费水平相比，你认为你的基本工资(　　)。

A. 设置得非常合理

B. 设置得基本合理

C. 不确定

D. 较低，不太合理

E. 太低，非常不合理

7. 你认为目前公司的岗位工资是(　　)。

A. 通过科学合理的工作分析后制定的

B. 通过粗略的调查分析后制定的

C. 不确定

D. 管理者凭经验制定的

E. 完全没有任何依据

8. 你认为目前你的基础工资(包括基本工资和岗位工资)能够使你的家庭生活(　　)。

A. 很富裕

B. 能够满足需求

C. 不确定

D. 勉强满足需求

E. 满足不了基本需求

9. 你对员工基本工资、津贴福利的确定过程的看法是(　　)。

A. 绝对遵照明确的规章制度执行

B. 基本遵照规章制度执行

C. 不确定

D. 基本上没有规矩

E. 非常混乱

类别：调查员工对激励性收入的满意程度

10. 在过去的一年中，你认为绩效工资的发放(　　)。

A. 有科学合理的正式考核制度和考核表格作为依据

B. 有一些简单的考核制度和考核表格作为依据

C. 不确定

D. 没什么制度和依据，凭感觉考核

E. 完全失控

11. 你认为公司目前的奖金发放(　　)。

A. 有科学合理的正式考核制度和考核表格作为依据

B. 有一些简单的考核制度和考核表格

C. 不确定

D. 没什么制度和依据，凭感觉考核

E. 完全失控

12. 你认为公司目前的激励性薪酬(包括绩效工资、奖金等)能否驱动你付出更多的努力？(　　)

A. 非常能够

B. 能够

C. 不确定

D. 没什么驱动

E. 完全无驱动

类别：调查员工对企业薪酬结构的满意程度

13. 你认为目前公司薪酬结构划分是否合理？(　　)

A. 完全合理

B. 基本合理

C. 不确定

D. 不合理

E. 非常不合理

14. 你认为目前公司基础工资和绩效工资的比例是否科学？(　　)

A. 完全科学

B. 基本科学

C. 不确定

D. 不科学

E. 非常不科学

15. 你认为目前公司工资和福利的比例是否合理？(　　)

A. 完全合理

B. 基本合理

C. 不确定

D. 不合理

E. 非常不合理

类别：调查员工对企业福利的满意程度

16. 你对公司补充福利的看法是(　　)。

A. 多种补充福利，且额度合适

B. 多种补充福利，但额度过低

C. 不确定

D. 基本上没有补充福利

E. 完全没有补充福利

17. 你对过去一年公司在补充福利建设方面的看法是(　　)。

A. 卓有成效

B. 基本可以

C. 不确定

D. 较差

E. 非常差

18. 你认为公司在传统节假日和纪念日发放的费用有必要吗？(　　)

A. 绝对有

B. 大多时候有

C. 不确定

D. 基本上没有

E. 完全没有

19. 你对公司福利政策及建设的看法是(　　)。

A. 做得非常好，极大地激励和鼓舞了员工

B. 有一些福利项目，但还不够完善和合理

C. 不确定

D. 做得较差，不太令人满意

E. 完全没有任何公共福利

20. 公司带薪假期的设置情况为(　　)。

A. 有多种带薪假期，可灵活休假

B. 有多种带薪假期，但休假方式比较呆板

C. 不确定

D. 只有少数的带薪假期

E. 完全没有任何带薪假期

类别：调查员工对薪酬内部公平性的感受

21. 你对于员工努力付出与公司的工资回报两者的公平性的感受是(　　)。

A. 完全公平

B. 基本公平

C. 不确定

D. 不公平

E. 非常不公平

22. 和其他同职位的人相比，你觉得自己的工资(　　)。

A. 非常高

B. 较高

C. 不确定

D. 较低

E. 非常低

23. 你认为你的薪酬与你的职位(　　)。

A. 非常相称

B. 基本相称

C. 不确定

D. 不相称

E. 非常不相称

类别：调查员工对薪酬外部公平性的感受

24. 你对公司目前的薪酬对人才的吸引性的评价是(　　)。

A. 非常吸引

B. 比较吸引

C. 不确定

D. 不够吸引

E. 几乎没有任何吸引力

25. 你认为公司目前的薪酬水平在市场上(　　)。

A. 非常有竞争力

B. 比较有竞争力

C. 不确定

D. 不够有竞争力

E. 几乎没有任何竞争力

26. 你目前的薪酬在你的同学、同行中所处的位置是(　　)。

A. 非常靠前

B. 比较靠前

C. 不确定

D. 比较落后

E. 非常落后

27. 你对目前公司薪酬制度对员工激励性的评价是(　　)。

A. 非常强的激励

B. 比较强的激励

C. 不确定

D. 激励性不够

E. 非常差

类别：调查员工对企业薪酬制度的感受

28. 你对目前公司薪酬制度科学性的评价是(　　)。

A. 非常科学合理

B. 比较科学合理

C. 不确定

D. 不够科学合理

E. 非常不科学、不合理

29. 你对目前公司薪酬制度公正性和公平性的评价是(　　)。

A. 非常公正和公平

B. 比较公正和公平

C. 不确定

D. 不够公正和公平

E. 完全不够公正和公平

30. 你对目前公司薪酬制度合法性的评价是(　　)。

A. 绝对符合法律法规

B. 基本符合法律法规

C. 不确定

D. 有些地方不符合法律法规

E. 完全不符合法律法规

31. 你对目前公司薪酬制度先进性的评价是(　　)。

A. 非常先进和有远见性

B. 有一定的先进性和远见性

C. 不确定

D. 有些落后于现实

E. 非常过时

32. 你认为目前公司的薪酬制度直接代表谁的利益？(　　)

A. 绝对是广大员工的利益

B. 部分员工的利益

C. 不确定

D. 少数人的利益

E. 个别人的利益

33. 你对公司薪酬管理制度的评价是(　　)。

A. 非常完善

B. 大多数需要的制度都有

C. 不确定

D. 规章制度较少

E. 没有建立任何薪酬方面的管理制度

34. 你对公司薪酬管理制度的执行的评价是(　　)。

A. 非常严格

B. 比较严格

C. 不确定

D. 执行得比较差

E. 管理制度形同虚设，完全没有人去遵守

类别：调查员工对企业薪酬发放流程的满意程度

35. 你对目前公司薪酬计算方式的评价是(　　)。

A. 非常简洁且易于明白

B. 比较简洁

C. 不确定

D. 有些复杂

E. 非常晦涩难懂

36. 你对目前公司薪酬支付方式的评价是(　　)。

A. 非常先进

B. 比较先进

C. 不确定

D. 落后

E. 非常落后

37. 你对目前公司薪酬保密性的评价是(　　)。

A. 非常强

B. 比较强

C. 不确定

D. 不够保密

E. 非常公开化

38. 你对公司薪酬支付及时性和准确性的评价是(　　)。

A. 非常及时和准确

B. 基本及时和准确

C. 不确定

D. 不够及时和准确

E. 经常拖欠

39. 你认为公司目前的加班工资计算方法和法律法规相比(　　)。

A. 绝对符合法律法规

B. 基本符合法律法规

C. 不确定

D. 有些地方不符合法律法规

E. 完全不符合法律法规

类别：调查员工对企业涨薪管理的满意程度

40. 你对最近一次获得的涨薪的评价是(　　)。

A. 非常合理且令人满意

B. 较合理且较满意

C. 不确定

D. 不合理也不太满意

E. 非常不合理且令人很不满意

41. 你觉得目前企业的发展与员工工资增长的关系是(　　)。

A. 利润增长时员工一定会获得工资增长

B. 利润增长时员工可能会获得工资增长

C. 不确定

D. 利润增长时员工不会获得工资增长

E. 利润增长时员工绝对得不到工资增长

42. 你认为公司薪酬制度倡导的涨薪机制是(　　)。

A. 绝对向勤奋及优秀的员工倾斜

B. 按劳分配

C. 不确定

D. 吃大锅饭搞平均主义

E. 多“捞”多得，少“捞”少得

43. 如果你有一定的理由向公司申请加薪，公司的态度是(　　)。

A. 肯定是核实情况后决定是否加薪

B. 以各种理由敷衍过去

C. 不确定

D. 看自己努力申请的程度

E. 绝对不会加薪

44. 在过去半年中，你对公司在薪酬付出与利润积累方面的评价是(　　)。

A. 控制得非常好，找到了两者的平衡点

B. 控制得较好

C. 不确定

D. 较差，两者有些失衡

E. 明显失衡

类别：调查员工离职、保留的原因

45. 你觉得公司大部分员工的辞职原因是(　　)。

A. 薪酬不合理直接导致

B. 和薪酬有一定的关系

C. 不确定

D. 和薪酬没有什么关系

E. 绝对与薪酬问题无关

46. 你觉得留下来的员工对公司分配机制的评价是(　　)。

A. 从根本上来说是绝对公平、公正和公开的

B. 基本上还算公平、公正和公开

C. 不确定

D. 在公平、公正和公开方面，做得较差

E. 在公平、公正和公开方面，做得非常差

47. 公司在国家强制性保险福利、最低工资方面的做法是(　　)。

A. 高于国家法律法规的要求执行，并向员工增加了其他福利

B. 按照国家法律法规要求的最低限度执行

C. 不确定

D. 部分按照国家法律法规的要求执行，部分则没有

E. 完全没有按照法律法规的要求执行

类别：调查员工对薪酬的意见与建议

48. 有员工对薪酬待遇现状提出不同意见和建议时，公司的态度是(　　)。

A. 非常欢迎，积极采纳和接受意见

B. 基本上会有一些正面的改善，但比较被动

C. 不确定

D. 听听而已，没什么改变

E. 非常敏感，尽量压制

49. 您期望在工资方面的改善：

50. 您期望在福利方面的改善：

51. 您期望在激励机制方面的改善：

52. 在本调查问卷中您还有哪些想法、观点或期望？

7.2.3　内部薪酬调查执行流程

在明确了内部薪酬调查的定义、目标，以及内部薪酬调查问卷的设计思路和问卷设计内容后，就可以进入具体的内部薪酬调查执行流程。一般来说，内部薪酬调查执行流程包括以下几步。

第一步，制定与审批内部薪酬调查方案。

内部薪酬调查的第一步就是制定内部薪酬调查方案。方案主要包括内部薪酬调查的目标、内部薪酬调查的原因、内部薪酬调查的主要方面、内部薪酬调查问卷的设计、内部薪酬调查的具体执行时间等。内部薪酬调查一定要有的放矢，没有明确目标和针对性的内部薪酬调查必将失去关键意义。

第二步，发放与回收内部薪酬调查问卷。

内部薪酬调查的关键一步是发放与回收调查问卷。由于内部薪酬调查是针对内部员工的，所以在问卷的发放与回收方面最重要的是保密性。只有做到严格保密，才能让员工放心地填写问卷并坦率地提出意见与建议。问卷的保密性可以通过专人发放、专人回收、密封填写等方式进行保证。

第三步，汇总内部薪酬调查结果并出具分析报告。

内部薪酬调查问卷后，需要对调查结果进行汇总、分析，并形成书面的分析报告，同时，要将员工提出的意见与建议形成单独的汇总报告。这些分析报告是企业薪酬管理、人力资源管理甚至是企业管理中的重要方面。

第四步，调整薪酬策略、薪酬体系、薪酬制度等。

内部薪酬调查的最后一步是根据调查结果和员工提出的意见、建议，对企业整体的薪酬策略、薪酬体系、薪酬制度等做出调整。是否要做出调整，与员工在内部薪酬调查中反映问题的激烈程度和关注点有关。

综上，内部薪酬调查的流程如图7-1所示。

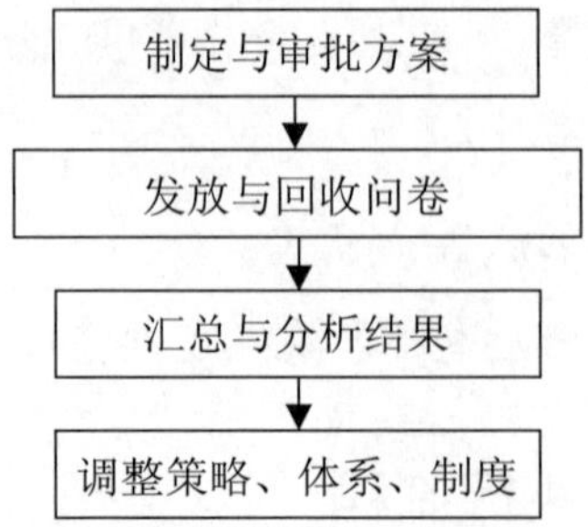

图7-1　内部薪酬调查流程

7.3　内部薪酬调查的报告

内部薪酬调查分析报告摘要(样本)

为了了解员工对公司目前薪酬的满意程度及与市场薪酬的差异，为公司规范化薪酬管理并提升竞争能力提供基础数据，人力资源中心于本季度末进行了一次公司内部员工的薪酬调查，以下是内部薪酬调查的结果分析报告。

一、内部薪酬调查的主要目标

1. 了解员工对公司目前薪酬的满意程度；

2. 了解公司薪酬与市场薪酬的差异；

3. 了解员工对薪酬各具体构成项目的满意程度；

4. 听取员工的意见与建议。

二、内部薪酬调查问卷的基本情况

(一) 内部薪酬调查问卷的设计

本次内部薪酬调查问卷由总裁办公室与人力资源部根据公司实际需求共同设计，采用的是结构型问卷。根据员工薪酬的具体情况，调查问卷共涉及13个方面共52个题目，保证了内部薪酬调查问卷设计的全面性、科学性和完整性。

(二) 内部薪酬调查问卷的发放和回收

本次员工内部薪酬调查，参与调查问卷657份，实际有效问卷643份，回收率达到97.8%，本次调查结果具有全面性和有效性。

(三) 内部薪酬调查问卷的调查形式及保密性

本次员工内部薪酬调查以内部MIS的形式进行，在内网上设计调查专区，由员工根据MIS的用户名与密码自行登录参与调查，并通过系统自检后提交答卷，全程具有保密性，同时，也保证了答卷的有效性。问卷提交后由MIS先期进行统计分析，后期由人力资源部整理汇总。

三、参与内部薪酬调查员工的基本情况

(一) 人员职级分布情况

本次参加调查的643名员工，按照职位级别划分为：高级管理级，8人；中级管理级，43人；初级经理级，71人；员工级，521人。具体分布情况如图7-2所示。

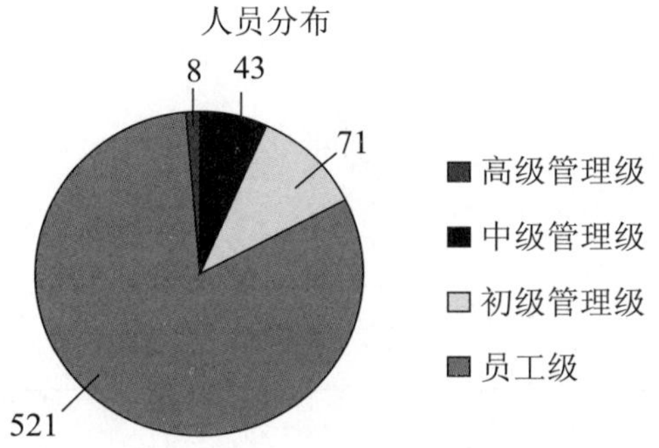

图7-2　人员职级分布

通过图7-2可以看出，此次参与内部薪酬调查的人员分布较为合理，按级别呈阶梯状分布，高级管理级、中级管理级、初级管理级和员工级人员数据逐步增加。数量最多的是员工级，占总人数的81%。

(二) 人员在司时间分布情况

人员在司时间分布为：半年以内，78人；半年至两年，121人；两年至五年，154人；五年至八年，198人；八年以上，92人。具体分布情况如图7-3所示。

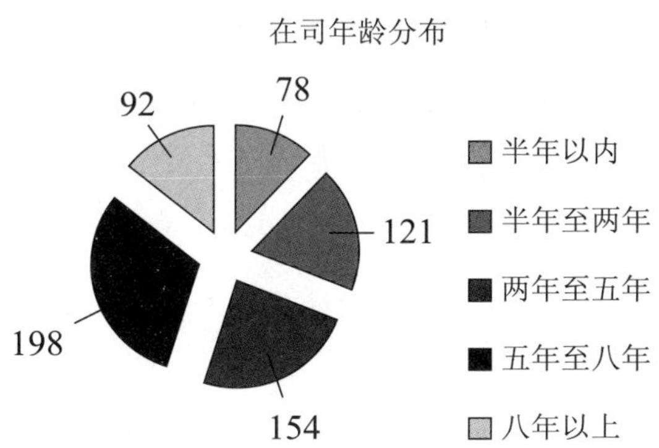

图7-3　人员在司时间分布

通过图7-3可以看出，公司人员司龄搭配较为合理，两年以上的老员工留用率较高，共计444人，占全部调查人员的69%。从中可以看出，本次内部薪酬调查具有较高的有效性，因为大部分被调查员工经历过整年度的薪酬管理过程，而且入职两年以上的

人员对公司的所有薪酬项目都会有一定的了解。

四、内部薪酬调查的具体情况分析

(一) 调查员工对个人整体薪酬满意程度

➢ 代表题目

根据你现有的资历，你对自己的工资收入的评价是(　　)。

A. 非常满意

B. 较满意

C. 不确定

D. 不满意

E. 非常不满意

➢ 调查结果(见图7-4)

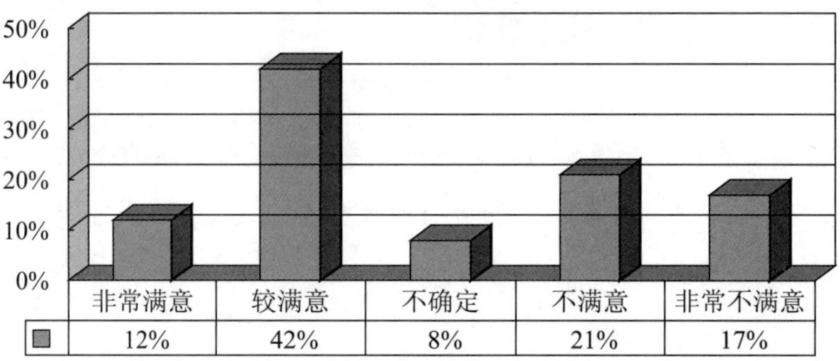

图7-4　员工对个人整体薪酬满意程度

➢ 结果分析

从整体上看，员工对薪酬的满意度一般，非常满意和较满意的员工仅占总调查人数的一半(54%)，说明还有一半员工对薪酬是不确定和不满意的。

(二) 调查员工对个人基本收入的满意程度

➢ 代表题目

与当地的一般消费水平相比，你认为你的基本工资(　　)。

A. 设置得非常合理

B. 设置基本合理

C. 不确定

D. 较低，不太合理

E. 太低，非常不合理

➢ 调查结果(见图7-5)

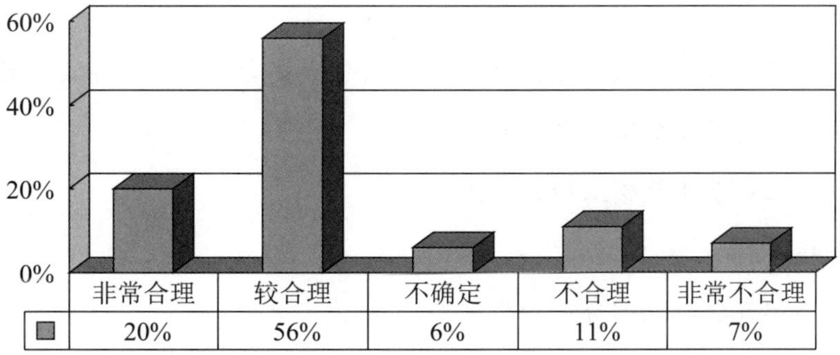

图7-5　员工对个人基本收入的满意度

➢ 结果分析

从结果来看，员工对基本工资的满意度比较高，认为基本工资设置得非常合理和较合理的员工占总调查员工的76%(2/3)，说明基本工资能够满足员工基本生活需要。

(三) 调查员工对激励性收入的满意程度

➢ 代表题目

你认为公司目前的激励性薪酬(包括绩效工资、奖金等)能否驱动你付出更多的努力？(　　)

A. 非常能够

B. 能够

C. 不确定

D. 没什么驱动

E. 完全无驱动

➢ 调查结果(见图7-6)

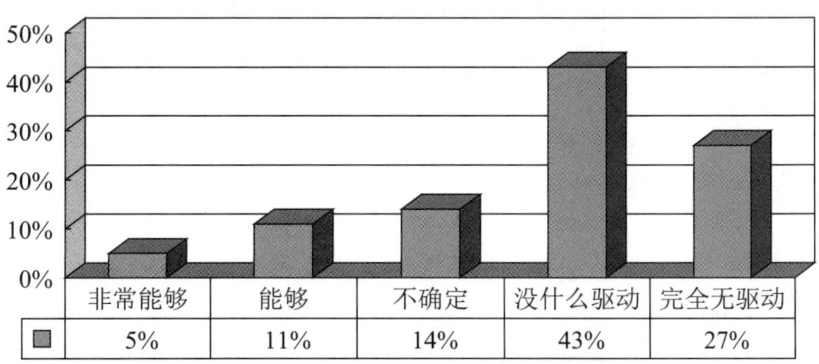

图7-6　员工对激励性收入的满意度

➢ 结果分析

从结果来看，员工的满意度是比较低的，认为激励性收入能够驱动个人付出努力的只有16%，比例比较低；而认为没什么驱动和完全无驱动的占总调查人数的70%，说明公司的激励性收入对员工的激励程度很低。

(四) 调查员工对企业薪酬结构的满意程度

➢ 代表题目

你对目前公司薪酬结构划分的评价是(　　)。

A. 完全合理

B. 基本合理

C. 不确定

D. 不合理

E. 非常不合理

➢ 调查结果(见图7-7)

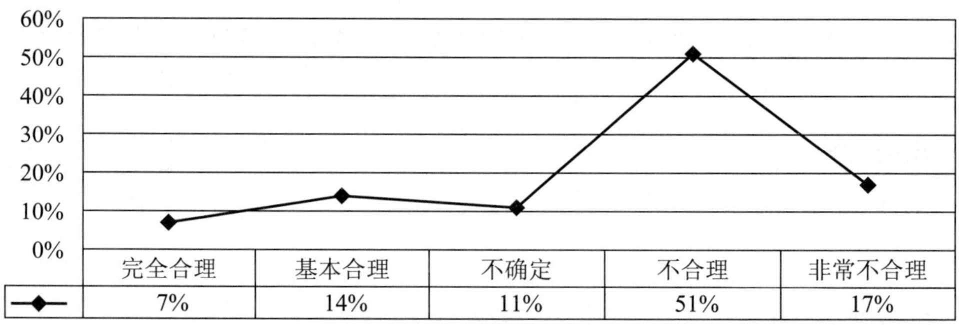

图7-7　员工对企业薪酬结构的满意度

➢ 结果分析

员工对薪酬结构的满意度，与对激励性收入驱动性的满意度比较相似。68%的员工认为薪酬结构设计不合理或非常不合理，说明在薪酬结构方面，员工的满意度也比较低。

(五) 调查员工对企业福利的满意度

➢ 代表题目

你对公司补充福利的看法是(　　)。

A. 多种补充福利，且额度合适

B. 多种补充福利，但额度过低

C. 不确定

D. 基本上没有补充福利

E. 完全没有补充福利

➢ 调查结果(见图7-8)

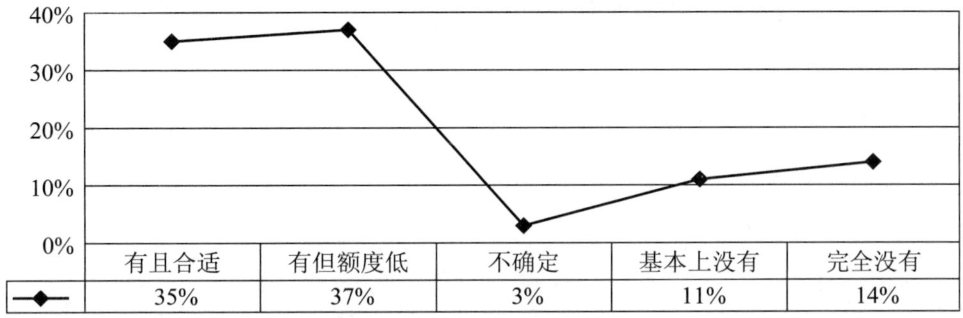

图7-8 员工对企业福利的满意度

➢ 结果分析

对于公司的补充福利，员工整体的满意度相对较高，有72%的员工认为有补充福利，说明员工对于法定福利以外的其他福利能够直观感受到并很认可。但通过调查结果也可以看出，员工对于补充福利内容的增加还有期望，有37%的员工认为补充福利额度过低。

(六) 调查员工对薪酬内部公平性的感受

➢ 代表题目

和其他同职位的人相比，你觉得自己的工资(　　)。

A. 非常高

B. 较高

C. 不确定

D. 较低

E. 非常低

➢ 调查结果(见图7-9)

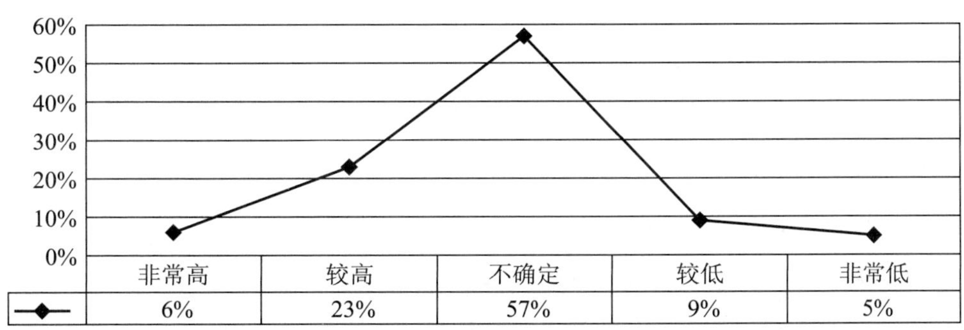

图7-9 员工对薪酬内部公平性的感受

➢ 结果分析

从结果来看，员工感觉还是比较公平的，或者是公司内部的薪酬保密性比较强，员工在公司内部横向比较的机会比较少，所以较大比例的员工(57%)选择了不确定。

(七) 调查员工对薪酬外部公平性的感受

➢ 代表题目

你认为公司目前的薪酬水平在市场上(　　)。

A. 非常有竞争力

B. 比较有竞争力

C. 不确定

D. 不够有竞争力

E. 几乎没有任何竞争力

➢ 调查结果(见图7-10)

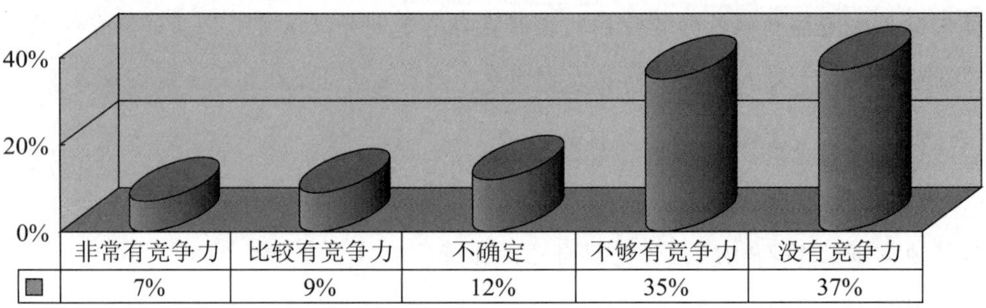

图7-10　员工对薪酬外部公平性的感受

➢ 结果分析

从结果来看，员工的满意度明显比内部公平性要差，有72%的员工认为薪酬不够有竞争力和几乎没有任何竞争力，说明员工认为公司整体的薪酬水平要明显低于市场同等水平。

(八) 调查员工对企业薪酬制度的感受

➢ 代表题目

你对目前公司薪酬制度公正性和公平性的评价是(　　)。

A. 非常公正和公平

B. 比较公正和公平

C. 不确定

D. 不够公正和公平

E. 完全不够公正和公平

➢ 调查结果(见图7-11)

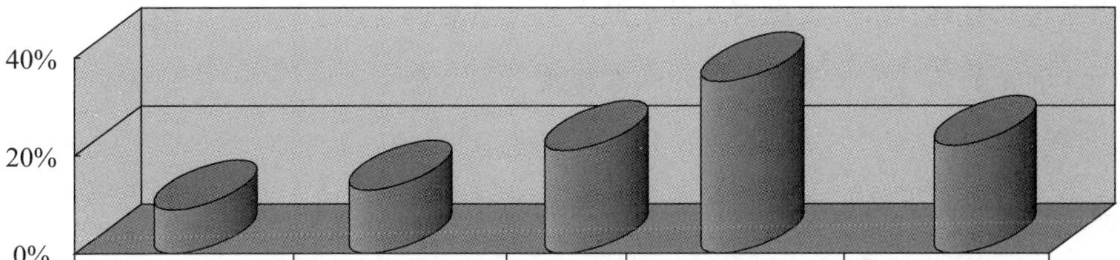

	非常公正和公平	比较公正和公平	不确定	不太公正和公平	很不公正和公平
■	9%	13%	21%	35%	22%

图7-11　员工对企业薪酬制度的感受

➢ 结果分析

对于公司的薪酬制度，员工整体的满意度比较低，认为薪酬制度不够公正和公平和完全不够公正和公平的员工占57%，这与前面调查的薪酬结构满意度、激励性收入满意度、外部公平满意度的调查结果相互验证。

(九) 调查员工对企业薪酬发放流程的满意程度

➢ 代表题目

按规定时间，你对公司薪酬支付的及时性和准确性的评价是(　　)。

A. 非常及时和准确

B. 基本及时和准确

C. 不确定

D. 不够及时和准确

E. 经常拖欠

➢ 调查结果(见图7-12)

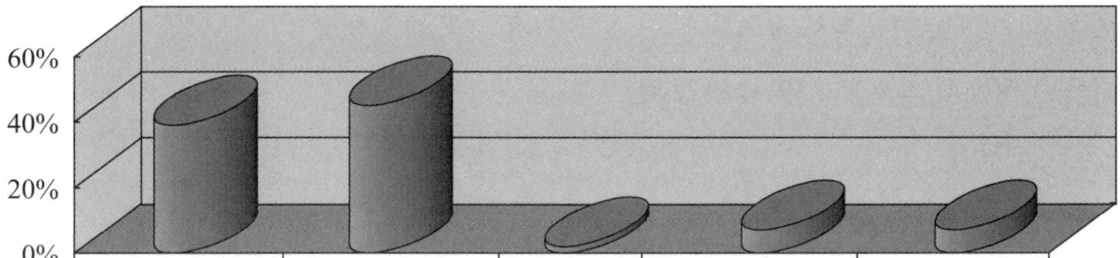

	非常及时和准确	基本及时和准确	不确定	不够及时和准确	经常拖欠
■	39%	45%	2%	7%	7%

图7-12　员工对企业薪酬发放流程的满意度

➢ 结果分析

从结果来看，员工整体的满意度比较高(84%)，说明公司在薪酬发放的及时性、准确性上做得比较好，很少出现不及时发放或拖欠薪资的情况。

(十) 调查员工对企业涨薪管理的满意程度

➢ 代表题目

你觉得目前企业的发展与员工工资增长的关系是(　　)。

A. 利润增长时员工一定会获得工资增长

B. 利润增长时员工可能会获得工资增长

C. 不确定

D. 利润增长时员工不会获得工资增长

E. 利润增长时员工绝对得不到工资增长

➢ 调查结果(见图7-13)

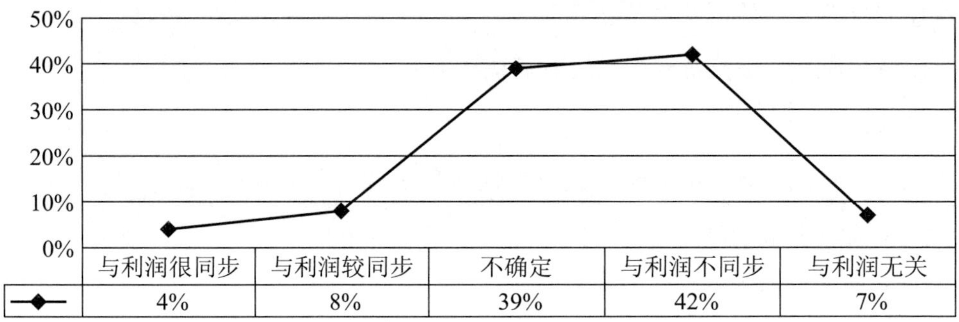

图7-13　员工对企业涨薪管理的满意度

➢ 结果分析

从结果来看，员工整体的感觉并不好，有39%的员工不确定，有42%的员工认为利润增长时员工不会涨薪，说明公司在整体利润变动与员工个人薪酬的关系建设上很不到位，这与本次调查中员工认为激励性收入不高有一定的关联性。

(十一) 调查员工离职、保留的原因

➢ 代表题目

你觉得公司大部分员工的辞职原因是(　　)。

A. 薪酬不合理直接导致

B. 和薪酬有一定的关系

C. 不确定

D. 和薪酬没有什么关系

E. 绝对与薪酬问题无关

➢ 调查结果(见图7-14)

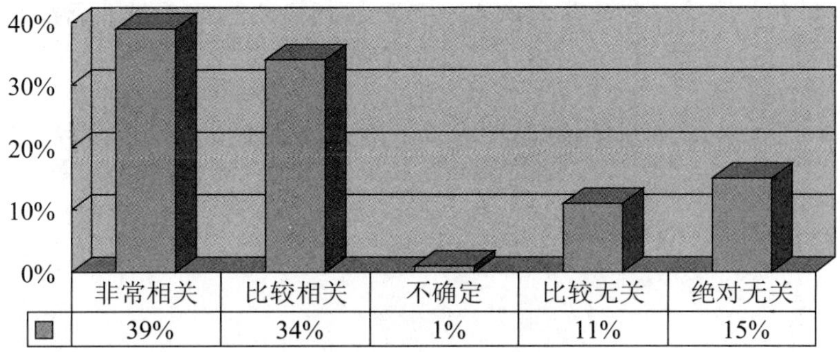

图7-14　员工离职、保留的原因

➢ 结果分析

在员工离职与薪酬的关系上，员工认为相关度比较高，有73%的员工认为离职是因为薪酬，说明公司薪酬与员工是否选择离职关系较大，这也与本次调查中员工认为薪酬的外部公平性较差相互验证。

(十二) 调查员工的意见与建议

➢ 代表题目

您期望公司在激励机制方面做出哪些改善？

➢ 调查结果

通过本次调查，收集的员工意见与建议主要集中在以下几个方面，如表7-1所示。

表7-1　员工意见与建议

序号	员工意见与建议
1	建议增加绩效工资等激励性收入，体现多劳多得
2	建议加强公司的业务培训和人才培养
3	建议进行薪酬调查，对于明显低于市场水平的职位马上调薪，以保留人才
4	建议改善员工午餐，增加菜品和可口度
5	建议定期公布经营结果，使员工对于自身的工作结果有清楚的认识
6	建议每年的涨薪与个人业绩挂钩
7	建议采取弹性工作时间
8	建议加强管理人员的管理能力培养
9	建议公司加强品牌宣传
10	建议改善工作环境

五、总结与综述

(一) 调查结论

综合整体的内部薪酬调查结果，可以得出以下几个结论。

(1) 员工对于公司薪酬中的基本收入、补充福利、内部公平性、薪酬发放的及时性与准确性等满意度比较高。

(2) 员工对于公司薪酬中的激励性收入、薪酬结构、薪酬的外部公平性、薪酬制度、涨薪管理等满意度比较低。

从整体来看，员工对于公司的薪酬满意度不高，而且员工离职与薪酬有较大的关系。

(二) 存在问题

从这次调查中，可以看出公司薪酬管理主要存在以下几个问题。

(1) 员工薪酬中的激励性部分明确不足。薪酬对于员工来说，主要起保健和激励两方面的作用。目前，公司的薪酬对于保健作用强调得比较多，或者做得比较好；对于薪酬的激励作用发挥不足，导致员工付出的努力程度大大降低。

(2) 公司的薪酬水平与市场薪酬差距较大。从员工对于外部公平性的看法、员工离职的主要原因为薪酬等可以看出，公司薪酬水平没有与市场薪酬水平保持一致，这会导致公司的优秀人才大量流失；同时，由于与市场薪酬的差异，在引进核心人才时也会面临较大困难。

(3) 公司利益与员工个人利益的结合不紧密。员工作为公司的一员，其利益必然与公司的利益紧密结合，但公司目前没有好的机制将员工个人的利益与公司的利益相结合，这与激励性薪酬少、涨薪与公司利润无关等因素有较大关系。

(三) 提出建议

通过对调查结果的分析，针对发现的问题，对于薪酬建设提出以下建议。

(1) 增加激励性薪酬部分，包括建立各职位体系的绩效考核制度、加大绩效工资的比重等。

(2) 尽快进行市场薪酬调查，了解市场薪酬的真实情况及公司目前薪酬与市场薪酬的主要差距。

(3) 进行薪酬调整，对于公司的核心人才进行薪酬倾斜，以保留和激励核心人才。

(4) 加强公司利益与个人利益的结合，将激励性薪酬部分与公司利益的考核指标相结合。

7.4 本章小结

本章首先介绍了内部薪酬调查的定义与目标。内部薪酬调查的主要目标是调查了解企业内部员工对薪酬的满意程度，进而作为企业整体薪酬策略、薪酬体系和薪酬制度调整的依据。

内部薪酬调查的关键环节是设计调查问卷，在调查问卷中要全面涉及薪酬水平、薪酬结构、薪酬制度、基础工资、激励性工资、福利、薪酬发放、薪酬内外部公平性、意见建议等方面。当然，也可以根据企业开展内部薪酬调查的主要目标有针对性地选择一些主题。

本章最后用比较小的篇幅阐述了内部薪酬调查的流程，主要包括方案制定、问卷发放、汇总分析和政策调整4步。内部薪酬调查分析报告是最后的也是最关键的环节，所以本章分享了一份内部薪酬调查分析报告的样本，供大家参考。

第8章　理解薪酬与HR其他模块的关系

【本章导读】

- 人力资源管理模块如何划分？
- 薪酬在人力资源管理中如何定位？
- 薪酬管理与人力规划是何种关系？
- 薪酬管理与招聘配置是何种关系？
- 薪酬管理与培训开发是何种关系？
- 薪酬管理与绩效管理是何种关系？
- 薪酬管理与员工关系是何种关系？

8.1　人力资源管理的模块

8.1.1　人力资源管理六大模块的划分

一般来说，企业中的人力资源管理工作可以划分为六大模块，或者说细分为六个方向，即人力资源规划管理、招聘配置管理、培训开发管理、薪酬管理、绩效管理、员工关系管理，如图8-1所示。

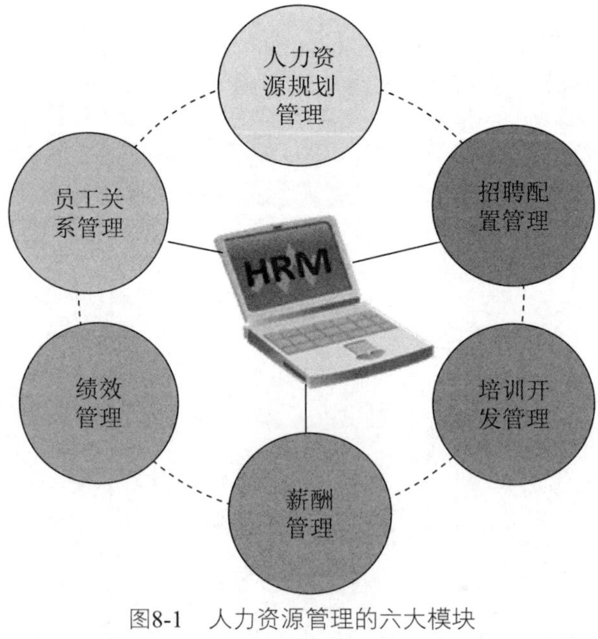

图8-1　人力资源管理的六大模块

除了六大模块的分法，还可从人才的选、用、育、留等角度来划分人力资源管理的具体工作内容。

不论以何种角度对人力资源管理工作进行划分，人力资源管理工作都是一个密不可分的整体，虽然各模块的具体工作划分各有侧重点，但是这些模块或方向之间是紧密关联的。任何一个模块工作的缺失或不到位都会影响整体人力资源管理系统，甚至会引起失衡。

8.1.2　人力资源管理六大模块的主要工作内容划分

从整体上看，人力资源管理的总体目标是对“人”这一资源进行管理，围绕如何对人进行管理细分为人力资源管理系统的六大模块，以下为具体的工作方向细分。

(1) 人力资源规划管理模块，主要工作包括：人力资源战略规划；组织机构的设置与调整；工作分析、工作评价与岗位设置；职位级别、类别的划分，职位体系管理；人员编制核定；人员供给市场分析；人力资源制度的制定与修订；人力资源管理费用预算的编制与调整；人才梯队建设。

(2) 招聘配置管理模块，主要工作包括：招聘需求分析；招聘程序和策略；招聘渠道分析与选择；招聘过程实施；招聘中的特殊政策应对与应变方案；离职面谈。

(3) 培训开发管理模块，主要工作包括：企业内部培训需求调查与分析；培训计划的制订与调整；外部培训资源的考察与选择；培训内容的开发与设计；培训的具体组织与实施；培训效果的评估；培训建议的收集与工作改进。

(4) 薪酬管理模块，主要工作包括：薪酬策略的制定；岗位评价与薪酬等级的设置；内外部薪酬调查；薪酬总额预算制定与调整；薪酬结构设计；薪酬发放与成本统计分析；福利计划的制订与福利项目设计；福利的执行。

(5) 绩效管理模块，主要工作包括：激励策略的制定；绩效管理方案的设计与调整；绩效考评的具体实施；绩效管理的面谈；绩效改进方法的跟进与落实；绩效结果的应用。

(6) 员工关系管理模块，主要工作包括：及时掌握国家和地区最新的劳动法规与政策；劳动合同管理；员工入职、离职、调动、转正、调岗等的日常管理；特殊员工关系(例如劳动纠纷、集体劳动合同、罢工等)的处理；员工信息的保管与更新；员工心理辅导；员工关怀。

除了以上人力资源管理的主要工作外，在现实的企业人力资源管理中，可能还会涉及另外一些工作，例如：人力资源自身的队伍建设；E-HR系统的建设与完善；集体合同的管理；工会的管理；外包人员的管理；集团/总部人力资源管理与分/子公司人力资源管理；人力资源业务外包，等等。这些工作都在人力资源管理的范围内，但具有一定的个性化，并不是每个企业都会遇到，所以，没有列入常规人力资源管理模块的工作内容中。

8.1.3 人力资源管理六大模块之间的关系

人力资源管理六大模块各自的侧重点不同。人力资源规划管理，可以说是人力资源管理工作的综合指引，它决定了人力资源管理工作的主要目标与方向；招聘配置管理主要是吸引并合理地将人员配置到匹配的岗位上；培训开发管理主要是帮助员工胜任工作并发掘员工的最大潜能；薪酬管理是激励员工的有效手段；绩效管理是合理评价员工的工作产出；员工关系管理是维护企业和员工的共赢关系。

人力资源管理六大模块之间的关系是密不可分的，它们之间相互衔接、相互作用、相互影响而形成一个整体的体系。人力资源规划是人力资源管理的起始点，通过规划明确了人力资源管理的战略，确定了企业整体架构、人员需求及岗位要求。没有人力资源规划，招聘配置工作就是无源之水、无本之木，变成盲目的人员引进，配置也无法做到合理科学，只有以科学的人力资源规划为基础，招聘配置工作才能解决组织的人员吸引、人岗匹配问题。人员引入后，人员是否真能转化为资源，主要取决于对人才的培训与开发，所以培训开发模块的工作是以人力资源规划和招聘配置为基础的。人员引进并培训开发后，薪酬作为一个激励的关键要素必不可少，薪酬也是保留员工的基本要素。在人员的使用中，绩效管理是解决如何用人的问题，合理的绩效管理能够全面评估人员的产出、潜能，主要目标在于帮助人、提高人。最终，劳动关系管理将管理人、裁减人形成法律和人性化的具体操作，最终形成一个闭环，帮助企业实现人力资源配置的合理、有效循环。

通过以上分析，我们可以看出，人力资源管理六大模块之间各有侧重点，关系密不可分。任何一个模块的缺失都会影响整个人力资源管理系统的运行。为了实现更加专业化的管理，应把人力资源管理当作一项工作，把人力资源管理工作当作一个有机整体。从企业和员工的感触上看，人力资源管理是一个整体，企业和个人会自然地涉及人力资源管理的各个模块，或者说各个环节。所以，综合起来看，人力资源管理是整体性的、不可分割的，即使我们分不同的模块去操作人力资源管理，去落实人力资源管理的各项工作，也要确保人力资源管理所有工作全部到位。同时要根据不同的情况，不断地调整工作重点，才能保证人力资源管理良性运作，并支持企业战略目标的最终实现！

8.2 薪酬管理模块的定位

我们在前文已经分析过，薪酬管理模块包括的主要工作为薪酬策略的制定、岗位评价与薪酬等级的设置、内外部薪酬调查、薪酬总额预算制定与调整、薪酬结构设计、薪酬发放与成本统计分析、福利计划的制订与福利项目设计、福利的执行等。这些工作主要围绕员工的报酬而开展，对于任何一个企业来说，从设立开始，薪酬管理就是一项必备的工作，因为只要有人在企业里，就会涉及人员的报酬事宜。因此，从这个角度看，薪酬管理不仅是人力资源管理的重要工作，而且还是企业管理的必要工作之一。

薪酬管理涉及企业和每一位员工的切身利益。不论如何，员工到企业工作，本质上是为了获得一份报酬。这些报酬可能是现金，也可能是非现金，更广义的薪酬将成就感、工作环境、授权等都列入薪酬体系中，这些均是对员工工作的回报。同时，薪酬也决定了企业的支出，在现代高科技企业中，甚至人的成本就是企业的成本，其他成本都可以忽略。所以，从这个角度看，薪酬管理是企业和员工较关注的管理层面之一，也是与企业和员工利益关系较为密切的管理方面之一。

薪酬管理是实现企业管理公平的基础，是直接影响员工去留的重要因素。薪酬管理要兼顾外部公平和内部公平两个层面。科学的薪酬管理要保证企业薪酬水平与市场中主要竞争对手的平衡，保证外部公平。如果不能保证这个平衡，企业必然会流失大量的核心人才，而且也很难再吸引优秀人才的加入。同时，要保证薪酬的内部公平，要在企业内同等职位、同等业绩、同等能力的员工间保持薪酬的平衡。如果不能保证这个平衡，必然会导致员工内部攀比，进而会造成士气下降、内耗增加。

薪酬是实施员工激励的有效手段之一。薪酬要保证激励性，一定要有合理的薪酬水平、薪酬结构。薪酬偏低，会导致人才难招、优秀人员难留的问题；薪酬偏高，又会造成企业资源的浪费。薪酬是员工激励的有效手段，但薪酬的激励程度要科学设置，要与行业、企业、员工等各方面的情况相匹配。激励性低，会出现员工懈怠、无进取心的现象；激励性过高，也会打破员工的稳定心态，导致员工短视，不关注远期绩效等问题。所以，薪酬虽是员工激励的重要手段，但需要合理地设置长、中、短期的激励机制并相互搭配，才能充分发挥薪酬激励的效能。

总之，薪酬管理是企业管理的基础管理内容之一，是与企业和员工利益关系较密切的管理手段之一，是企业实现管理公平性的基础，也是员工激励的重要方面。可以说，薪酬管理是人力资源管理，也是企业管理中非常关键的一个环节。

人力资源管理具有整体性，薪酬管理虽然非常重要，但与人力资源管理其他模块之间仍具有密切的联系。在下文中，我们将详细阐述薪酬管理模块与人力资源管理其他五大模块之间的紧密关系。

8.3 薪酬管理与人力规划

要分析薪酬管理与人力资源规划管理的关系，先要从人力资源规划管理的主要工作着眼。人力资源规划管理主要包括：人力资源战略规划；组织机构的设置与调整；工作分析、工作评价与岗位设置；职位级别、类别的划分，以及职位体系管理；人员编制核定；人员供给市场分析；人力资源制度的制定与修订；人力资源管理费用预算的编制与调整；人才梯队建设等。

人力资源规划的目标主要是保证企业人力资源管理与企业管理战略相一致，从外部获得一定数量的企业所需要的人力资源，保证企业合理地对人力资源进行配置、充分利用，并保证人力资源成本支出合理。

在人力资源规划中，核心工作是人力资源战略规划、工作分析、工作评价、人力资源需求供给分析这4项，因为这些工作直接关系人力资源管理的所有工作。可以说，这些工作是企业人力资源管理的导向标。

人力资源战略规划源于企业战略，但同时要结合企业所在行业、社会人力资源需求供给情况来综合确定。

工作分析，又称岗位分析、职位分析，它是人力资源管理中一项重要的常规性技术，是整个人力资源管理工作的基础。工作分析借助于一定的分析手段，确定工作的性质、结构、要求等基本因素。工作分析的主要内容包括工作名称、工作数目、工作单位、工作职责、工作知识、智力要求、熟练及精确度、经验、教育与训练、身体要求、工作环境、与其他工作的关系、工作时间与轮班、工作人员特性、选任方法等要素。工作分析的作用在于选拔和任用合格人员、制定有效的人力资源预测方案和人力资源计划、设计积极的人力资源培训和开发方案、提供考核/升职和作业标准、提高工作和生产效率、建立先进合理的工作定额和报酬制度、改善工作设计和环境、加强职业咨询和职业指导。

工作评价，又称岗位评价、职位评价，它是系统地评议每个岗位在单位内部工资结构中所占地位的方法和手段。工作评价的要素有劳动责任、劳动技能、劳动心理、劳动强度、劳动环境。工作评价用于企业对职位进行分级、分类，从而形成职位体系。

人力资源需求供给预测主要结合企业自身的人力资源情况和行业、社会的情况，一般来说，人力资源供给分析要采用第三方的调查结果，而人力资源需求分析则要从企业自身业务发展预测、战略规划等角度出发。

综合起来看，人力资源规划就好比一个人的大脑，它是人力资源管理的出发点，是总指挥，人力资源规划确定了人力资源管理的工作目标定位和实现途径。人力资源规划的目的在于结合企业发展战略，通过对企业资源状况以及人力资源管理现状的分析，找到未来人力资源工作的重点和方向，并制订具体的工作方案和计划，以保证企业目标的顺利实现。

在明确了人力资源规划管理的主要工作内容和定位后，薪酬管理与人力资源规划管理的关系就明朗了。

薪酬战略源于人力资源战略，也是人力资源战略中最为重要的一部分。从这个角度讲，人力资源规划是薪酬管理的基础。没有人力资源战略规划，也就没有薪酬战略。

工作分析、工作评价是薪酬设计的基础，尤其对于岗位工资制来说，更是建立内部公平薪酬体系的必备前提。工作分析、工作评价所形成的岗位说明书、职位等级体系是确定岗位薪酬等级的依据。即使在新的技能工资体系中，工作分析、工作评价仍然具有重要的意义，因为评价员工所具备的技能，仍然要以他们从事的工作为基础来进行。

所以，从上述各方面可以看出，薪酬管理与人力资源规划管理的关系是密不可分的，人力资源规划管理是薪酬管理的基础，薪酬管理是人力资源规划核心的延伸。

8.4　薪酬管理与招聘配置

在招聘配置管理中，主要工作是招聘需求分析、招聘程序和策略制定、招聘渠道分析与选择、招聘过程实施、招聘中的特殊政策应对与应变方案的制定、离职面谈等。招聘配置的总体工作是围绕人才引进展开的，“如何寻找企业需要的人才并把他们吸引进入企业”以及“将合适的人才放置在合适的岗位上”是招聘配置工作的关键主题。

招聘是人力资源管理比较重要的职能，作为人才引进的源头，招聘工作可以持续不断地给企业提供适合的人力资源。此外，招聘工作更为核心的价值是为企业把好人力资源选拔的关口，帮助企业找到合适的人，这样，企业就可以大大减少后期的培训开发成本，达到少投入、多产出的效果。更理想的是，这些优质的人力资源可以对企业其他人员形成正面的影响，使得企业整体的人才队伍得以优化，而且当企业招聘到质量高的人才时，这些人才会为企业创造更多的效益，使得企业以相同的人工成本投放实现产品研发、技术投资效益的提高，进而增进企业的整体效益。所以，从这三方面看，招聘工作在人力资源管理中和企业管理中都具有非常重要的地位。

配置是人力资源管理另一个重要的方面。人才任用讲求的是人岗匹配、适岗适人。找到合适的人才却将其放到不合适的岗位上与没有找到合适的人才一样会令招聘工作失去意义，招聘到合适的人才并把人才配置到合适的岗位上才算完成了一次有效的招聘。所以，很多企业考察招聘的成功率不只是考察到岗率这一个指标，更重要的是看员工的转正率或年度考核通过率。招聘工作和配置工作各自的侧重点不同，招聘工作主要侧重于人员需求分析、渠道选择、人员甄选等一系列程序性的步骤，招聘的关键在于做好人员需求分析，只有明确需求，才能决定渠道与甄选方法，使得招聘工作目标更加明确。人员配置工作则是贯穿于招聘过程的另一条线，不仅要在人员需求分析时考虑岗位配置问题，而且在招聘实施的过程中，也要不断回顾“人岗匹配”的问题，直到最后人员到岗后的跟踪与考核。所以，招聘与配置不能被视为各自独立的过程或工作模块，而是在人力资源管理中相互影响、相互依赖的两个工作环节。

明确了招聘配置模块的主要工作及各模块之间的关系后，我们再来看一下薪酬管理与招聘配置管理的关系。

薪酬管理对招聘配置工作有着重要的影响，在现实工作中，薪酬是员工选择工作时考虑的重要因素之一，薪酬谈判的结果往往会影响人才最终是否加入企业，企业提供较高水平的薪酬有利于吸引人才，从而保证招聘效果。所以，从某种意义上来说，薪酬策略、薪酬结构、薪酬支付能力直接决定了招聘配置工作的效果。当然，从另外一个角度看，招聘配置工作也会对薪酬管理产生直接影响，不仅会影响录用人员的数量和结构，而且人才的实际需求还会反过来影响企业薪酬总额，在流动率较大的行业和企业，常会有人才招聘引起薪酬总额不断攀升的现象。

综合起来看，薪酬管理是招聘配置管理工作的重要影响因素，招聘配置工作也会对薪酬管理产生影响。

8.5 薪酬管理与培训开发

培训开发管理模块的主要工作包括企业内部培训需求调查与分析、培训计划的制订与调整、外部培训资源的考察与选择、培训内容的开发与设计、培训的具体组织与实施、培训效果的评估、培训建议的收集与改进等。

培训与开发工作的主要目标是组织员工通过学习、训导的手段，提高员工的工作能力、知识水平，促进潜能发挥，最大限度地使员工的个人素质与工作需求相匹配，进而促进员工工作绩效的提高。

培训的主要功能之一是提升人力资源的能力、知识、态度，从而提升资源价值。这种提升就个体而言，可以提高人才的工作效率和工作层面，同时，可以激发个体的创造力和成就感。从企业层面看，培训可以提高工作效率和工作技能，从而提高企业收益。另外，企业可以通过培训节约人才招聘费用，降低运营成本。在现实工作中，企业会受到支出能力、市场供给、地域等各种限制，未必能够招聘到全部满足岗位需求的人员，培训就是一个重要的弥补方式。

培训的另一个主要功能是开发员工的潜能。员工在企业工作的时间与精力都是有限的，要想在有限的时间内使员工尽快适应并胜任工作，除了员工自己要努力学习外，还需要公司提供帮助。为了适应市场形势的变化带来的公司战略的调整，企业也需要不断改进来提升竞争力。因此，企业有效开展培训，最大限度地开发员工的潜能非常必要。培训能够帮助员工掌握岗位所需要的新技能，并帮助他们最大限度地开发自己的潜能。而对于公司来说，培训工作会促使企业工作顺利开展，从而使业绩不断提高。

那么，薪酬管理与培训开发管理之间又有什么关系呢？薪酬与培训开发都是激励员工的重要手段，从这一点来说，薪酬管理和培训开发管理的目标是一致的。薪酬提供给员工的是物质基础，或者说是经济刺激，虽然成就感、授权等也归入广义的薪酬体系，但在现实工作中，多数企业还是以经济类薪酬作为薪酬管理的主要内容；而培训开发是另外一种激励手段，员工可以通过培训开发自身潜能、提升自身能力、增长知识，从而有能力承担更高的管理岗位或难度更强的工作，进而产生足够的成就感与团队归属感。所以，也可以说培训开发是员工激励的有益补充，是与薪酬管理相得益彰的管理手段，两种手段的密切结合能够最大限度地激励员工。

综合起来看，薪酬管理与培训开发管理是密不可分的两个环节，既不能没有经济基础，也不能没有上层建筑，两者要有机地结合起来，才能真正发挥激励员工的积极作用。

8.6 薪酬管理与绩效管理

绩效管理侧重于激励策略的制定、绩效管理方案的设计与调整、绩效考评的具体实施、绩效管理面谈、绩效改进方法的跟进与落实、绩效结果的应用等方面。

综合起来说，绩效管理就是对人的工作情况、工作结果进行评价，通过评价体现人在组织中的相对价值或贡献程度，或者说绩效管理是有目的、有组织地对企业日常工作中的人进行观察、记录、分析和评价的一种管理方法。这种评价是从企业的经营目标出发的，主要是评价人在企业中从事的工作与企业目标实现的情况，这种目标的实现有直接的，也有间接的。绩效管理有助于员工认识到工作达成的情况，明确工作绩效改进和提升的方向，进而促进企业最终实现整体的经营目标。

细化一些看，对于企业来说，绩效管理可以客观地衡量员工工作成果与目标的差异，可以比较员工之间的绩效差异，可以促进绩效改进，可以作为员工培训的基础，可以激励员工，可以作为人员调整的依据，可以作为薪酬调整的依据等。对于员工来说，通过绩效管理可以加深了解自己的职责和目标，可以获得上司的赏识，可以获得说明困难和解释误会的机会，可以了解与自己有关的各项政策的推行情况，可以明确自己的发展方向和前景，可以在对自己有影响的工作评估过程中获得参与感。

从另外一个角度看，绩效管理也是企业战略与企业文化的一部分。在绩效管理中，会明确企业的整体目标及目标的层层分解，会对企业的目标进行量化，会明确各个部门和员工的目标，这一过程其实是企业战略的落实过程和企业文化的引导过程，正所谓绩效管理的指标直接引导了员工的行为，并形成了企业的经营结果。不同的绩效管理引导，必然会产生不同的结局。绩效管理体系的有效性也成为企业管理者和人力资源管理工作者所关注的要点，他们不仅关注绩效管理体系中是否有指标，指标是否可量化、可评价，更多地关注实施绩效管理后，是否能够提升企业整体的效率与效益，并引导企业走入良性循环的可持续发展中。

从绩效管理涉及的层面看，绩效管理是人力资源管理中技术难度较大、与企业业务联系最为紧密的一个模块。绩效管理的结果直接应用于薪酬管理，不仅能明确企业培训开发的目标，还能影响招聘配置工作的开展，当然，从最直接的结果来看，绩效管理也是员工激励的重要手段。

综合起来看，薪酬管理与绩效管理的关系就很明晰了。薪酬管理和绩效管理之间是一种互相依托的关系，绩效管理是薪酬管理的基础之一，薪酬中的激励性薪酬必须以绩效管理为前提，必须明确绩效管理的结果，薪酬管理才能完整实施。另外，薪酬管理中的战略制定、体系设计、结构设计均要参照绩效管理，绩效管理的标准、实施过程自然地融入薪酬管理中，难分彼此，所以薪酬管理也是绩效管理的依据。在诸多人力资源管理模块中，应该说，薪酬管理与绩效管理的关系是最为密切的，尤其是在现代企业的人力资源管理中，绩效管理的广泛实施与推陈出新，更加强了薪酬体系与绩效体系互为依托、互相促进、交融一体的关系。

8.7　薪酬管理与员工关系

员工关系管理的主要工作包括及时掌握国家和地区最新的劳动法规与政策、劳动合同管理、员工入职/离职/调动/转正/调岗等的日常管理、特殊员工关系(例如劳动纠纷、集体劳动合同、罢工等)的处理、员工信息的保管与更新、员工心理辅导、员工关怀等。

员工关系管理是指通过科学、合法的手段合理处理劳动者和企业在劳动过程中产生的关系。员工关系管理的最高境界是实现企业和员工的双赢，基础层面是要合理保护员工的合法利益，促进企业合法使用劳动者。

员工关系管理的依据是国家/地区的相关法律、法规、政策及企业的规章制度。员工与企业的关系实质是合同关系、契约关系。在这种契约关系中，双方都要依法合理地要求对方履行义务、行使权利。双方的权利义务在原则上须以书面的约定为准，但在实际管理的过程中，由于人这一资源的特殊性，很多情况不能完全进行量化或约定，其中还夹杂了感情等因素，所以，员工与企业的关系尤为复杂。

对于企业来说，实行员工关系管理需要专业人员在掌握法律法规的基础上，最大限度地维护企业利益，在企业利益与员工利益发生冲突时，企业方要求人力资源管理人员代表企业、完全维护企业的利益，在这种情况下，员工关系就变成一种不友善甚至敌对的关系，人力资源管理人员成为员工敌对的主要对象。但是，从另外一个角度来看，人力资源管理人员本身也是企业的员工，如果完全站在维护员工利益的角度，甚至与员工站在一起，对企业产生敌对情绪，企业也不可能接受。所以，在员工关系管理这一模块中，人力资源管理人员变身为一个中间人，应站在这一立场上合理、合法地维持员工与企业关系的平衡，仅偏向一方是不可行的，而且最终会将矛盾集中在人力资源管理上，因此必须要达到一种平衡，才能实现企业与员工关系的和谐，这种和谐不仅能促进企业战略目标的实现，还有利于取得企业和员工的双赢！

从薪酬管理与员工关系管理的关系看，一方面，在企业员工关系管理中，薪酬是最重要的问题，绝大多数企业与员工的劳动争议落实到最后，核心问题就是薪酬，薪酬管理的任何一个细节落实不到位都会成为引发劳动争议的导火索，比如薪酬发放时间、发放标准、调整原因等；另一方面，员工关系管理也是最终落实薪酬管理关键环节的手段，薪酬管理中的定薪、调薪、发放、停止等均需要落实到员工关系管理中的劳动合同签署、劳动合同变更、劳动合同解除、劳动合同终止等细节管理中。因此，薪酬管理与员工关系管理有着紧密的关系，有效的薪酬管理能够减少劳动争议，有助于企业塑造良好的组织文化，促进企业与员工建立和谐的劳动关系；员工关系管理有助于促进薪酬管理的合法化、规范化，并加强企业与员工之间的契约管理。

8.8 本章小结

本章内容在本书中较为宏观，这一章跳出了薪酬管理，站在企业人力资源管理的角度来分析薪酬管理及薪酬管理与人力资源管理其他管理模块的关系。

首先，本章分析了人力资源管理通用管理模块的划分，这一划分采用了通常意义上的六大模块划分法，即人力资源规划管理、招聘配置管理、培训开发管理、薪酬管理、绩效管理和员工关系管理。在划分的基础上，明确了各模块的主要工作内容以及它们之间的关系。这六个模块各有不同的工作侧重，但它们之间是紧密相关、密不可分的，它们共同形成了人力资源管理的有机整体。

薪酬管理是人力资源管理中一个重要的、核心的模块，也是企业管理的重要环节和员工激励的重要手段。但同时，薪酬管理不是独立存在的，它依托于人力资源管理其他模块，与人力资源规划管理、招聘配置管理、培训开发管理、绩效管理和员工关系管理五个模块之间存在密切的关系。本章也分为五个小节详细分析了薪酬管理与其他五个管理模块之间的紧密关系。每个小节的思路都是先分析五个模块的主要工作内容、主要目标和关键点，进而阐述它们与薪酬管理模块的关系。

通过学习本章内容，可以使侧重薪酬管理的人力资源管理人员跳出薪酬管理的局限，纵观人力资源管理全局，为轮岗、职业转型、能力提升等做一定的准备。同时，也可促使薪酬管理人员开阔视野，深入理解薪酬管理与人力资源其他模块管理人员的接口关系，并能提升合作层面，促进工作中的融会贯通。

第9章　掌握与薪酬相关的法律法规

【本章导读】

- 与工资相关的法律法规有哪些？
- 与社保相关的法律法规有哪些？
- 与公积金相关的法律法规有哪些？
- 其他与薪酬相关的法律法规有哪些？

9.1　工资相关的法律法规

9.1.1　《劳动法》中工资的相关规定

在我国，与工资相关的法律法规，首先就是人力资源管理的“基本法”——《中华人民共和国劳动法》(以下简称《劳动法》)。《劳动法》于1994年7月5日经中华人民共和国第八届全国人民代表大会常务委员会第八次会议通过，自1995年1月1日起施行的，此后于2009年、2018年修订。

《劳动法》第十九条规定：“劳动合同应当以书面形式订立，并具备以下条款：(一)劳动合同期限；(二)工作内容；(三)劳动保护和劳动条件；(四)劳动报酬；(五)劳动纪律；(六)劳动合同终止的条件；(七)违反劳动合同的责任。 劳动合同除前款规定的必备条款外，当事人可以协商约定其他内容。”企业与员工就劳动报酬的相关约定必须以书面方式进行，这是劳动合同必须具备的条款，或者说即使签有约定协议，也是劳动合同的有效附件。

《劳动法》第二十六条规定：“有下列情形之一的，用人单位可以解除劳动合同，但是应当提前三十日以书面形式通知劳动者本人：(一)劳动者患病或者非因工负伤，医疗期满后，不能从事原工作也不能从事由用人单位另行安排的工作的；(二)劳动者不能胜任工作，经过培训或者调整工作岗位，仍不能胜任工作的；(三)劳动合同订立时所依据的客观情况发生重大变化，致使原劳动合同无法履行，经当事人协商不能就变更劳动合同达成协议的。”

《劳动法》第二十七条规定："用人单位濒临破产进行法定整顿期间或者生产经营状况发生严重困难，确需裁减人员的，应当提前三十日向工会或者全体职工说明情况，听取工会或者职工的意见，经向劳动行政部门报告后，可以裁减人员。用人单位依据本条规定裁减人员，在六个月内录用人员的，应当优先录用被裁减的人员。"

《劳动法》第四十四条规定："有下列情形之一的，用人单位应当按照下列标准支付高于劳动者正常工作时间工资的工资报酬：(一)安排劳动者延长工作时间的，支付不低于工资的百分之一百五十的工资报酬；(二)休息日安排劳动者工作又不能安排补休的，支付不低于工资的百分之二百的工资报酬；(三)法定休假日安排劳动者工作的，支付不低于工资的百分之三百的工资报酬。"这一条对于加班工资的计算办法有了明确的规定，并划分为平常工作日延长、休息日加班和法定休假日加班三种情况。

《劳动法》第五章的第四十六条至第五十一条专门对"工资"进行了规定。第四十六条规定"工资分配应当遵循按劳分配原则，实行同工同酬"；第四十八条规定"用人单位支付劳动者的工资不得低于当地最低工资标准"；第五十条规定"工资应当以货币形式按月支付给劳动者本人。不得克扣或者无故拖欠劳动者的工资"；第五十一条规定"劳动者在法定休假日和婚丧假期间以及依法参加社会活动期间，用人单位应当依法支付工资"。这几条对工资做了强制性的规定，可以说是工资支付的红线或底限。

9.1.2 《劳动合同法》中工资相关的规定

《中华人民共和国劳动合同法》(以下简称《劳动合同法》)由中华人民共和国第十届全国人民代表大会常务委员会第二十八次会议于2007年6月29日通过，自2008年1月1日起施行，2012年12月28日，第十一届全国人民代表大会常务委员会第三十次会议《关于修改〈中华人民共和国劳动合同法〉的决定》修正。

《劳动合同法》中第十七条规定劳动合同应具备"劳动报酬"的条款，这与《劳动法》第十九条的规定一致。

《劳动合同法》中第二十条规定："劳动者在试用期的工资不得低于本单位相同岗位最低档工资或者劳动合同约定工资的百分之八十，并不得低于用人单位所在地的最低工资标准。"这一条比《劳动法》的规定更为详细，对于试用期工资进行了单独的约定。

《劳动合同法》第二十二条至二十五条约定了用人单位可以追偿员工的违约金，仅限于“培训费”和“竞业限制”。关于追偿金额的规定为“用人单位要求劳动者支付的违约金不得超过服务期尚未履行部分所应分摊的培训费用”；关于竞业限制违约金的规定为“劳动者违反竞业限制约定的，应当按照约定向用人单位支付违约金”。

《劳动合同法》第三十条规定：“用人单位应当按照劳动合同约定和国家规定，向劳动者及时足额支付劳动报酬。用人单位拖欠或者未足额支付劳动报酬的，劳动者可以依法向当地人民法院申请支付令，人民法院应当依法发出支付令。”这一条比《劳动法》第五十条的规定更加严苛。

《劳动合同法》第四十六条规定，除了《劳动法》规定的情况外，还有一些情况用人单位需要向员工支付经济补偿金，相关规定为：“有下列情形之一的，用人单位应当向劳动者支付经济补偿：(一)劳动者依照本法第三十八条规定解除劳动合同的；(二)用人单位依照本法第三十六条规定向劳动者提出解除劳动合同并与劳动者协商一致解除劳动合同的；(三)用人单位依照本法第四十条规定解除劳动合同的；(四)用人单位依照本法第四十一条第一款规定解除劳动合同的；(五)除用人单位维持或者提高劳动合同约定条件续订劳动合同，劳动者不同意续订的情形外，依照本法第四十四条第一项规定终止固定期限劳动合同的；(六)依照本法第四十四条第四项、第五项规定终止劳动合同的；(七)法律、行政法规规定的其他情形。”

《劳动合同法》第四十七条规定：“经济补偿按劳动者在本单位工作的年限，每满一年向劳动者支付一个月工资标准的经济补偿。六个月以上不满一年的，按一年计算；不满六个月的，向劳动者支付半个月工资的经济补偿。劳动者月工资高于用人单位所在直辖市、设区的市级人民政府公布的本地区上年度职工月平均工资三倍的，向其支付经济补偿的标准按职工月平均工资三倍的数额支付，向其支付经济补偿的年限最高不超过十二年。本条所称月工资是指劳动者在劳动合同解除或者终止前十二个月的平均工资。”第五十条规定：“用人单位应当在解除或者终止劳动合同时出具解除或者终止劳动合同的证明，并在十五日内为劳动者办理档案和社会保险关系转移手续。劳动者应当按照双方约定，办理工作交接。用人单位依照本法有关规定应当向劳动者支付经济补偿的，在办结工作交接时支付。用人单位对已经解除或者终止的劳动合同的文本，至少保存二年备查。”这两条对于用人单位支付给员工的经济补偿金的计算标准和时间做了明确的规定。

《劳动合同法》第五章对“集体合同”“劳务派遣”和“非全日制用工”的工资分别做了较为详细的规定。它们均属于特殊条件下的用工，如果HR管理人员有需要可以自行查询并参考其详细内容。

《劳动合同法》第八十二条规定：“用人单位自用工之日起超过一个月不满一年未与劳动者订立书面劳动合同的，应当向劳动者每月支付二倍的工资。用人单位违反本法规定不与劳动者订立无固定期限劳动合同的，自应当订立无固定期限劳动合同之日起向劳动者每月支付二倍的工资。”这条规定对于未签订劳动合同情况下的工资处罚做了明确界定。

《劳动合同法》第八十五条规定：“用人单位有下列情形之一的，由劳动行政部门责令限期支付劳动报酬、加班费或者经济补偿；劳动报酬低于当地最低工资标准的，应当支付其差额部分；逾期不支付的，责令用人单位按应付金额百分之五十以上百分之一百以下的标准向劳动者加付赔偿金：(一)未按照劳动合同的约定或者国家规定及时足额支付劳动者劳动报酬的；(二)低于当地最低工资标准支付劳动者工资的；(三)安排加班不支付加班费的；(四)解除或者终止劳动合同，未依照本法规定向劳动者支付经济补偿的。”这条规定明确了企业如果不按照规定支付相应的工资或补偿金，还需要额外支付加倍赔偿金。

9.1.3 《关于工资总额组成的规定》中工资相关的规定

《关于工资总额组成的规定》于1989年9月30日由国务院批准，于1990年1月1日由国家统计局令第一号发布执行。

《关于工资总额组成的规定》第四条规定：“工资总额由下列六个部分组成：(一)计时工资；(二)计件工资；(三)奖金；(四)津贴和补贴；(五)加班加点工资；(六)特殊情况下支付的工资。”

《关于工资总额组成的规定》第十一条规定：“下列各项不列入工资总额的范围：(一)根据国务院发布的有关规定颁发的发明创造奖、自然科学奖、科学技术进步奖和支付的合理化建议和技术改进奖以及支付给运动员、教练员的奖金；(二)有关劳动保险和职工福利方面的各项费用；(三)有关离休、退休、退职人员待遇的各项支出；(四)劳动保护的各项支出；(五)稿费、讲课费及其他专门工作报酬；(六)出差伙食补助费、误餐补助、调动工作的旅费和安家费；(七)对自带工具、牲畜来企业工作职工所支付的工具、牲畜等的补偿费用；(八)实行租赁经营单位的承租人的风险性补偿收入；(九)对购买本企业股票和债券的职工所支付的股息(包括股金分红)和利息；(十)劳动合同制职工解除劳动合同时由企业支付的医疗补助费、生活补助费等；(十一)因录用临时工而在工资以外向提供劳动力单位支付的手续费或管理费；(十二)支付给家庭工人的加工费和按加工订货办法支付给承包单位的发包费用；(十三)支付给参加企业劳动的在校学生的补贴；(十四)计划生育独生子女补贴。”

通过以上两条规定，可以明确区分包括在工资总额中的部分和不包括在工资总额中的部分。需要注意的是，随着社会的发展，这个界定的口径更多地适用于国有企业，是国家为了实行工资总额管理而确定的标准，与企业薪酬总额管理的口径是不一致的。

9.1.4　《最低工资规定》中工资相关的规定

《最低工资规定》于2003年12月30日经劳动和社会保障部第7次部务会议通过，自2004年3月1日起施行。

《最低工资规定》第五条规定：“最低工资标准一般采取月最低工资标准和小时最低工资标准的形式。月最低工资标准适用于全日制就业劳动者，小时最低工资标准适用于非全日制就业劳动者。”

《最低工资规定》第七条规定：“省、自治区、直辖市范围内的不同行政区域可以有不同的最低工资标准。”

《最低工资规定》第十二条规定：“在劳动者提供正常劳动的情况下，用人单位应支付给劳动者的工资在剔除下列各项以后，不得低于当地最低工资标准：(一)延长工作时间工资；(二)中班、夜班、高温、低温、井下、有毒有害等特殊工作环境、条件下的津贴；(三)法律、法规和国家规定的劳动者福利待遇等。”

通过以上三条，《最低工资规定》对最低工资标准的形式、金额、内容做了详细规定。

9.1.5　《北京市工资支付规定》中工资相关的规定

《北京市工资支付规定》由北京市人民政府(第142号)令于2003年12月22日颁布，于2004年1月22日起施行。

《北京市工资支付规定》是一个范例，明确规定了工资制度、工资种类、工资计算标准、工资发放时间、处罚标准等，内容较为翔实，它对用人单位工资管理提出了更为细化的要求。限于篇幅，我们在这里就不详细讲解，HR管理人员可以将它作为范例学习，可能各地还有不同的相关规定。

综合起来看，国家从《劳动法》《劳动合同法》，到《关于工资总额组成的规定》《最低工资规定》，再到地方性的《北京市工资支付规定》，都对工资管理进行了翔实、细致的规定，涵盖工资管理中的制度、种类、标准、计算办法、发放办法、补偿办法、惩罚办法等方面，从中可以看出，劳动类相关法律法规对工资管理的重视程度。

小贴士：与工资有关的法律法规

目前，在我国，与工资管理相关的法律法规是具体化的、规范性的，人力资源管理部门的专业薪酬管理人员要熟悉这些法律法规，掌握其中的细节性规定，促使企业的工资管理进一步规范化、合法化。工资管理的底限是不能触碰法律规定的红线。

9.2 社保相关的法律法规

9.2.1 《劳动法》《劳动合同法》中与社会保险相关的规定

《劳动法》第九章第七十条至第七十六条专门针对“社会保险和福利”进行了规定。其中，第七十二条规定“用人单位和劳动者必须依法参加社会保险，缴纳社会保险费”，强调了社会保险的强制性。第七十三条规定“劳动者在下列情形下，依法享受社会保险待遇：(一)退休；(二)患病、负伤；(三)因工伤残或者患职业病；(四)失业；(五)生育”，明确了养老、医疗、工伤、失业、生育五项基本的社会保险。

《劳动合同法》对社会保险涉及较少，只是在第三十八条规定“未依法为劳动者缴纳社会保险费的”，劳动者可以解除劳动合同。

9.2.2 《社会保险法》中社会保险相关的法律法规

《中华人民共和国社会保险法》(以下简称《社会保险法》)由中华人民共和国第十一届全国人民代表大会常务委员会第十七次会议于2010年10月28日通过，自2011年7月7日起施行，根据2018年12月29日第十三届全国人民代表大会常务委员会第七次会议《关于修改〈中华人民共和国社会保险法〉的决定》修正。

《社会保险法》共分十二章，分别对基本养老保险、基本医疗保险、工伤保险、失业保险、生育保险、社会保险费征缴、社会保险基金、社会保险经办、社会保险监督、法律责任等做了详细规定，这是负责经办社会保险业务的薪酬专员必须掌握的基本法律法规之一。

在这里，我们对《社会保险法》的主要内容进行整理，具体包括以下几个方面。

基本养老保险、基本医疗保险、工伤保险、失业保险、生育保险是构成社会保险制度的主要险种。

(1)“基本养老保险”一项规定，用人单位和个人应按比例缴纳基本养老保险费，分别计入社会保险统筹基金和个人账户。当参加基本养老保险的个人，达到法定退休年龄时累计缴费满十五年的，可按月领取基本养老金。基本养老金由统筹养老金和个人账户养老金组成。国家建立基本养老金正常调整机制，根据职工平均工资增长、物价上涨情况，适时提高基本养老保险待遇水平。

(2)“基本医疗保险”一项规定，用人单位和职工按照国家规定的比例共同缴纳基本医疗保险费。参加职工基本医疗保险的个人，达到法定退休年龄时累计缴费达到国家规定年限的，退休后不再缴纳基本医疗保险费，按照国家规定享受基本医疗保险待遇。符合基本医疗保险药品目录、诊疗项目、医疗服务设施标准以及急诊、抢救的医疗费用，按照国家规定从基本医疗保险基金中支付。

(3)“工伤保险”一项规定，用人单位缴纳工伤保险费，职工不缴纳工伤保险费。国家根据不同行业的工伤风险程度确定行业的差别费率，并根据使用工伤保险基金、工伤发生率等情况在每个行业内确定费率档次。职工因工作原因受到事故伤害或者患职业病且经工伤认定的，享受工伤保险待遇。其中，经劳动能力鉴定丧失劳动能力的，享受伤残待遇。

(4)“失业保险”一项规定，用人单位和职工按照国家规定共同缴纳失业保险费。非因本人意愿中断就业的，可以领取失业保险金。领取失业保险金的期限最长不超过二十四个月。失业保险金的标准，由省、自治区、直辖市人民政府确定，不得低于城市居民最低生活保障标准。

(5)“生育保险”一项规定，用人单位按照国家规定缴纳生育保险费，职工不缴纳生育保险费。生育保险待遇包括生育医疗费用和生育津贴。生育津贴按照职工所在用人单位上年度职工月平均工资计发。

另外，《社会保险法》还对社会保险费用征缴的强制性、社会保险基金的管理、社会保险的监督检查和法律责任做了明确规定。

9.2.3 地区性的社会保险相关法律法规

除了国家制定的《社会保险法》外，各地区就五项社会保险制定了更为详细的地区性法律法规。以北京为例，针对五项社会保险出台了十多部法律法规，分别做了详细规定，我们会在本章最后一节列出北京地区与社会保险相关的法律法规细目，以及养老补充保险、医疗补充保险的相关规定。由于篇幅有限，就不再详细阐述。

9.3 公积金相关法律法规

与住房公积金相关的法律法规，主要是国家制定的《住房公积金管理条例》。现行的《住房公积金管理条例》依据的是中华人民共和国国务院令第350号颁布的《国务院关于修改〈住房公积金管理条例〉的决定》，自2002年3月24日起施行，根据2019年3月24日《国务院关于废止和修改部分行政法规的决定》修订。

《住房公积金管理条例》的主要内容包括以下几点。

(1) 住房公积金的管理决策机构为地区住房公积金管理委员会，具体管理机构为住房公积金管理中心，该机构是直属城市人民政府的不以营利为目的的独立的事业单位。

(2) 用人单位和个人按比例缴纳住房公积金，属于职工个人所有。具体缴存比例由住房公积金管理委员会拟订，经本级人民政府审核后，报省、自治区、直辖市人民政府批准。

(3) 职工有购买/建造/翻建/大修自住住房的、离休/退休的、完全丧失劳动能力并与单位终止劳动关系的、出境定居的、偿还购房贷款本息的、房租超出家庭工资收入的规定比例等情形的，可以提取职工住房公积金账户内的存储余额。

除了国家统一实行的《住房公积金管理条例》外，各地区会根据实际情况制定相应的实施细则，对住房公积金缴存比例、基数、住房公积金贷款等做出更详细的规定。

9.4 其他相关的法律法规

除了与工资、社会保险、住房公积金相关的法律法规外，与薪酬相关的其他法律法规还包括《中华人民共和国个人所得税法》《全国年节及纪念日放假办法》《企业职工带薪年休假实施办法》《女职工劳动保护规定》等，这些法律法规之所以与薪酬有关，是因为它们对员工的个人所得税计算、休假、女员工特殊休假等做了规定，这些规定会直接影响薪酬的计算，具体内容可见本章9.5节的表9-1。

9.5　薪酬相关法律法规表

与薪酬相关的法律法规如表9-1所示。

表9-1　与薪酬相关的法律法规一览表

序号	法律法规名称	颁布机构	实施日期	级别
1	《中华人民共和国劳动法》	中华人民共和国主席令第28号	1995年1月1日	国家
2	《中华人民共和国劳动合同法》	中华人民共和国主席令第65号	2008年1月1日	国家
3	《全国人民代表大会常务委员会关于修改〈中华人民共和国劳动合同法〉的决定》	中华人民共和国主席令第73号	2013年7月1日	国家
4	《北京市劳动合同规定》	北京市人民政府令第91号	2002年2月1日	地区
5	《关于工资总额组成的规定》	国家统计局令第1号	1990年1月1日	国家
6	《工资支付暂行规定》	劳动部发〔1994〕489号	1995年1月1日	国家
7	《北京市工资支付条例》	北京市人民政府令第200号	2007年11月23日	地区
8	《最低工资规定》	中华人民共和国劳动和社会保障部令21号	2004年3月1日	国家
9	《北京市最低工资规定》	北京市人民政府令〔1994〕第25号	1994年12月1日	地区
10	《中华人民共和国社会保险法》	中华人民共和国主席令第35号	2011年7月1日	国家
11	《中华人民共和国住房公积金管理条例》	中华人民共和国国务院令第350号	2002年3月24日	国家
12	《北京市基本养老保险规定》	北京市人民政府令第183号	2007年1月1日	地区
13	《北京市失业保险规定》	北京市人民政府令〔1999〕第38号	1999年11月1日	地区
14	《北京市基本医疗保险规定》	北京市人民政府第68号令	2001年4月1日	地区
15	《北京市人民政府关于修改〈北京市基本医疗保险规定〉的决定》	北京市人民政府令第158号	2005年6月6日	地区
16	《北京市补充医疗保险相关规定》	北京市人民政府令第68号	2001年4月1日	地区
17	《中华人民共和国工伤保险条例》	中华人民共和国国务院令第375号	2004年1月1日	国家
18	《北京市企业劳动者工伤保险规定》	北京市人民政府第48号令	2000年4月1日	地区
19	《北京市实施〈工伤保险条例〉办法》	北京市人民政府令第140号	2004年1月1日	地区
20	《北京市企业职工生育保险规定》	北京市人民政府令第154号	2005年7月1日	地区
21	《中华人民共和国个人所得税法》(后经七次修正)	中华人民共和国主席令第48号	2019年1月1日	国家
22	《中华人民共和国企业年金试行办法》	中华人民共和国劳动和社会保障部令第20号	2004年5月1日	国家
23	《中华人民共和国企业年金基金管理试行办法》	中华人民共和国劳动和社会保障部令第23号	2004年5月1日	国家

(续表)

序号	法律法规名称	颁布机构	实施日期	级别
24	《中华人民共和国关于非全日制用工若干问题的意见》	劳社部发〔2003〕12号	2003年5月30日	国家
25	《全国年节及纪念日放假办法》	中华人民共和国国务院令第644号	2014年1月1日	国家
26	《中华人民共和国企业职工带薪年休假实施办法》	中华人民共和国人力资源和社会保障部令第1号	2008年9月18日	国家
27	《中华人民共和国女职工劳动保护规定》	中华人民共和国国务院令第9号	1988年9月1日	国家
28	《北京市实施〈女职工劳动保护规定〉的若干规定》	北京市人民政府第40号令发布	1990年1月1日	地区
29	《北京市人口与计划生育条例》	北京市第十二届人民代表大会常务委员会第五次会议通过	2016年3月24日	地区

9.6 本章小结

本章对与工资、社会保险、住房公积金相关的法律法规及其他与薪酬相关的法律法规进行了阐述。

对于工资，《劳动法》《劳动合同法》中已经有较为详细的规定。另外，国家和地区性的《工资支付条例》《最低工资规定》等对工资管理做了更为详尽的规定。综合来看，在劳动相关法律法规体系中，工资是一个重要的管理因素，它直接与企业和员工个人的利益相关，相关的法律规定也最为详尽、具体。

在劳动相关法律法规体系中，另一个重要的项目就是社会保险，除了国家颁布的《社会保险法》以外，各地区都有详尽的针对各类社会保险的具体规定。社会保险是继工资之后与企业和员工个人利益紧密相关的因素。

除了与工资和社会保险相关的法律法规外，其他与薪酬相关的法律法规内容相对少一些。住房公积金、节假日、年休假、女职工等与薪酬相关的几个方面，主要遵循国家颁布的相关法律法规，地区性的规范比较少。

总之，薪酬管理人员作为人力资源管理专业人员，必须学习和掌握与薪酬相关的法律法规，在工作中做到有法可依、有法必依。

第2篇 提升篇

【本篇导读】

本篇为薪酬管理的提升篇，主要介绍薪酬制度的主要内容、薪酬管理流程的制定与效率的提高、薪酬总额预算的制定与分析、不同类型的工资制度、不同岗位属性的工资制度、通行的薪酬结构、外部薪酬调查、整体薪酬体系设计。本篇内容主要面向薪酬管理中级人员，如薪酬主管/经理，可作为人力资源管理中级知识来学习。

薪酬主管/经理的职责通常包括：薪酬计划/预算的制定与执行；薪酬管理流程的完善与效率的提高；薪酬调查计划的制订与执行；薪酬制度的制定与完善；理解/掌握通行的工资制度并有选择地应用于企业实践中；薪酬设计；薪酬发放的复核等。

通过【提升篇】您将学到：

- 如何制定出有效的薪酬制度？
- 如何制定完善薪酬管理流程？
- 如何制定分析薪酬总额预算？
- 如何理解不同类型工资制度？
- 如何理解不同岗位工资制度？
- 如何理解运用通行薪酬结构？
- 如何有效进行外部薪酬调查？
- 如何进行整体薪酬体系设计？

第10章　建设薪酬制度

【本章导读】

- 如何正确理解薪酬制度主要内容？
- 如何理解薪酬与其他制度的关系？
- 如何把控薪资制度样本中的要点？
- 如何把控福利制度样本中的要点？

10.1　薪酬制度的主要内容

制定薪酬制度是规范薪酬管理的重要环节，薪酬制度是薪酬日常管理的执行依据。一般来说，薪酬制度包括以下主要内容。

(1) 薪酬管理的总体原则；

(2) 薪酬结构；

(3) 薪酬等级；

(4) 薪酬考核；

(5) 薪酬发放；

(6) 薪酬调整；

(7) 薪酬保密；

(8) 福利管理；

(9) 其他薪酬管理规定。

相关管理人员应根据薪酬的主要内容框架，制定相应的薪酬管理制度。薪酬制度可以是一个综合的制度，也可以分解为不同的子制度，例如薪资管理制度、福利管理制度。再细分一些，可以分为不同岗位的薪酬管理制度、薪酬总额管理制度、薪酬等级管理制度、年度调薪管理制度、具体的福利管理制度等。

10.2　薪酬制度与其他制度

10.2.1　人力资源管理常用制度清单

企业开展人力资源管理工作时，通常会涉及的制度参见表10-1。

表10-1　人力资源管理常用制度清单

序号	所属模块	制度名称
1	人力资源规划管理	人力资源计划管理制度
2	人力资源规划管理	员工职位管理制度
3	人力资源规划管理	人力资源预算管理制度
4	招聘配置管理	招聘录用管理制度
5	招聘配置管理	校园招聘管理制度
6	招聘配置管理	内部推荐奖管理制度
7	招聘配置管理	测试题库管理制度
8	招聘配置管理	背景调查管理制度
9	培训开发管理	培训管理制度
10	培训开发管理	内部培训师管理制度
11	培训开发管理	培训证书资质管理制度
12	薪酬管理	薪资管理制度
13	薪酬管理	薪酬总额管理制度
14	薪酬管理	薪酬等级管理制度
15	薪酬管理	年度调薪管理制度
16	薪酬管理	福利管理制度
17	绩效管理	绩效考核管理制度
18	绩效管理	员工转正考核管理制度
19	绩效管理	考勤管理制度
20	绩效管理	员工奖惩制度
21	绩效管理	员工升迁管理制度
22	绩效管理	员工行为规范
23	绩效管理	管理人员行为规范
24	员工关系管理	员工关系管理制度
25	员工关系管理	劳动合同管理制度
26	员工关系管理	员工待岗管理制度
27	员工关系管理	外派人员管理制度
28	员工关系管理	实习生管理制度
29	员工关系管理	人事任免管理制度
30	员工关系管理	内部调动管理制度
31	员工关系管理	人事代理管理制度
32	员工关系管理	人员离职管理制度
33	员工关系管理	人力资源信息及在司档案管理制度

10.2.2　薪酬相关制度与人力资源管理其他制度的关系

在人力资源管理制度体系中，薪酬相关制度是比较核心的管理制度，与人力资源管理其他制度具有以下关系。

1. 薪酬制度与人力资源其他制度紧密相关、互为依托

在人力资源管理制度体系中，所有的制度都是紧密相关的，薪酬制度与人力资源其他管理制度之间也是如此，这些制度彼此之间互为依托。例如，薪酬制度与绩效考核制度就是密不可分的两项制度，甚至是融为一体的。员工关系的部分制度决定了薪酬制度的相关内容，薪酬制度也决定了其他制度的一些内容。例如，薪酬等级制度就决定了员工考核中的晋级管理，薪酬总额管理也决定了人力资源规划中的预算管理。

2. 人力资源制度体系中的部分制度与薪酬制度的关联性更强

在人力资源制度体系中，可以分为与薪酬制度关联性强的制度和关联性不太强的制度。与薪酬制度关联性强的制度主要有人力资源预算管理制度、绩效考核管理制度以及员工关系管理中的离职管理、调动管理等。这些制度与薪酬制度的直接关系性更强，它们之间起着互相决定、互相影响的作用。相对而言，薪酬制度与人力资源其他一些制度的关联性就弱一些，例如薪酬制度与培训制度、薪酬制度与人力资源信息管理制度等。

10.3　通用的薪酬制度实例

10.3.1　薪酬管理制度(样本)

××公司薪资管理制度

第一章　宗旨

第一条　为充分调动员工工作积极性，加强对员工的激励作用，提高企业的经济效益，特制定本制度。

第二条　本制度适用于公司的试用、正式员工，兼职、实习、退休返聘、临时等员工不适用于本制度，其薪资管理通过单独的协议进行约定。

第二章　管理原则

第三条　“按预算调控”的原则，即在核定的工资总额预算内，公司对工资实行集

中、统一管理，并进行动态调控。

第四条 “以结果为导向”的原则，即薪资管理体现“以结果为导向”的利益分配机制，强调薪资的激励功能，充分调动员工的工作积极性和主动性。

第五条 “外部公平、内部公平”的原则，即薪资管理要参照公司外部的行业、地区薪酬水平，在公司内部要保证员工间薪酬的公平性。

第三章 薪资结构

第六条 公司原则上采用组合薪资制，薪资结构由基本工资、岗位/技能工资、绩效工资、附加工资四部分组成。

第七条 基本工资是保障员工基本生活所确定的工资。

第八条 岗位/技能工资是按照员工所在岗位(职系、职级、职等)各项劳动要素评测结果和岗位所需员工的技能而综合确定的工资。

第九条 绩效工资是依据员工个人绩效考核结果、部门经营业绩和企业整体经营业绩情况而确定的工资，包括各类绩效工资、提成、奖金、超额奖等。

第十条 附加工资，包括年资工资，各类津贴、补贴等，具体规定参见公司相关制度。

第十一条 除了以上四项工资外，公司还会提供其他形式的薪酬，如股票、期权等，具体执行以相应制度、协议或其他规定为准。

第四章 职位薪资

第十二条 公司根据不同职位体系的不同工作性质制定不同的薪资结构。

第十三条 具体职位的薪酬结构规定，参见不同职位体系的薪资、绩效考核管理办法。

第五章 薪资考核

第十四条 基本工资、岗位/技能工资标准根据员工所任岗位确定。原则上薪随岗变，所有员工均执行“易岗易薪”。岗位变动后，一律从变岗下月起执行新的基本工资、岗位/技能工资标准。

第十五条 绩效工资根据员工本人的绩效考核结果、部门/公司的经营目标或计划的完成情况考核后发放。绩效工资的发放可以月、季、半年、年及项目等周期支付。

第十六条 附加工资的发放是否结合考核结果根据具体规定执行。

第十七条 考虑到各种岗位工作性质各有不同，因此薪资的考核方式也不尽相同，具体的薪资考核管理规定参见《绩效考核管理制度》。

第六章　薪资调整

第十八条　薪资调整包括整体调整与个别调整。

1. 公司整体的薪资调整参照每年物价上涨指数、地区规定的最低工资标准、平均工资标准等情况进行。

2. 薪资调整方案中，工资水平的增长应低于公司经济效益的增长并符合公司的人力资源计划及工资总额管理制度的要求。

3. 薪资调整除参照社会平均薪资福利水平外，还要考虑企业的实际支付能力、员工基本生活需要、员工以往的薪资福利水平等因素。

第十九条　公司每年的薪资晋级调整分两次：第一次为每年1月，为常规晋级；第二次为每年7月，为特别情况晋级。工资调整均应依照人力资源计划和本级别职位工资进行核定。

1. 常规晋级薪资调整。根据部门上一年度完成经营计划的情况、员工个人年终考核结果以及新一年工作计划等，以部门整体为单位调整工资总额。

2. 特别情况晋级薪资调整。根据员工半年考核结果，由员工直属上级提出特别晋级薪资调整，享受特别情况晋级薪资调整的员工不超过部门总人数的20%。

第二十条　公司及部门未完成经营计划时，在实际支出工资时应下调总额，以控制经营风险。

第二十一条　岗位变动调整引起薪资调整。若员工岗位发生变动，则员工工资等级变动为相应岗位当前职级系列的工资等级。

第二十二条　在工资等级调整过程中，若目前等级已经达到相应岗位、职级系列的最高档次，则工资等级不再变动。

第二十三条　工资调整与职位职等的调整直接挂钩。

第二十四条　对于能力突出的员工或具备相应能力但资格条件尚未达到有关职级要求的员工，允许越级或破格加薪和晋升，破格晋升比例不超过部门总人数的5%。

第二十五条　因绩效考核涉及的薪资调整，具体规定参见《绩效考核管理制度》。

第七章　薪资审批

第二十六条　薪资及相关制度(包括但不限于职位管理制度、绩效考核管理制度、福利管理制度等)报董事会审批通过后执行。

第二十七条　薪资的确定与调整，由人力资源部组织，各部门根据董事会审批通过的薪资标准及相关制度要求执行。

第二十八条　年度薪资整体调整的具体调整比例报董事会审批通过后执行。

第八章　薪资发放

第二十九条　薪资由人力资源部负责发放。

第三十条　公司计薪月周期为自然月，计薪年为自然年。

第三十一条　薪资发放原则上采用银行代发方式。

第三十二条　日常薪资由人力资源部负责制表、审核，根据薪资确定与审批的相关规定，逐级审批后发放。

第三十三条　加班工资根据法律相关规定依法发放。

第三十四条　病假工资按工资的50%执行。

第三十五条　事假无薪。

第三十六条　生育工资按原工资标准执行。

第三十七条　待岗工资按当地最低生活保障工资标准发放，绩效工资自待岗之日起停发。

第三十八条　试用期工资标准按转正后岗位/技能工资的80%执行。

第九章　薪资扣除

第三十九条　薪资发放中的个人所得税扣除依据国家和地方有关税法执行。

第四十条　餐补、房补等按月在税前工资中列支。

第四十一条　绩效工资按规定方式扣除个人所得税。

第四十二条　按照劳动法、劳动合同规定的解除劳动合同补偿金税后列支。

第四十三条　社会保险的缴纳按国家及地方政府相关政策执行，社会保险、住房公积金个人部分依法税前扣除。

第四十四条　对于工资中涉及的考勤扣款详见《考勤管理制度》。

第十章　薪资保密

第四十五条　薪资保密规定要求规范员工薪资保密行为，保证薪资操作过程的保密性，确保薪资资料不泄密。

第四十六条　薪资保密规定适用于公司全体职工的薪资操作过程，适用于监督全体职工的薪资保密行为，也适用于薪资泄密行为的举报、处理等过程。

第四十七条　薪资保密涉及的主要人员包括参与薪资确定、调整、核算、发放、调阅的各部门负责人及人力资源人员、财务人员。

第四十八条　薪资保密的整体要求：薪资操作过程保密，全体员工不得探听别人的薪资水平，全体员工不得向别人透露自己的薪资水平，任何职工发现薪资泄密情况都须及时申诉汇报，相关部门处理应及时有效。

第四十九条　确保薪资保密的总体部署：公司制定薪资保密相关制度，向全体员工宣贯薪资保密制度；派专人用专柜、专匙保存薪资资料，确保薪资资料保存过程不泄密；加强薪资操作人员及薪资操作过程管理，确保定薪、调薪、薪资核算、薪资发放过程不泄密。

第五十条　为保证薪资的保密性，对薪资操作过程做出以下规定：薪资作业过程包含但不限于新进员工定薪过程、员工调薪过程、薪资资料保存过程、薪资核算过程、薪资发放过程、薪资资料查阅过程等；调薪资料(包含转正、调薪等)经核准后，应由人力资源部统一保存于薪资资料专柜中；各部门负责人因工作需要调阅本部门人员薪资资料时，须经人力资源最高负责人核准；财务人员在薪资发放流程中应保证薪资保密。

第五十一条　各部门负责人在与新进员工确定薪资时，应及时宣贯薪资保密意识；新进员工入职后，由人力资源部在职前培训中宣贯薪资保密制度。

第五十二条　公司欢迎员工参与检举薪资泄密情况，并对举报人员给予奖励。

第五十三条　为确保公司薪资保密得以实施，凡有以下情况之一的，一经查实，立即解除当事人的劳动合同关系：因薪资操作人员的行为造成薪资泄密的；员工之间询问其他员工薪资情况的；向其他员工泄露自己薪资情况的。

第十一章　附则

第五十四条　本制度自颁布之日起执行。

第五十五条　本制度由人力资源部负责解释。

10.3.2　福利管理制度(样本)

××公司福利管理制度

第一条　为增加员工的安全感，解除员工的后顾之忧，促进企业健康稳定发展，特制定本制度。

第二条　本制度所列的社会保险和住房公积金由公司按照国家有关规定制定。

第三条　本制度适用于公司正式员工、试用员工，兼职、实习、退休返聘、临时等员工不适用于本制度，其福利管理通过单独的协议进行约定。

第四条　员工福利的内容

1. 社会保险(包括养老保险、失业保险、工伤保险、基本医疗保险、生育保险)。

2. 住房公积金。

3. 补充医疗保险。

4. 带薪休假。

5. 餐费补助。

6. 员工活动。

7. 节日慰问性礼品。

8. 员工体检。

9. 年资补助。

10. 车辆费用补贴。

11. 通信费用补贴。

12. 带薪旅游奖励。

13. 学费资助。

第五条 社会保险管理的内容

1. 按照国家及地区的相关规定，公司为全体员工投保各项社会保险(包括养老保险、失业保险、工伤保险、基本医疗保险、生育保险)。各项保险应自员工入职当月起开始缴费，至员工离职当月停止缴费。

2. 各项社会保险个人缴费部分在每月个人工资中由公司代扣代缴(税前列支)。

3. 对于从未参加过社会保险的员工，自入职当月起，按新参统人员办理。

4. 对于曾经在当地参加过社会保险的员工，必须按照公司规定，在规定的日期内将缴纳保险所需的相关资料提交至人力资源部，公司将在收到资料当月为其办理续保手续。

5. 社会保险具体缴费基数(上限、下限)、缴费比率、享受条件及待遇按照国家及地区的政策规定执行。

第六条 住房公积金管理的内容

1. 住房公积金应于员工入职当月开始缴纳，原则上应与员工社会保险一同办理。

2. 离职员工的住房公积金应于离职当月同养老保险一同停止缴费。

3. 员工可根据住房公积金管理条例享受住房公积金的提取、贷款等。

4. 住房公积金具体缴费基数(上限、下限)、缴费比率、支取条件、待遇及申请公积金贷款的手续按照国家政策规定执行。

第七条　补充医疗保险的内容

1. 对于公司全体员工，在办理了各项社会保险后，公司还为其投保补充医疗保险，以作为员工的补充保障。

2. 补充医疗保险可以为员工报销一部分医疗费用，主要是社会保险中医疗保险无法报销的部分。

3. 补充医疗保险还包括综合意外伤害医疗保险。

4. 对于补充医疗保险到期的在职员工，公司将按年为员工续保。

5. 补充医疗保险保费由公司承担。

6. 对于离职员工，如离职时补充医疗保险尚未到期，公司将办理退保手续。

第八条　公司为全体员工提供法定年节假日、年休假、婚假、产假、丧假等带薪假期，具体休假条件及办法按照公司《考勤管理制度》执行。

第九条　公司为在职正式员工发放20元/日的餐费补助，在工资中税前合并计算。对于事假、病假、旷工人员，当日无餐费补助。

第十条　公司定期组织团队建设等员工活动，活动费用单独列入预算。

第十一条　遇有重大节日公司对正式员工发放慰问性礼品，费用单独列入预算。

第十二条　员工体检由公司统一安排，每年一次，费用单独列入预算。

第十三条　年资补助是指公司针对长期服务于公司的员工所实施的一种奖励。年资补助每年发放一次，费用单独列入预算。

第十四条　车辆费用补贴是指员工个人的私车因工作需要用于公务时由公司发放的补贴。车辆费用补贴的享受对象必须个人拥有私车，且确实用于公务。车辆费用补贴须由个人提出申请，公司逐级审批通过后，方可享有。车辆费用补贴额度原则上要低于同等里程乘坐出租车的相关费用额度。

第十五条　手机通信费用补贴是指员工个人的手机因工作需要用于公务时由公司发放的补贴。手机通信费用补贴的享受对象必须是确实因公务需要，经其负责人申请，并经过审批后方可享有。经审批通过后，各级人员每月持有效通信费用发票报销。

第十六条　公司每年针对业绩优秀的年度优秀员工实施带薪旅游奖励。该费用每年根据人数测算单独列入预算。带薪旅游奖励的实施周期为次年3—6月。

第十七条　公司根据业务发展及员工培养的需要，设置学费专项资助，包括但不限于员工技术培训学费资助、员工岗位技能学费资助、员工管理技能学费资助等。该费用每年根据公司工资总额的一定比例计提，具体支出由人力资源部单独列入预算。

第十八条　本制度自颁布之日起执行。

第十九条　本制度由人力资源部负责解释。

10.4　本章小结

本章主要介绍薪酬制度，首先介绍了薪酬制度的主要内容框架，列出了薪酬制度建设的主要内容。之后，介绍了薪酬制度与人力资源管理制度的关系。在本章中，为了更加明确薪酬制度在人力资源管理制度中的位置，罗列了与人力资源管理相关的基本制度。薪酬制度是人力资源管理制度体系中的核心制度，与人力资源其他制度之间密不可分、互为依托。

最后，为了使大家能够对薪酬制度有一个直观的了解，补充薪酬基本管理制度和福利制度的样本，其中包含薪酬管理制度的基本内容，如薪酬管理原则、薪酬结构、薪酬考核、薪酬调整、薪酬保密等；在福利管理制度中也列举了主要的福利内容，以供人力资源薪酬专业管理人员在制定薪酬制度时参考。

第11章　完善薪酬管理流程

【本章导读】

- 如何理解薪酬管理设计思路？
- 薪酬管理流程包括哪些步骤？
- 如何进行薪酬管理流程优化？
- 如何提高薪酬管理工作效率？
- 如何有效建设薪酬管理系统？

11.1　薪酬管理的流程设计

流程控制是重要的管理手段。流程管理的目标主要有：通过流程优化提高工作效率；通过流程的精细化管理提高工作的受控程度；通过流程规范使隐性知识显性化；通过流程管理提高跨部门资源的合理配置；通过流程管理快速实现管理复制与传承。

在薪酬管理中，流程管理是很重要的一个环节，也是薪酬管理能够具体落实的保证。在薪酬管理流程设计中，要先找到薪酬管理的关键点，明确这些关键点的目标和操作要点，之后再分解工作流程。

一般来说，薪酬管理流程主要涉及人工预算、薪资确定与发放、薪酬总额、内部薪酬调查、外部薪酬调查、薪酬制度和福利等几个关键点。针对这几个关键点，可以再将薪酬管理的操作要点进行细化，匹配相应的工作流程。薪酬管理的主要流程如表11-1所示。

表11-1　薪酬管理的主要流程

序号	工作内容	目标	操作要点	工作流程	结果
1	人力资源预算	及时、准确制定人力资源预算	预算申报； 预算沟通； 预算确定	人力资源成本预算流程	符合公司经营战略及人力资源整体规划
2	薪资确定与发放	薪资准确、按时发放	薪资确定； 薪资核算； 薪资发放	薪资确定流程； 薪资核算流程； 薪资发放流程	保证薪资对员工的激励作用，保证员工心态稳定

(续表)

序号	工作内容	目标	操作要点	工作流程	结果
3	薪酬总额	及时、准确地统计汇总薪酬总额并进行分析	薪资汇总； 薪资分析	薪酬汇总流程； 薪资分析流程	为公司领导提供相关决策依据
4	内部薪酬调查	客观地进行内部薪酬调查	内部薪酬调查	内部薪酬调查方案流程； 内部薪酬调查流程； 内部薪酬调查分析流程	为公司领导提供相关决策依据、为薪酬体系改进提供依据
5	外部薪酬调查	及时进行外部薪酬调查	外部薪酬调查	外部薪酬调查方案流程； 外部薪酬调查供应商选择流程； 外部薪酬调查执行流程； 外部薪酬调查分析流程	为公司领导提供相关决策依据、为薪酬体系改进提供依据
6	薪酬制度	及时进行薪酬制度制定及调整	薪酬制度制定、调整、审批	薪酬制度制定流程； 薪酬制度调整流程； 薪酬制度审批流程	保证薪酬制度的有效性
7	福利	保证福利准确、按时缴纳，合理规避风险	基本福利缴纳，如饭补、补充医疗 ……	基本福利缴纳流程； 饭补管理流程； 补充医疗管理流程 ……	保证福利对员工的激励作用，合理节约成本

11.2 薪酬管理的流程制定

11.2.1 管理流程制定方法

要想使薪酬管理流程更加合理、科学，最重要的一步就是制定流程规范。一般来说，制定流程规范需要遵循以下几步。

(1) 组织流程调研。流程调研主要是针对与实施管理相关的客户、制度、人员、环境等进行详细分析。

(2) 确定流程梳理范围。经过流程调研后，再明确流程梳理范围，即整理出管理的关键点。

(3) 对流程进行描述。①明确流程的目标及关键成功因素；②画出流程图；③描述各环节规范。

(4) 流程收集成册，作为日常工作的指导依据。

(5) 对相应岗位的人员进行集中培训，讲解流程细节。

(6) 在工作过程中进行检查，向岗位员工反馈流程执行情况。

小贴士：流程管理

在企业中，执行流程管理既难也不难，为什么这样说呢？说不难是因为流程管理本身是管理过程的一部分，只不过是将其更加可视化，即便没有整理成书面文件，每一位员工在实际工作中都在遵循一定的工作流程；说难是因为在贯彻流程管理的过程中，需跨部门、跨工作领域进行，科学、合理的流程管理必须要集全公司之力去制定规范，否则就会在部门接口、人员接口处产生真空地带或互相推诿的现象。所以，我们要认识到流程管理的重要性，在制定和推进时，最好将其提到公司管理层面，以使其真正发挥管理的整合效应。

11.2.2　薪酬管理流程实例

实例一：新员工薪资确定流程

在薪酬确定环节，新员工薪资的确定是一个关键点，具体包括以下几个方面。

(一) 管理流程基本情况

流程名称：新员工薪资确定流程

流程所属管理范畴：人力资源管理——薪酬管理——薪资确定管理

流程制定部门：人力资源部薪酬部

流程制定人：薪酬部经理

流程审批人：人力资源部总经理

流程执行人：人力资源部招聘部招聘专员

流程使用表格：《新员工入职定薪表》

流程生效时间：××××年××月××日

(二) 管理流程图(见图11-1)

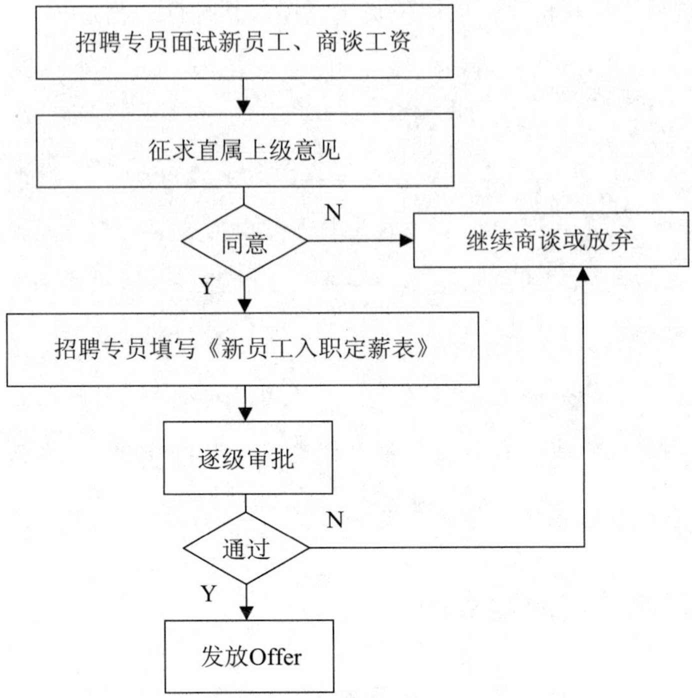

图11-1 新员工薪资管理流程

(三) 管理流程规范说明

新员工薪资确定流程的执行具体包括以下几个步骤。

- 招聘专员在对入职候选人进行甄选时，与候选人商谈薪资情况；
- 招聘专员就与候选人商谈的薪资情况与其应聘职位的直属上级进行交流；
- 如果直属上级不同意执行此薪资标准，则招聘专员继续与候选人商谈或者放弃候选人；
- 如果直属上级同意此薪资标准，则招聘专员填写《新员工入职定薪表》，按照表格要求逐项填写，注意写明薪资的试用标准与转正标准，以及薪资的具体金额及职位等级；
- 根据《新员工入职定薪表》的内容逐级审批，审批流程为候选人直属上级—部门经理—事业部总经理—人力资源部薪酬部经理—人力资源部总经理—总经理；
- 在审批过程中，如有某一环节未通过，招聘专员需要及时将信息反馈至前一级审批人，并及时与候选人商谈或者放弃候选人；
- 经所有审批人审批通过后，招聘专员向候选人发送Offer，Offer的格式使用通用格式，要标明候选人的试用期薪资金额、转正后薪资金额及试用转正考核条件。

实例二：员工调薪申请审批流程

(一) 管理流程基本情况

流程名称：员工调薪申请审批流程

流程所属管理范畴：人力资源管理——薪酬管理——薪资调整管理

流程制定部门：人力资源部薪酬部

流程制定人：薪酬部经理

流程审批人：人力资源部总经理、公司总经理

流程执行人：人力资源部薪酬部薪酬专员

流程使用表格：《调薪申请审批表》

流程生效时间：××××年××月××日

(二) 管理流程图(见图11-2)

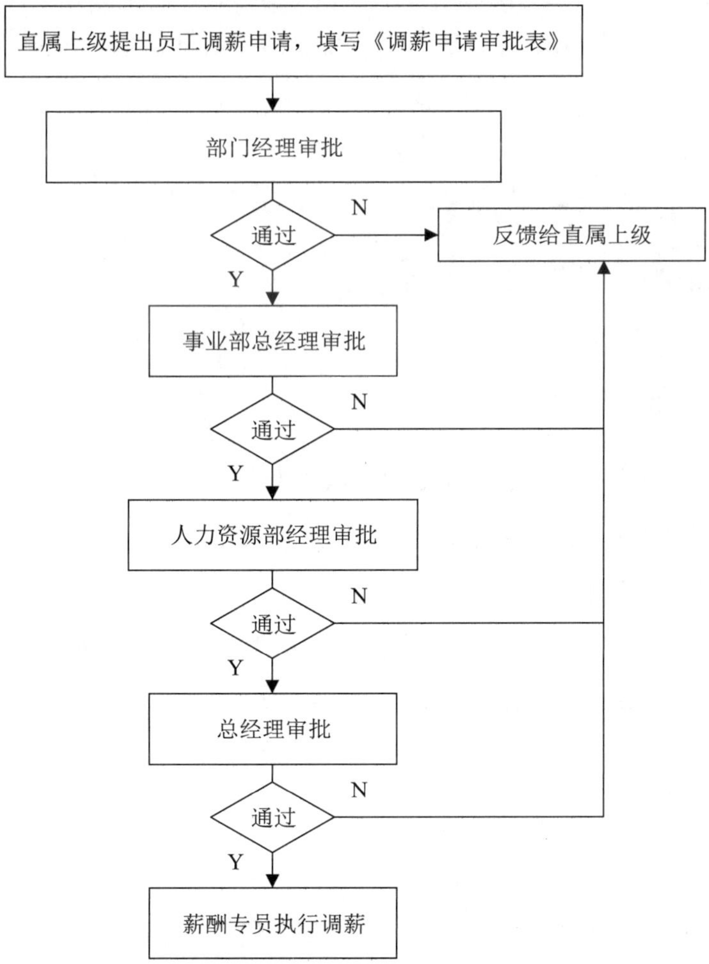

图11-2　调薪申请审批流程

(三) 管理流程规范说明

薪资调整申请审批流程的执行具体包括以下几个步骤。

- 直属上级提出员工调薪申请，填写《调薪申请审批表》，说明调薪的具体原因、建议调薪后的具体薪资结构和金额，以及调薪执行日期；
- 《调薪申请审批表》报部门经理审批，部门经理就是否同意调薪发表意见，意见必须明确，而且要明确是否同意调薪后的薪资结构和金额以及调薪执行日期；
- 部门经理审批同意后，报事业部总经理审批；
- 事业部总经理审批同意后，报人力资源部经理审批，人力资源部经理要就调薪是否符合规范、是否会造成内部不公平等情况发表意见；
- 人力资源部经理审批同意后，报公司总经理审批，公司总经理意见为终审意见；
- 在以上审批环节中，任何一个环节审批未通过，不得再往上一级申报，将《调薪申请审批表》直接反馈给直属上级，并沟通未审批通过的原因；
- 经所有审批人审批通过后，薪酬专员根据审批通过的调薪执行日期执行员工调薪。

11.3 薪酬管理的流程优化

11.3.1 流程管理技巧

流程控制在管理中是一项非常实用的技术，为了能够达到不断优化管理流程并提高工作效率的目标，在流程管理中通常会应用以下技巧。

(1) 确定工作的关键点，关注“关键流程”。正如在日常工作中贯彻的“80/20原则”，流程管理也不例外。流程建设的关键一步就是确定流程梳理、优化和再造目标。在管理中应关注“关键流程”，这类流程的数目可能只占全部数量的少数，却对整个组织的绩效发挥着决定性作用。因此，在流程选择时要注重建设关键流程，而不是求大、求全。

(2) 管理都是相通的，在流程建设中，可以通过标杆学习、寻找榜样的方式来加快流程建设。多在同行业企业中寻求管理流程建设的相关知识，多学习同行业或其他标杆企业的先进管理理念并运用相关管理工具，力求发挥后发优势。

(3) 掌握流程优化的工具。这里推荐ECRS技巧，ECRS技巧是指Elimination(取消)、Combination(合并)、Rearrangement(重排)和Simplification(简化)四种技巧，即在现有流程执行的基础上，通过“取消—合并—重排—简化”四项技术对现有工作流程进行持续改进。Elimination(取消)是指对流程中涉及的工作首先要问“为什么要干？能否不干”，进而取消无价值的工作流程和操作，同时降低工作中的不规则性。Combination(合并)是指流程如果不能取消，则可以考虑是否能与其他工作流程进行合并。Rearrangement(重排)是指根据需要对工作流程中的工作顺序进行重新排列。Simplification(简化)是指对工作流程进行简化。

(4) 在流程管理中应用先进工具，以提高流程管理的工作效率。例如，可借助各种流程描述软件实现，比如Aris、Visio、Smartdraw等。使用这些软件，可以更快、更好地画好流程图，提高管理效率。

11.3.2　决定流程管理成功实施的因素

在流程管理实践中，有一些因素决定着流程管理的成功实施。

(1) 企业的全员参与，尤其是具体执行员工的参与度，会影响流程管理的贯彻力度。流程管理是一项跨部门的管理工作，有些流程会涉及多个部门。所有与流程相关的部门负责人及具体执行的员工都应该参与流程管理。在流程管理中，充分的沟通与全员参与就是管理成功的重要保证。只有这样，才能保证流程管理获得所需要的资源，也能促进员工对流程的理解与贯彻执行。

(2) 流程管理适宜采用“先小范围尝试，后大面积推广”的实施方法。流程管理涉及的部门较多，如果一次性全面铺开，影响面会非常大，如果有错误或考虑不足，会对企业的业务产生负面影响。所以，在流程管理执行时，可以考虑使用“试点—改进—推广”方法，经过多次循环，不断发现问题、不断改进，由点到面、逐步推开。这种方法既能减轻流程管理压力，还能保证成功率。

(3) 实施流程管理前做好充分的准备工作，尤其是做好企业制度、组织架构、客户、产品等基础数据收集工作。做好这些准备工作，会给流程管理奠定一个好的基础。由于流程管理是在企业环境中制定和执行的，这些基础与前提会以各种方式影响流程管理的有效性。

(4) 流程制定后对相关人员进行全面、深入的培训也是保证流程管理成功的重要因素。制定流程终究是为了提高工作效率，但也会使不熟悉流程的员工或者管理者感觉到工作量的增加，所以，流程制定后要对相关人员进行深入的培训，具体包括管理原理、流程设计思路、具体操作执行的要点等，以保证员工统一思路、保持一致行动。另外，在流程执行过程中及时反馈也是一种好的培训方式，可不断收集员工在执行流程中的困难与问题，再针对这些困难与问题，由专业人员进行指导，或者对流程进行改进与优化，可保证流程的长期贯彻执行。

(5) 企业高层领导的支持。流程管理作为企业整体管理的一种手段，具有涉及面广、需要多部门配合的特点，只有全体员工思想一致、行动一致，才能保证企业整体效率的提高。企业中往往有很多人出于个人利益或部门利益的考虑，会在流程管理中产生负面作用，从而影响流程管理效果。所以，流程管理作为一种系统管理方式，企业高层领导的参与和支持是必要的前提。只有企业高层领导有主动变革的决心和意愿，流程管理才能获得成功。

11.4 薪酬管理系统的建设

E-HR即Electronic Human Resource(电子化人力资源管理)，它是基于先进的计算机软、硬件系统，通过集中的人事核心信息库、自动化信息处理、员工自助服务、内外业务协同以及数据共享等方式，降低人力资源管理成本、提高人力资源管理效率、改进员工服务模式以及提升组织人才管理战略地位等的一种新型人力资源管理模式。

E-HR主要包括人事信息模块、组织结构职位模块、合同管理模块、招聘模块、薪资模块、考核模块、考勤模块、福利模块、培训模块、报表模块、员工自助服务模块、管理层决策分析模块、预警模块、系统管理模块等。

11.4.1 E-HR的选型因素

从企业管理的角度出发，在选型E-HR系统时，主要考虑以下几方面因素。

(1) 企业人员数量。一般来说，企业人员数量达到一定程度时，对E-HR系统的需求就会大大增加。从实践看，当人员数量超过1000人时，E-HR系统才成为必需；当人员数量在1000人以下时，Office系统基本可以满足需求。

(2) 企业信息管理系统的建设情况。如果企业整体的ERP系统建设得比较完善，则E-HR系统可能会是企业整体ERP系统中的一项；如果企业业务类信息管理系统或者OA系统建设程度高一些，都会给E-HR系统提供良好的应用环境。反之，如果企业整体的信息系统建设得不完善，则E-HR系统很难独自形成系统或者被广泛应用。

(3) 企业人力资源管理的复杂性。如果企业的人力资源分布较广、人员流动频繁、薪酬体系复杂、考核数据繁多等，人力资源管理的日常工作量非常大，可以考虑用E-HR提升人力资源管理的整体效率。

E-HR系统选型和应用时，可以根据实际管理需求或者预算的多少分步、分批地上线。例如，从实用角度讲，人事信息模块、组织结构职位模块、考勤模块、薪资模块、福利模块、合同管理模块、报表模块、系统管理模块等属于基础模块，在E-HR上线时可以作为首选。为了提升电子化人力资源管理效率，可以再上线招聘模块、考核模块、培训模块、预警模块等。这一批模块上线后，人力资源管理系统建设基本完备。再上线员工自助服务模块、管理层决策分析模块等，可加强人力资源的服务功能和决策支持功能。

11.4.2　应用E-HR系统管理薪酬的注意事项

薪资模块和福利模块是E-HR系统中较为重要的内容，因为薪资和福利更多地涉及具有相对固定关系的数字。E-HR系统能够极大地提高薪酬管理效率，这往往也是企业采用E-HR系统的原动力。但是，应用E-HR系统来管理薪酬时，要注意以下问题。

(1) 相关模块是否能够统一上线。薪酬系统必须以人事信息模块、组织结构职位模块、考勤模块、报表模块、系统管理模块等为基础，才能发挥效用，否则，薪酬系统在E-HR系统中就会失效。

(2) 安全问题。薪酬系统一旦使用，在数据的安全性和使用人员方面必须加强管理，包括单独设置服务器、与其他数据隔离、数据加密等，避免数据的丢失与外泄。

(3) 对薪酬进行更高级的查询、汇总和分析，是E-HR系统最大的优势。薪酬数据量大，统计汇总分析都会大大增加人力资源专业管理人员的工作量，E-HR系统可以大大减少这一部分工作量。但在系统设计时，企业人力资源专业管理人员要根据企业管理的实际需求，设计出企业决策分析所需要的数据或分析模型，再交给E-HR开发商开发或者选取更加适用的数据模型。

11.5　本章小结

首先，本章介绍了薪酬管理流程，通过表格的形式，列出了薪酬管理流程建设中的关键点及关键流程。

其次，在明确了流程管理方式的基础上，以“新员工薪资确定”和“员工调薪申请审批”两个流程为实例，详细展示了流程建设的思路和具体内容。薪酬管理流程建设好后，面临的最大问题是如何不断优化和成功落实。本章梳理了流程优化的一些思路，尤其是ECRS技巧，值得借鉴并改进。

再次，在流程管理落实方面，分析了诸如全员参与、试点再推广、做好准备、加强培训、获得领导支持等关键点。

最后，本章以简短的篇幅介绍了E-HR系统与薪酬管理的关系，以及E-HR系统的定义、主要模块、上线思路等，也分析了薪酬系统在E-HR系统中的应用要点。

第12章　薪酬总额预算与分析

【本章导读】

- 如何理解薪酬总额预算制定原则?
- 薪酬总额预算制定的方法有哪些?
- 如何进行薪酬总额的统计和汇总?
- 如何详细有效分析薪酬总额构成?
- 如何进行薪酬总额总体预算调整?

12.1　薪酬总额预算的制定

12.1.1　薪酬预算制定的原则

在制定薪酬预算时，应遵循以下几项基本原则。

(1) 薪酬预算要与企业经营情况、实际支付能力相匹配。要根据企业实际情况确定人工成本支出与销售收入、费用、成本、净利润的占比关系，比例要与企业实际情况相匹配。

(2) 薪酬的增长要与企业的效益增长相匹配。原则上，薪酬的增长率不应超过企业效益的增长率。也就是说，企业在人工成本上的支出回报率本身是增长的。只有这样，才能保证企业整体的良性运转。

(3) 薪酬预算中，员工个人工资增长机制要与市场水平、个人贡献相匹配。员工个人工资的增长幅度，要根据市场相应职位的价格、员工个人的绩效来确定，以保证内部公平性与外部公平性。

12.1.2　薪酬预算制定的方法与步骤

1. 薪酬预算制定的方法

一般来说，企业制定薪酬预算时主要采取以下两种方法。

(1) 基数增长法，即企业管理者根据上一年的实际薪酬总额情况及下一年的企业效益增长情况，在上一年实际薪酬总额的基础上增加一定的比例，根据增长比例确定公司的整体薪酬预算总额，然后将预算总额分配到各个部门，各个部门再分配到每一个员工。

(2) 具体测算法，即从基层部门开始，逐层根据现有员工、未来人员流动情况、外部市场薪酬情况并结合部门未来经营的预测形成部门薪酬预算，逐级汇总至总部，经总部审批后确定企业整体的薪酬预算总额。

从另一个角度讲，前一种方法是自上而下地做薪酬预算，而后一种方法是自下而上地做薪酬预算。应该说，这两种方法各有利弊。

基数增长法是自上而下的，比较容易控制企业整体的薪酬成本，而且能直观地反映薪酬成本增长与企业效益的关系。但这种薪酬预算方法缺乏灵活性，往往企业管理者会将等比例的增长幅度分配给所有部门，这样不利于充分考虑各部门的实际情况，主观因素较多，从基层部门的角度看降低了预算的准确性，会在一定层面上影响员工的积极性。

具体测算法是自下而上的，它的优点是充分考虑了员工、部门发展的实际需求，灵活性比较高，有利于调动员工的积极性。但由于这种算法是从个人或小团队的利益出发，难免会有失偏颇，出现高估价值的现象，待汇总至总部时，从整体上会出现企业薪酬成本快速增长甚至失控的现象。

在企业实际管理的过程中，两种方法可结合使用。在薪酬预算制定的过程中，尤其是一些规模较大的企业，会反复采取自上而下、自下而上的方法最终确定薪酬的预算总额。这样，既可以保证整体薪酬成本的控制度，又可以满足基层灵活性的需求。

2. 薪酬预算制定的步骤

第一步，分析企业经营目标及支付能力。

做薪酬预算的第一步，也是最重要的一步，就是分析企业的经营战略目标和当期的经营目标。从企业的经营战略目标看，需要确定企业所处的战略阶段，即明确企业是处于初创期、快速成长期、稳定发展期，还是收缩期；还需要明确企业是否正在面临重大的业务转型或者大型变革，如重组、并购等。企业的经营战略决定了企业整体对人力资源的需求情况，进而影响企业的薪酬总额预算。从企业的当期经营目标看，如销售收入、成本、费用、净利润等，也是决定薪酬总额的基础。这些经营目标会直接决定薪酬总额的最高支付能力。企业的经营目标决定了企业的组织结构、岗位设置，组织结构的变动会影响人力资源的整体配置，同时会影响企业整体的岗位薪酬配置。

明确企业战略目标和当期经营目标后，就可以获得明确的依据并以此分析企业的薪酬总额支付能力。一般来说，可根据行业平均水平或企业历史水平将薪酬总额确定为经营目标相对固定的比例。衡量企业薪酬总额支付能力的指标主要有薪酬费用率、薪酬收入率和薪酬利润率。

➢ 薪酬费用率=薪酬预算总额/企业费用预算总额

这个指标用来反映薪酬总额预算占企业费用预算的比例，可以反映企业费用中有多大比例用于支付人力资源成本，或者说企业在生产中的主要资源分布情况。薪酬总额预算占费用预算的比例越大，说明企业的生产资源越倾向于人力资源。目前，在一些以人力资源为主要资源的高科技企业中，这一比例超过80%。

➢ 薪酬收入率=薪酬预算总额/企业收入预算总额

这个指标也可以调整为“企业收入预算总额/薪酬预算总额”。没有调整前，反映的是薪酬预算总额占企业收入预算的比例，如果企业的销售收入较多，则薪酬总额预算也应当相应地增加，因为企业有较强的支付能力；同理，如果企业的销售收入不理想，则应相应地减少薪酬总额预算。调整后，则反映每支出1元人力资源成本能给企业带来的销售收入，这个比值一般与薪酬利润率一同使用。

➢ 薪酬利润率=企业利润总额预算/薪酬总额预算

这个指标直接反映企业每支付1元人力资源成本给企业带来的利润收益。该值越大，薪酬利润率越高，说明企业薪酬支出的经济效益越好，人力资源成本的提升空间越大，在同行业中越具有竞争力。

通过第一步的分析，能够初步估算企业薪酬预算总额。

第二步，分析企业历史薪酬数据、人员流动情况及外部市场变化情况。

在分析企业经营目标和支付能力的基础上，要做好薪酬总额预算，还需要进一步分析企业的历史薪酬数据、人员流动情况及外部市场变化情况，尤其是人员流动情况及外部市场变化情况，每年都不同，需要详细分析。

企业的历史薪酬数据应作为分析基础，因为企业经营是连续性的，而且薪酬具有一定的刚性和延续性，不可能马上就改变。对薪酬历史情况的分析要详细而具体，应从这些历史数据中提炼指标进行分类分析，包括人均薪酬水平、实际薪酬费用率、实际薪酬收入率、实际薪酬利润率、薪酬的结构分布/比例、薪酬的部门分布/比例、薪酬增幅、人员流动引起的薪酬变化、薪酬幅宽等。这些薪酬历史数据直接决定着后续薪酬预算制定中的具体分配。

人员流动是每个企业都存在的现象，但每个企业的人员流动又各具特色。所以，一般的行业流动率仅能作为参考，要以对企业的实际流动分析作为薪酬总额预算的具体依据。人员流动分析是对人力资源需求和供给的预测，主要包括总人数的变化、员工晋升比例、新增员工数量、员工离职数量等。人员流动的历史数据也是一个重要的参考值，一般来说，在企业业务调整不大的情况下，人员流动有一定的规律。

分析外部市场的变化情况，主要是关注企业所处的市场的人力资源供求情况、同行业企业的人力资源变化情况，同时分析市场中同等职位的整体薪酬水平。这些分析结果能影响企业的薪酬水平，即要根据市场薪酬水平和薪酬策略确定员工的整体薪酬水平。如果市场薪酬水平有很大的调整，或者同行业企业人力资源成本有大幅度的提高，必然会对本企业产生巨大冲击。当原有的薪酬水平已经不能保证企业薪酬对核心岗位员工的吸引力时，就必须对原有薪酬水平进行调整。

第三步，制定企业薪酬策略。

在分析企业经营目标、支付能力、历史薪酬数据、人员流动和外部市场薪酬水平的基础上，企业必须确定自身的薪酬策略。企业薪酬策略是将企业战略、目标、支付能力、人力资源情况及外部环境有机地结合起来从而制定的针对薪酬管理的总体指导原则。薪酬策略为薪酬总额预算的制定与实施确定了指导原则，它强调的是相对于同行业竞争性企业而言，企业自身的薪酬支付标准和差异。

企业的薪酬策略既要反映企业战略、当期经营目标的需求，又要满足人力资源供给者——员工的期望；既要控制薪酬总体支出与企业实际产出的比例，又要应对市场环境对企业成本费用产生的冲击。所以说，薪酬策略是一种平衡，也是企业应对竞争的主要策略之一，它与企业的经营策略密不可分。

企业薪酬策略包括薪酬水平策略，例如领先型、跟随型、滞后型等；薪酬策略要明确薪酬的激励策略，即重点激励的岗位、人员，以及激励的具体方式；薪酬策略还包括薪酬结构的调整策略，即薪酬的具体构成、分布、比例，部门分布、比例，薪酬分级、分层、幅宽等。

第四步，确定薪酬总额预算及年度调整幅度。

在分析企业经营目标、支付能力、历史薪酬数据、人员流动和外部市场薪酬水平并明确企业自身薪酬策略的基础上，就可以确定薪酬总额预算及年度调整幅度。可以根据企业的销售收入、企业成本、企业费用、企业利润等直接确定一个大的比值，参照企业历史薪酬数据、人员流动和外部市场薪酬水平，依据薪酬策略的指导，就可以确定薪酬总额。薪酬总额确定后，再根据企业经营目标的增长情况，适度调整薪酬总额增长幅度，或者是薪酬总额的最大值。

第五步，将薪酬总额分配到部门及员工。

确定薪酬总额预算后，可以根据薪酬激励策略，参照原来各部门薪酬在薪酬总额中所占的比重、各部门的业绩，初步分配各部门的薪酬总额预算。将薪酬总额分配到各部门时，需要考虑不同的薪酬构成造成的不同结果，如有的企业，绩效工资在薪酬总额中所占的比例较大，就需要预留足够的额度用于提成、奖金等绩效工资的发放。

将薪酬总额预算初步分配到各个部门后，还需要将薪酬预算分配到员工。这是一项更加细致的工作，要针对每个员工确定调整规则，例如依据能力调薪、依据绩效调薪等。一般来说，为了激发人力资源价值，首先应该考虑依据业绩调薪。业绩调薪是指根据员工上一期的绩效考核结果对其薪酬进行调整，调整周期以半年或年度居多。业绩调薪首先取决于员工的绩效水平，绩效水平越高，调薪量也就应该越高，绩效水平不高的员工不应该获得业绩调薪，绩效水平低的员工应该对其薪酬进行下调。另外，员工所获薪酬在其薪酬范围中所处的位置，也决定了是否可以调薪。如果员工所获薪酬处于工资范围的上端，那么调薪幅度要适度控制，否则必须要通过调整职位来调整薪酬，或者通过加大绩效薪酬的比例激励员工。

第六步，结合部门/员工需求及预算申请对薪酬预算进行反复调整并最终确定。

上述步骤所执行的薪酬预算方法有自上而下的过程，也有自下而上的过程，但在薪酬预算制定的实际工作中，这是一个反复的过程。确立了从企业战略目标出发的预算思想后，还需要与企业内的部门负责人和员工的实际需求进行碰撞，反复权衡。在这个过程中，两种需求数据肯定存在一定的差距，甚至是较大的差异，所以，在制定薪酬预算的过程中需要反复测算，不断调整，力求从企业出发的数据和从员工需求出发的数据趋于一致，才能作为最终的薪酬预算结果。

年度薪酬总额预算表如表12-1所示。

表12-1 年度薪酬总额预算表

单位：元　　　　制表日期：××××年××月××日

类别	细目	2019年计划	2019年实际	2020年计划	计划增长率
企业经营	年销售收入				
	年成本				
	年费用				
	年净利润				
员工数量	员工平均人数				
	其中：管理人员				
	销售人员				
	生产人员				
	技术人员				
	服务人员				
	年计划新增人数				
	年计划新减人数				
薪酬收益	薪酬总额				
	年人均薪酬/元/人				
	月人均薪酬/元/人				
	薪酬占成本比例				
	薪酬占费用比例				
	薪酬收入率				
	薪酬利润率				
	人均年收入额				
	人均年利润额				
薪酬类别分布	薪酬总额				
	其中：工资总额				
	福利总额				
	其中：固定工资总额				
	绩效工资总额				
	其中：社会保险				
	住房公积金				
	补充保险				
	其他补充福利				
	教育培训费用				
	工会费用				
	辞退补偿金				
	股份支出				
	其他薪酬支出				
	工资占薪酬比例				
	福利占薪酬比例				
	固定工资占工资比例				

(续表)

类别	细目	2019年计划	2019年实际	2020年计划	计划增长率
薪酬类别分布	绩效工资占工资比例				
	法定福利占薪酬比例				
	教育培训占薪酬比例				
薪酬部门分布	薪酬总额				
	员工平均人数				
	A部门员工平均人数				
	A部门薪酬总额				
	A部门薪酬占薪酬总额比例				
	A部门月人均薪酬				
	B部门员工平均人数				
	B部门薪酬总额				
	B部门薪酬占薪酬总额比例				
	B部门月人均薪酬				
	……				

12.2　薪酬总额统计与分析

确定薪酬总额预算后，需要定期对薪酬总额进行统计汇总与分析。

关于薪酬总额的统计汇总方法、格式，我们已经在第6章做过详细阐述，在这里仅将薪酬统计汇总所涉及的时间及内容做一个总结(见表12-2)。

表12-2　薪酬统计汇总内容一览表

周期	主要内容	表格名称
月度	工资、法定福利、部分其他福利	月工资明细表
	劳务费	月劳务工资明细表
	提成、奖金	提成、奖金明细表
	补充福利	补贴明细表等
	部门月薪酬发放	部门月薪酬汇总表
季度	季度人员工资、福利汇总	季度人员工资、福利汇总表
	季度部门工资、福利汇总	季度部门工资、福利汇总表
	季度人员、部门薪酬分类汇总	季度人员、部门薪酬分类汇总表
	季度人员、部门薪酬分类预算比较	季度人员、部门薪酬分类预算比较表
半年	半年度人员工资、福利汇总	半年度人员工资、福利汇总表
	半年度部门工资、福利汇总	半年度部门工资、福利汇总表
	半年度人员、部门薪酬分类汇总	半年度人员、部门薪酬分类汇总表
	半年度人员、部门薪酬分类预算比较	半年度人员、部门薪酬分类预算比较表
年度	年度人员工资、福利汇总	年度人员工资、福利汇总表
	年度部门工资、福利汇总	年度部门工资、福利汇总表
	年度人员、部门薪酬分类汇总	年度人员、部门薪酬分类汇总表
	年度人员、部门薪酬分类预算比较	年度人员、部门薪酬分类预算比较表

在对薪酬进行统计汇总的基础上，要对薪酬总额的支出情况进行详细分析，一般来说，薪酬总额分析主要关注以下几个方面。

1. 薪酬总额和人均支出情况

(1) 薪酬总额；

(2) 平均人员数量；

(3) 人均月薪酬总额；

(4) 人均季薪酬总额；

(5) 人均年薪酬总额。

2. 人员流动、人员分布及相应的薪酬总额变化

(1) 人员流动率/离职率/新增率；

(2) 人员流动分析；

(3) 人员具体分布；

(4) 人员流动引起的薪酬总额变化。

3. 薪酬总额的各类构成

(1) 薪酬总额中的固定工资所占比例；

(2) 薪酬总额中的绩效工资所占比例；

(3) 薪酬总额中的法定福利所占比例；

(4) 薪酬总额中的其他补充福利所占比例；

(5) 薪酬总额中的其他薪酬所占比例。

4. 薪酬总额中的部门分布

(1) 薪酬总额中各部门的总额分布；

(2) 各部门人员数量占总数量比例；

(3) 薪酬总额中各部门薪酬所占比例；

(4) 各部门人均薪酬总额；

(5) 部门人均薪酬总额与企业整体人均薪酬总额的差异。

5. 薪酬总额的效益情况

(1) 企业收入额；

(2) 企业成本额；

(3) 企业费用额；

(4) 企业利润额；

(5) 薪酬总额占收入额比例；

(6) 薪酬总额占成本额比例；

(7) 薪酬总额占费用额比例；

(8) 薪酬总额利润产出比；

(9) 人均收入额；

(10) 人均薪酬收入产出比；

(11) 人均利润额；

(12) 人均薪酬利润产出比。

6. 实际支出薪酬与薪酬预算的比较

(1) 实际支出薪酬总额与计划薪酬总额的差异；

(2) 各部门实际支出薪酬总额与计划薪酬总额的差异；

(3) 人均实际支出薪酬总额与计划薪酬总额的差异；

(4) 各类薪酬与计划薪酬的差异；

(5) 人均薪酬收入产出比与计划的差异；

(6) 人均薪酬利润产出比与计划的差异。

7. 其他薪酬总额分析的内容

针对上述方面，各个企业应根据实际需要定期进行分析总结，最终形成人力资源状况汇总分析报告。

人力资源状况汇总分析报告(样本)

第一部分　×月在职人员情况

一、人员总数量变化趋势

1. 总趋势分析：

2. 净增长率：

3. 图示：

二、组织结构情况

1. 变化情况：

2. 组织结构图：

三、在职员工分布情况

1. 人员属性分布情况(图示)：

2. 人员学历分布情况(图示)：

3. 人员性别分布情况(图示)：

4. 人员年龄分布情况：平均年龄为____岁。

5. 在司年限分布情况(图示)：

第二部分　×—×月人员流动情况

一、人员流动总体情况

1. 流动率：

2. 离职率：

二、招聘员工(新增)情况

1. 招聘员工总数量：

2. 招聘员工的部门分布状况(见表12-3)：

表12-3　招聘员工的部门分布

序号	部门	招聘人数	占总招聘人数的比例/%
1			
2			
3			
共计			

3. 招聘员工人员属性及学历分布情况(见表12-4)：

表12-4　人员属性及学历分布

属性 学历	技术	销售	管理	职能服务	总计	占总招聘人数的比例/%
博士						
硕士						
本科						
大专						
高中						
总计						
占总招聘人数的比例/%						

4. 招聘员工渠道分布情况(见表12-5)：

表12-5　渠道分布

渠道 数量	人才交流大会	推荐	网上招聘	其他	总计
人员数量					
占招聘渠道的比例/%					

三、离职员工(流失)情况

1. 离职员工总数量：

2. 离职员工的部门分布状况(见表12-6)：

表12-6　离职员工的部门分布

序号	部门	离职人数	占总离职人数的比例/%
1			
2			
3			
共计			

3. 离职员工在司年限及学历分布情况(见表12-7)：

表12-7　在司年限及学历分布

属性 在司年限	技术	销售	管理	职能服务	生产	总计	占总离职人数的比例/%
6个月以下							
6个月～1年							
1～2年							
2～3年							
3年以上							
总计							
占总离职人数的比例/%							

4. 离职员工离职方式分布情况(见表12-8)：

表12-8　离职方式分布

序号	离职方式	人数	占总离职人数的比例/%
1	辞退		
2	辞职		
3	合同期满		
4	调动		
5	其他(不明原因)		
总计			

四、员工流动反映的人力资源管理问题

第三部分　×—×月人工成本情况

一、×—×月人工成本的总体支出情况、人均人工成本(见表12-9)

表12-9　总体支出、人均人工成本

类别	X—X月总额	月均人数	人均月支出
人工成本支出合计			

二、部门薪酬支出比较(见表12-10)

表12-10　薪酬支出比较

部门	X—X月 平均人数	X—X月人工 成本支出	人均月 人工成本	公司人均 月人工成本	偏差

三、人工成本支出效益分析

1. 单位人工成本实现的销售收入：

2. 单位人工成本实现的净利润：

3. 人工成本占费用的比率：

4. 人工成本占收入的比率：

四、人工成本实际支出与预算的差异分析

1. 人工成本总额与预算的差异及原因：

2. 人均人工成本与预算的差异及原因：

3. 人均人工成本利润率与预算的差异及原因：

4. 人工成本占费用比与预算的差异及原因：

第四部分　总结

一、

略。

二、

略。

三、

略。

12.3 薪酬总额预算的调整

在对实际薪酬支出总额进行统计汇总和详细分析的基础上，要及时进行薪酬总额预算调整，主要思路有以下几种。

1. 薪酬总额直接调整

如果在实际统计汇总的基础上，发现薪酬预算超额，或者由于企业经营情况的变化，无法保证薪酬总额预算足额支出，可以直接对薪酬总额进行调整，即按照实际经营情况对薪酬总额进行强制性调整，之后再逐层分解至部门和员工个人。但是，这种硬性调整在贯彻时往往会遇到很多问题，要结合使用以下几种调整思路。

2. 薪酬分布的部门性调整

在这种思路下，可以按照企业内各个部门的实际效益进行调整，即盈利性好的部门可以保持原有薪酬预算，甚至可以增加薪酬预算；盈利性差的部门(除了研发型或培育型部门外)可以削减薪酬预算，甚至可以进行部门整建制撤并，以达到薪酬预算调整的目标。

3. 人员强制性调整

薪酬预算的调整最终会落实到员工个人，可采用统一的规则，例如强制分布法，或制定某一业绩标准等，进行人员的调整与裁减；也可以结合部门整建制撤并进行人员强制性调整，达到薪酬预算调整的目标。

4. 薪酬结构性调整

当薪酬预算总额不足时，可以削减部分补充福利支出、培训项目支出，或者加大绩效工资比例，这些都属于薪酬结构性调整。但薪酬结构性调整的滞后性比较强，容易产生更多的负面影响。

5. 其他调整办法

除了单独使用与结合使用以上薪酬调整方法与思路外，还可以根据企业的具体情况采用其他薪酬调整方法，以达到对薪酬预算进行控制的目的。

小贴士：薪酬总额预算调整

在执行薪酬预算管理的过程中，下调薪酬总额预算是最难的一件事情。除了薪酬的刚性外，如何建立一种公开、公平、公正的机制对薪酬总额进行调整是一个大问题。如果操作不当，会引起整体性的负面作用。此外，即使采取裁员、降薪、裁撤部门等方法，薪酬总额下降的时效滞后性依然很强，从几个月到一年。而且，随着员工劳动法律意识的加强，企业硬性下调薪酬会引起补偿、赔偿等成本，不仅不会缩减薪酬预算，在短时期内还会增加预算，这往往也是企业人力资源管理人员难以处理的问题。

12.4 本章小结

本章以全面的视角介绍了薪酬总额预算制定的原则、方法、步骤及样表，这是延续第6章薪酬预算入门理论的实践操作。本章从薪酬管理实践操作的角度，对薪酬总额预算的两种方法和具体步骤进行了全面剖析，通过薪酬预算样表展示了薪酬预算的实际应用方式。

我们在第6章中阐述过薪酬总额的统计汇总方法，本章仍有所提及，但更多地从薪酬支出分析的角度出发，在薪酬总额统计汇总的基础上，加入了对薪酬总额支出情况的分析，并从总额、人均支出、薪酬结构分布、部门分布、薪酬效益等几个关键角度分析了薪酬支出的深层次含义，为薪酬预算偏差分析与薪酬预算调整奠定了基础。

此外，本章从多个角度梳理了常见的薪酬预算调整办法，这只是粗浅的分析，在随后的章节中，我们还会从薪酬总额与企业效益的动态浮动、年度调薪策略以及整体薪酬战略与策略等方面详细阐述薪酬总额调整的问题。

第13章　不同类型的工资制度

【本章导读】

- 通行的工资制度分为哪几类?
- 职务/岗位工资制度包括哪些内容?
- 技能/能力工资制度包括哪些内容?
- 绩效工资管理制度包括哪些内容?
- 市场工资管理制度包括哪些内容?
- 组合工资管理制度包括哪些内容?

13.1　通行工资制度的简介

工资制度是以特定的思路来确定员工工资的一种制度。从目前的企业管理实践看，有五种比较通行的工资制度，分别是职务/岗位工资制、技能/能力工资制、绩效工资制、市场工资制和组合工资制。这五种工资制度的主要决定因素不同，各有优缺点，适用的情况也不同，具体可以参见表13-1。

表13-1　五种通行的工资制度

工资制度名称	主要决定因素	优点	缺点	适用情况
职务/岗位工资制	岗位	以岗定薪	固定、僵化	专业化
技能/能力工资制	技能	因人而异	难以评估	专业技能
绩效工资制	绩效	激励性强	短期行为	激励、绩效明确
市场工资制	市场	竞争性强	平衡性差	人才竞争
组合工资制	多因素	灵活、适应性强	专业性强、不好操作	多行业、多企业

13.2　职务/岗位工资制

13.2.1　职务/岗位工资制的定义及特点

职务/岗位工资制是根据工作职务或岗位对知识、技能、体力、劳动环境等方面的要求来确定员工工作报酬的一种制度。在这种工资制度下，工资的等级和标准是按照工作岗位确定的，而工作岗位又以工作分析为前提。具体说来，可以依据复杂程度、劳动强度、劳动条件、责任大小等做出规定。在这种工资制度下，原则上，员工必须达到岗位要求才能任职该岗位，员工只有调整岗位，才能调整工资。

13.2.2 职务/岗位工资制的优缺点

1. 职务/岗位工资制的优点

职务/岗位工资制具有以下几个优点。

(1) 岗位要求的确定性。在这种工资制度下，每个岗位都有明确的职责规范和任职要求，从员工的选拔到任职再到工作绩效的评定等，都具有明确性，有利于提高企业管理效率。

(2) 工作分工的专业性。职务/岗位工资制能有效地促进企业实现专业化分工，引导员工关注岗位的具体要求，不断提升技能，以达到更高的岗位要求，有利于企业经营效益的提高。

(3) 业绩评估的准确性。职务/岗位工资制可使员工在能力最强、贡献最大的时候，得到相应的报酬。当员工能力低于岗位要求时，只能任职较低一级的岗位，这样可保证每个岗位的绩效都是最佳绩效，进而激发员工不断提升业绩，促进企业整体绩效的提高。

2. 职务/岗位工资制的缺点

任何事物都有两面性，职务/岗位工资制也有缺点，主要体现在以下两个方面。

(1) 仅以职务/岗位一个维度评估员工的能力和绩效时，容易僵化，无法适时地体现员工能力的提升与变化，也无法体现同一岗位员工绩效的差别。另外，在这种工资制度下，容易造成岗位的固化，不利于人才的内部流动与提升。

(2) 在职务/岗位工资制度下，岗位与工资是紧密联系的。当员工能力提升，但企业内部缺乏晋升机会时，这些员工就会丧失进取心及积极性，容易导致优秀人才的流失。

13.2.3 职务/岗位工资制的主要形式

职务/岗位工资制一般有两种形式：一种是一岗一薪制，另一种是一岗多薪制。

1. 一岗一薪制

一岗一薪制是指每一个岗位只有一个固定的工资标准，企业内所有的岗位从高到低组成统一的岗位工资标准体系，不同的岗位，工资标准也不同。对于员工来说，只要能达到某一岗位的任职要求并任职于该岗位，就可以获得该岗位的工资。这种一岗一薪的职务/岗位工资制度适合于专业化分工程度高、岗位数量比较固定的企业采用。

执行一岗一薪制的职务/岗位工资制度，有利于简化薪酬管理，明确员工选拔标准。员工在达到岗位要求时即获得相应的工资，会给员工一种稳定感，使整体管理操作更加简便。

2. 一岗多薪制

一岗多薪制是指在同一个岗位上设置几个不同的工资标准，或者设置工资的不同比例。这种机制可以显示员工任职岗位的能力、绩效差别，员工可以在某一岗位内不断获得提升，直到达到某一岗位的最高工资标准。它的另外一种思路是设置某一固定的工资标准，根据员工对工作的熟练程度和绩效水平的不同按比例发放工资。例如，员工在试用期时，发放岗位工资标准的50%；转正后一年经考核合格后，发放岗位工资标准的80%。

一岗多薪制在某种程度上缓解了一岗一薪制的僵化，体现了员工在任岗期间的能力差异和绩效差异，但它仍属于职务/岗位工资制，不会在岗位内设置过多的工资等级，仅仅是略有差别而已。这种一岗多薪制的职务/岗位工资制度适用于岗位划分较粗，同时岗位内部有部分差别的企业。

13.2.4　职务/岗位工资制的实施步骤

在企业内部实行职务/岗位工资制度，主要包括以下几个步骤。

1. 工作分析

将企业中所有的工作进行标准化处理，仔细分析各项工作所需的技能、承担的责任等。通过工作分析，将工作进行归类、分解或整合，明确每一项工作的具体职责及与其他工作的关系。同时，对每个岗位所需的知识、技能、工作条件等进行仔细分析。

2. 工作评价

在工作分析的基础上，对工作职责的重要程度、管理范围、决策权限、劳动强度、影响等进行定量化评估，进而对所有的岗位进行分类、分级、分等，最终确定各个岗位在企业内的相对价值，划分岗位等级。

3. 外部市场工资分析

对企业所处的外部市场环境进行调查，了解企业主要竞争对手的岗位工资情况，同时明确企业的薪酬策略。

4. 内部薪资总额分析

对企业所处的发展阶段进行分析，明确企业经营策略或工资总额预算目标，对不同部门和岗位进行工资总额划分。

5. 形成岗位工资标准

结合企业薪酬策略、薪酬总额分析，以及工作分析、工作评价，形成岗位工资标准，明确具体的金额及等级设置。

6. 定期更新调整岗位及工资标准

应用岗位工资标准，并定期更新工作分析、工作评价及工资标准。

13.3 技能/能力工资制

13.3.1 技能/能力工资制的定义及特点

技能/能力工资制是指根据员工的实际技能和能力确定员工工资额度的一种制度。与职务/岗位工资制不同，技能/能力工资制确定工资的核心不是岗位要求，而是员工实际的技能。不论员工任职于相同的岗位还是不同的岗位，工资都有可能不同。

13.3.2 技能/能力工资制的优缺点

1. 技能/能力工资制的优点

技能/能力工资制具有以下几个优点。

(1) 技能要求的确定性。在这种工资制度下，企业对每个员工的技能/能力的要求都是明确而具体的，不再将管理的核心定位于岗位，而是定位于员工的技能/能力，这有利于促进员工技能的不断提升。

(2) 人员安排的灵活性。技能/能力工资制能有效地引导人员配置，增强人员安排的灵活性，促进企业引进并奖励技能/能力强的人员。同时，这与员工的自身追求相一致，有利于企业建设精干的员工队伍。

(3) 能促进工作效率的提高。在技能/能力工资制下，技能的提升成为企业的管理重心，知识与技术成为奖励的依据，这可以促使企业整体工作效率的提升，促使员工更加关注企业业务的发展，增强企业业务发展对员工的凝聚力，从而促进企业生产能力、服务能力和产品质量的提升。

2. 技能/能力工资制的缺点

任何事物都有两面性，能力/技能工资制也有其缺点，主要体现在以下两个方面。

(1) 过多强调员工的技能/能力，会忽视企业岗位设置、工作制度和流程等的管理，容易形成以员工技能/能力为核心的管理思路。一旦部分核心员工流失，会给企业带来致命的打击，不利于企业核心竞争力的保持。

(2) 在技能/能力工资制度下，员工技能与工资是紧密联系的，但员工的能力也受到身体情况、企业环境、团队配合等因素的影响。当其他因素对员工能力产生影响时，无法适时地对工资进行调整，反而会造成工资“能上不能下”的僵化现象。

13.3.3　技能/能力工资制的实施步骤

1. 确定企业的核心技能要求

根据企业的发展战略和经营目标，确定企业的核心技能要求，即企业员工需要具备的关键技能，对这些关键技能进行描述、分类、整理，形成关键技能要求体系，并进行等级划分。

2. 对企业员工的实际技能进行测评与定级

企业对员工的实际技能进行测评，可以通过员工获得的技能证明、企业组织的技能测定、实际工作评估等多种途径来进行。相对而言，员工的技能证明只能作为参考，例如员工的学历证明、职业资格考试证明、技能比赛证明等；企业组织的技能测定可以比较直接地检测出员工的实际技能情况；实际工作评估则是最直接的测评方式，因为员工的技能还是要在实践工作中使用，只有经过实践工作的检验，员工技能才能真正成为企业的核心技能。

3. 根据员工的技能确定工资水平

在确定了企业核心技能和员工的实际技能后，就需要根据员工的技能情况确定工资水平。在技能/能力工资制度下，要确定工资水平，也要考察外部市场的薪酬水平，尤其是主要竞争对手的薪酬情况，并考虑企业薪酬策略和工资总额对员工实际支付水平的影响。在此基础上，制定员工技能工资等级，并根据员工的实际技能支付工资。

4. 有计划地对员工技能进行开发与提升

技能/能力工资制的核心是企业员工的技能水平，所以，企业员工的技能提升就成为企业的核心战略之一，必须将企业的发展战略与人力资源的开发战略结合起来。企业不仅要在观念上重视员工技能的开发，还要有实际的投入用于员工技能开发。进一步说，企业在员工的招聘、选拔、绩效考核等多方面的管理中，都要围绕技能来落实管理措施，甚至要推进建设学习型组织，以促进企业整体技能水平的提升。

5. 定期更新企业核心技能要求，定期评估员工技能

随着企业的不断发展，企业的业务、策略也在不断调整之中，所以企业的核心技能要求也要不断更新、不断提升。企业应定期在技能/能力工资系统中，对企业核心技能要求进行更新。同时，要定期对员工的实际技能进行评估，以保证技能/能力工资系统的有效性。

13.4 绩效工资制

13.4.1 绩效工资制的定义和特点

绩效工资制是根据员工业绩来确定员工工作报酬的一种制度。在这种工资制度下，业绩是确定员工工资的核心因素。员工的业绩是一个综合的概念，不仅包括产品的数量和质量，还包括雇员对企业的其他贡献。在这种工资制度下，原则上，只有员工取得业绩才能获得工资，否则，就无法获得工资收入。

13.4.2 绩效工资制的优缺点

1. 绩效工资制的优点

绩效工资制度有着比较突出的优点，主要体现在以下几个方面。

(1) 以工作结果为导向，与企业利益的关系紧密。在绩效工资制中，强调员工的工资与可量化的业绩直接挂钩。这样，就将员工个人目标与企业目标有机地结合起来，通

过以工作结果为导向，激励员工为了获得高薪酬而不断提升个人绩效，从而促进整个企业绩效的提升。

(2) 利益向业绩优秀者倾斜，提高了企业的效率。在绩效工资制度中，绩效好的员工得到了奖励，企业的利益分配也倾向于业绩优秀者。这样，有利于招聘、选拔和保留业绩好的员工，这部分员工往往会成为企业的核心成员。绩效工资制度有利于突出团队精神和企业形象，在企业整体绩效获得提升的同时，增大了对员工的激励力度，进而增强企业凝聚力。

(3) 将企业的固定成本降至最低，节省了工资成本。绩效工资制度可促使企业不断改进员工的工作能力、工作方法，进而提高员工的绩效。将个人工资同其本人的工作绩效直接挂钩，可鼓励员工创造更多的效益。当企业经营状况不好的时候，员工绩效也差，这样企业不需要支付给员工绩效工资，可以最大限度地降低固定成本，不必采用减员的方式降低成本，可使员工产生安全感，增加员工的忠诚度，从而为企业经营状况转好时保留一定的人员储备。

2. 绩效工资制的缺点

绩效工资制度也有负面影响，主要体现在以下几个方面。

(1) 短期行为严重。在绩效工资制度下，过分强调业绩这一因素，再加上业绩与员工个人利益的关联非常紧密，所以企业员工会过多地关注个人短期业绩，为了获得个人短期业绩，不惜过度使用资源、互相恶性竞争，甚至会出现员工瞒报业绩、业绩造假等负面行为。因此，在绩效工资制度下，对员工业绩的准确评估和有效监督是保证该制度成功实施的关键。另外，由于绩效工资制度下的短期业绩获利性强，员工个人及企业都缺乏对长期利益的考虑，这会造成企业和员工后续发展乏力的现象。

(2) 无法培育新产业或后备力量。在绩效工资制度下，强调绩效与利益的直接关系，但是企业和个人的发展总有一个从无到有、从少到多、从小到大的过程，实行这种工资制度，企业和员工都无法对未来的新产业、新业务进行培育，或者说团队只能保留精英成员，无法容忍绩效差的员工或储备人才后备力量。长此以往，企业和员工可能会错过发展与转型的好时机，导致业绩下滑或最终的失败。

(3) 容易导致部门、员工间发展的不平衡。在绩效工资制度下，企业按照不同的业绩标准支付不同的薪酬，所以，业绩有差异的员工和部门的差距就会越拉越大，加上绩效工资体系的激励性强，业绩差的员工和部门也无法在企业内长期保留，这会导致人员流失加剧，从而造成员工的心理落差和失衡，甚至会在公司内产生互相攀比、互相打压的局面，严重影响企业整体实力的提升。

(4) 不是所有的业绩都可以衡量。在绩效工资制度下，业绩衡量和评估也是一个难以有效解决的问题，并不是企业内所有岗位或者工作的绩效都是可以量化、可以衡量的。如果存在非量化、非可衡量的绩效，必然导致绩效考核主观随意性大、流于形式。例如，绩效设计考核标准大而笼统、考核方法不合理、考核标准不稳定、考核人员受主观因素左右、考核水平不高、考核执行不严谨等，这些现象会导致考核结果受人为操纵成分多，考核结果争议大，失去了绩效考核的公正性与有效性，使考核流于形式，最终导致绩效工资失去本来的意义，在某种程度上变成平均主义或人为操作。

13.4.3　绩效工资制的实施步骤

1. 制定并量化企业目标与员工个人目标

实施绩效工资制的起点是制定企业目标，无论是基于企业的使命、愿景，还是企业的发展战略，都需要以企业的实际目标为基础来制定绩效评估方式。制定企业目标时，一定要遵循目标管理的原则，目标要量化，具有一定的挑战性、可执行性、可衡量性。同时，目标要具有可分解性，保证目标能够逐层分解，直至落实到企业的部门和每个员工，最终在企业内形成一个完整的目标链条，使员工个人目标的实现与企业目标的实现呈正相关。

2. 制定业绩评估原则，确定要素及绩效工资与业绩的挂钩关系

这也是实施绩效工资制的重要一环，要在企业中制定能够为全体员工所认可的业绩评估原则。目标应具有可衡量性、具体化，业绩评估的测量手段和评估方式、绩效考核的沟通流程、业绩评估反馈、绩效奖励原则等应明确且可操作。除此之外，要明确业绩评估的要素，这些要素的确定，或者说KPI的指标选择，一定要能够全面、客观地反映员工的业绩，常用的直观性业绩要素包括工作质量、工作数量、客户评价、出勤情况等。

在这一步骤中，还需要确定绩效工资与业绩的挂钩关系，即要明确员工业绩与个人绩效工资之间的关系，使员工对完成目标与个人利益之间的关系有清晰的了解，这样才有助于激发员工的工作积极性。在绩效工资与业绩的挂钩关系设定上，一般会采取按比例提成、佣金制等方法，可根据不同行业、不同业务、不同企业的实施情况制定相应的

比例，还要设定增长和下降的对应关系。

3. 进行业绩评估，执行绩效工资

根据企业目标、员工个人目标，以及业绩评估的原则和要素，执行业绩评估，以公开、公平、公正的方式对企业目标和逐层分解的目标的实现情况进行评估。在评估的过程中，要对目标的关键要素进行评价，并且要保证评估过程的合理性。在评估结果出来后，还要执行评估沟通流程，保证各级员工认同评估结果，遇有特殊情况或者评估错误要及时调整。在确定了评估结果并得到认可后，应按照既定的绩效工资与业绩挂钩关系执行绩效工资。

4. 定期修订业绩目标，改进绩效工资体系中的问题

绩效工资制应该是动态性最强的工资制度，这是因为，绩效工资制以目标为出发点，而目标必须定期进行调整，要随着业务的发展变化不断更新。在实施绩效工资制度时，必须定期对业绩目标进行修订，适时对考核要素进行更新，不断发现绩效工资体系中的问题，并进行调整与完善。

13.5　市场工资制

13.5.1　市场工资制的定义与特点

市场工资制是根据市场价格确定员工工作报酬的一种制度。企业根据所处的行业劳动力市场水平、薪酬水平来确定本企业岗位的薪酬水平，再根据企业的薪酬策略，综合考虑企业的发展阶段、支付能力等，采取高于、等于或低于市场薪酬水平的薪酬政策。

市场工资制不同于职务/岗位工资制、技能/能力工资制和绩效工资制，它的关注点在于人才市场，注重市场工资水平对人才的吸引力及对企业的竞争力，强调按照市场价格来调整人力资源在企业内的相对价值。从现实的角度看，员工工资的确是劳动力价格，也存在市场供求关系，以市场供求关系决定市场价格也是符合基本规律的。

13.5.2　市场工资制的优缺点

1. 市场工资制的优点

市场工资制有特定的优点，主要体现在以下几个方面。

(1) 有利于企业及时了解市场薪酬情况，通过薪酬策略吸引企业急需的人才。

(2) 及时与市场薪酬水平接轨，可以及时对核心员工的薪酬进行调整，从而保证核心员工的满意度，避免核心员工的流失。

(3) 企业通过市场薪酬的变化可以及时了解市场人才供给情况，也可以及时了解非核心人才的薪酬变化情况，并据此制定相应的薪酬策略，为企业节省人工成本。

2. 市场工资制的缺点

市场工资制也有不可避免的缺点，主要体现在以下几个方面。

(1) 市场工资制的核心是市场，要想保持人才的竞争力，企业必须保证薪酬的领先性，这必然会增加企业成本，尤其是对以人力资源为核心竞争力的企业来说，人工成本大大上升；这也会对企业的盈利能力及发展潜力提出非常高的要求，否则企业难以长久地保持市场薪酬的领先性。

(2) 市场工资制要求企业及时了解市场薪酬情况，但市场薪酬数据往往具有不确定性、虚增性和变化性，如果收集的市场薪酬数据失真，就会给市场工资制带来致命的缺陷，不仅不会节省成本，反而会增加企业成本，或者成为市场中人工成本不断上升的推手。同时，由于受外部市场主导，还会导致企业内部薪酬差距大、不平衡的现象，最终会影响企业内部的公平性与均衡性。

(3) 市场工资制的核心是市场，但主要目标还是吸引、保留核心人才。所以，这种工资制度对于企业内部员工的要求也是非常高的，员工的素质、能力、绩效必须与薪酬支出水平相匹配。但在企业运行过程中，是否能够通过市场工资机制吸引到性价比高的优秀人才还存在未知性。

13.5.3 市场工资制的实施步骤

1. 进行工作分析

对企业中的所有工作进行标准化，仔细分析各项工作所需技能、需承担的责任等。通过工作分析，将工作进行归类、分解或整合，明确每一项工作的具体职责及与其他工作的关系。同时，对每个岗位所需的知识、技能、工作条件等进行分析。

2. 进行工作评价

在工作分析的基础上，对工作职责的重要程度、管理范围、决策权限、劳动强度、影响等进行定量化评估，进而对所有的岗位进行分类、分级、分等，最终确定各个岗位在企业内的相对价值，形成岗位等级。

3. 与市场岗位的匹配

在确定企业岗位及岗位等级的基础上，将市场同类行业、企业的相应岗位与之匹配，这不仅指岗位名称的匹配，还指岗位职责、任职条件、职位等级等方面的相关度。实行市场工资制是实现市场岗位匹配的关键。

4. 外部市场工资水平分析

对企业所处的外部市场环境进行调查，了解企业主要竞争对手的岗位工资情况，明确企业的薪酬策略。在市场工资制中，外部市场薪酬调查的结果至关重要，这直接决定了企业的付薪水平。目前，国内很多企业在做薪酬调查时往往会遇到很大的困难，除了各企业职位体系不规范、职位难以比较外，信任度低是一个很大的问题。由于薪酬的保密性，多数企业不愿透露自身的实际薪酬情况，却想了解其他同类企业的薪酬情况，这是实施市场工资制的一个主要困难。

5. 内部薪资总额分析

对企业所处的发展阶段进行分析，明确企业经营策略或目标中的工资总额预算，对同部门和岗位进行工资总额划分。

6. 形成岗位工资标准

结合企业薪酬策略、薪酬总额分析，以及工作分析、工作评价，形成工资标准，明确具体的金额及等级设置。

7. 根据市场薪酬情况定期更新调整工资标准

定期调查市场工资水平，定期对企业薪酬水平进行调整。

13.6　组合工资制

13.6.1　组合工资制的定义与特点

组合工资制是指将若干种工资制度组合使用，以此确定员工薪酬的一种工资制度。组合工资制按照不同的比例和系数，将员工的工资划分为若干独立的部分，它们共同组成一个有机的工资总体。

组合工资制以经济性薪酬为主，对于前文介绍的职务/岗位工资制、技能/能力工资制、绩效工资制、市场工资制可能会有所涉及。可以说，组合工资制是不同工资制度的综合体。

13.6.2 组合工资制的主要组成

组合工资制所包括的具体工资内容，由各个企业根据自身的不同情况来确定，可以按工资的功能划分，也可以依据激励程度划分，还可以根据岗位划分，没有固定的要求。一般来说，组合工资制主要由基本工资、岗位工资、技能工资、绩效工资、年资工资等组成。

1. 基本工资

设定基本工资一般是为了保障员工的基本生活需要，即保证员工作为社会人基本的生活需要。基本工资的金额一般不会太高，在工资中的绝对比例也不会太大。基本工资可以根据岗位等级确定，也可以根据工资总额的某一比例确定。根据岗位等级确定时，主要考虑不同等级员工的基本生活需求，最低额度可以参考当地最低工资标准制定。根据工资总额确定某一比例时，可以根据激励的需要确定，比例越大，稳定性越好，激励性越差。

2. 岗位工资

岗位工资是根据企业的职务/岗位而确定的工资。一般来说，企业会通过工作分析和工作评价，从技术要求、责任、劳动强度、工作条件、决策范围等角度来评定所有工作，并依此形成企业的岗位等级。依据岗位及等级确定工资，能够激励员工努力提高自身技能，促使其尽力完成岗位工作目标。岗位工资制可以分为一岗一薪制和一岗多薪制两种，即每个岗位对应固定的工资，或者每个岗位对应多个工资级别。

3. 技能工资

技能工资是根据员工的技能/能力而确定的工资。企业评定员工自身所具备的技能/能力，并依此对员工给付薪资。技能工资鼓励员工不断提升个人技能，企业也会投入成本培养开发员工的工作技能。在知识型企业以及以人力资源为核心资源的企业中，技能工资往往是组合工资中的重点内容。

4. 绩效工资

绩效工资是企业根据员工的实际工作结果及为企业创造的经济效益而支付给员工的工资。绩效工资的作用在于激励员工努力提升业绩、为企业多做贡献，进而获得更多的收益。绩效工资又分为个人绩效工资、团队绩效工资，也可以提成、奖金、浮动工资等形式发放。绩效工资通常没有固定的标准，可采取业绩的某一比例或计件工资的方式核算，一般上不封顶、下不保底。

5. 年资工资

年资工资是根据员工在企业的工作年限而确定的一种工资形式。它主要用来鼓励员工长期为企业服务，也可以作为补偿老员工工资差额的一种方法。年资工资有的按照固定金额发放，有的按照工资的一定比例发放。按照固定金额发放的，可以随着年数的增加而增加或者固定不变；按照工资的一定比例发放的，也可以按照固定比例或者年数调整。

6. 其他

在组合工资制中，除了以上常见的工资组成项目外，还有一些不太常见的工资内容，如特殊津贴、驻外工资、管理工资等。

总之，组合工资制中的各部分内容之间既相互独立，又因各自占有一定比例而存在关联性；既各自发挥作用，又综合性地呈现对员工的多样化激励形式。

13.6.3　组合工资制的优缺点

1. 组合工资制的优点

组合工资制有比较明显的优点，具体体现在以下几个方面。

(1) 组合工资制具有很强的灵活性。组合工资制由多个工资单元构成，每个工资单元都有不同的功能，可以从不同的角度反映员工的实际贡献，具有很强的灵活性。

(2) 组合工资制能够发挥综合激励作用。组合工资制的多个工资单元，从基本生活、服务年限、岗位任职、个人技能、个人绩效等多方面给予员工以保障与肯定，可满足员工不同层面的需求，发挥的激励作用是多层次、多角度的。

(3) 组合工资制能够适应不同的岗位和企业。组合工资制有利于实行工资的多元化管理，避免其他工资制度单一、僵化的缺点，为企业提供多种选择，所以，这种工资制度能够适应各行业、各企业的不同特点。

2. 组合工资制的缺点

组合工资制也有一些缺点，主要体现在以下几个方面。

(1) 组合工资制的专业性要求高。组合工资制由多个工资单元组成，对每个工资单元的设计，确定彼此之间的比例关系和相互的关联，根据不同岗位、不同阶段、不同目标进行重新设计等工作的专业性要求非常高，必须配置高级专业人员才能设计出适合企业的组合工资系统，仅仅照搬或者全部选择执行，反而不一定能够达到激励性的效果。

(2) 组合工资制在日常管理中难度大、系统性强、工作复杂。组合工资制的另外一个局限就是日常管理。由于工资单元较多，并且各自独立运行，这就要求在日常的工资管理中分工资单元来执行、维护与更新，导致薪酬的日常管理工作系统性强且比较复杂，必须配置专业人员才能保证执行的有效性。

13.6.4 组合工资制的实施步骤

1. 准备工作

在实施组合工资制之前必须做好准备工作，具体包括业务特点分析、工作分析、工作评价、人员评估等。

(1) 对企业的业务特点进行分析。例如，要分析企业业务是劳动密集型业务、技术密集型业务还是市场密集型业务等，要分析企业业务的核心竞争力，以及在业务运作过程中的主要资源分配情况。

(2) 工作分析和工作评价。对企业中所有的工作进行标准化，分析各项工作所需技能、所应承担的责任等。通过工作分析，将工作进行归类、分解或整合，确定每一项工作的具体职责及与其他工作的关系，明确每个岗位所需的知识、技能、工作条件等。在此基础上，对工作职责的重要程度、管理范围、决策权限、劳动强度、影响等进行定量化评估，进而对所有岗位进行分类、分级、分等，最终确定各个岗位在企业内的相对价值，形成岗位等级。

(3) 对人员情况进行评估。对全体员工的人数、工资、工作年限、学历职称、技术等级、任职岗位、业绩情况等详细信息进行统计分析，这是实施组合工资制的重要基础。

2. 设计组合工资方案

在做好准备工作的基础上，可以进行组合工资方案设计。在方案中，要明确组合工资制中各个工资单元的选择、彼此的关系、占总体的比例以及每个工资单元的管理模式。

(1) 确定组合工资制中的各个工资单元。通常情况下，组合工资制中既可以包括基本工资、岗位工资、技能工资、绩效工资，也可以包括年资工资、其他工资等。要明确每个工资单元的选择目标是什么，是为了解决什么问题，或者会对员工产生哪些激励与保障。

(2) 根据选定的工资单元，明确结构和比例。例如，将组合工资作为100%，分别确定各个工资单元所占的百分比，也可以用“单元工资额=结构工资总额×该工资单元所占百分比”来表示。

(3) 明确每个工资单元的管理模式。例如，基本工资是为了保障员工的基本生活，设置的等级参考岗位等级，最低一级可以参考当地最低工资标准，每级岗位又可以选择多级基本工资，用于基本工资的调整。制定绩效工资时，需要明确考核标准、与业绩挂钩的比例等。

3. 试点并调整实施方案

根据初期设计的方案，在企业内进行试点。试点的目标是保证组合工资制能够真正与业务管理相结合，达到激励员工的目标。同时，在试点中可以摸索工资管理的具体流程、完善细节，保证大范围实施时的成功率。

通过试点，可以进一步对组合工资制的方案进行调整。

4. 实施组合工资制方案

在实施组合工资制方案时，要密切关注企业整体实施组合工资制方案后的人工成本总额情况、实施过程中存在的问题以及实施后的激励效果。可以根据员工的变化情况和各个工资单元的执行情况，对组合工资总额的变化趋势和人员流动情况做出预测。

5. 不断调整与完善组合工资制

执行组合工资制后，要定期根据执行情况，对组合工资制中的工资单元、比例结构、具体金额、执行流程、激励作用等进行监控，根据企业业务管理和发展情况不断做出调整与完善。

小贴士：组合工资制的尴尬

从表面上看，组合工资制应该是几种工资制度中效果最优的一种，它兼顾灵活性与平衡性、保障性与激励性。但是，在现实企业管理中，组合工资往往成为复杂和神秘的代名词。员工入职前，往往难以清楚其工资结构、工资收入等，只关心最终能拿到多少工资，只要企业对此有承诺就可以，不再关心复杂的工资构成和工资计算过程。所以，在很多时候，过于复杂的组合工资制反而不能实现设计的初衷，因此，适度复杂又简单清晰、适用性强、激励性好、易于理解与执行才是组合工资制追求的目标。

13.7 本章小结

本章主要介绍了目前在企业管理实践中常用的五种工资制度，分别是职务/岗位工资制、技能/能力工资制、绩效工资制、市场工资制和组合工资制。首先以表格的形式简要地总结了五种工资制度的决定因素、优点、缺点和适用情况，之后对五种工资制度进行了详细介绍。

职务/岗位工资制以岗位为核心，有利于专业化管理，但容易受到岗位的限制，导致管理的僵化。

技能/能力工资制以技能为核心，因人而异，可以最大限度地开发员工技能，但由于人这种特殊的资源具有很强的复杂性、多样性与变化性，很难保证技能评定的及时与准确。

绩效工资制以绩效为核心，具有很强的激励性，能够促进企业效益增长，但也具有短视性，易导致员工只关注短期绩效，忽视自身和企业的长期发展，不利于新产品、新业务的培育。

市场工资制以市场为核心，能够吸引和保留核心人才，增强竞争力，但也会造成企业内的不均衡和不公平，再加上市场薪酬的变动性和不可预知性，会增加企业管理难度。

组合工资制的核心是整合，吸取各类工资制度的长处，避免其短处，能够达到综合激励的效果，但在设计上、管理上专业性壁垒高。

第14章　掌握不同岗位的工资制度

【本章导读】

- 常见的岗位工资制度有哪些?
- 管理人员的工资制度包括哪些内容?
- 销售人员的工资制度包括哪些内容?
- 技术人员的工资制度包括哪些内容?
- 职能人员的工资制度包括哪些内容?
- 其他岗位的工资制度包括哪些内容?

14.1　常见岗位及工资制度

在前面的章节中，我们系统地介绍了目前通行的主要工资制度。在这一章中，我们将从不同岗位的角度来介绍工资制度。

首先，介绍一下企业中常见的五类岗位，具体见表14-1。

表14-1　企业中常见的五类岗位

岗位类别	定义	实例岗位
管理人员	承担经营管理指标的企业管理人员	总经理、副总经理
销售人员	承担企业产品销售工作的人员	销售代表、销售主管
技术人员	承担企业技术研发、技术实施的人员	研发工程师、项目经理
职能服务人员	承担企业内务管理的人员	财务、人力资源、行政
生产人员	承担企业产品生产的人员	生产工人

针对这五种常见的岗位，企业制定了相应的工资制度，具体见表14-2。

表14-2　各岗位通行的工资制度

岗位类别	主要工资制度	核心要素	主要工资构成
管理人员	年薪制	业绩+管理	基本年薪+效益年薪
销售人员	绩效工资制	业绩	基本工资+业绩工资 (底薪+提成)
技术人员	技能工资制	技能	基本工资+技能工资
职能服务人员	岗位工资制	岗位	基本工资+岗位工资
生产人员	技能工资制	技能	基本工资+技能工资

根据表14-1和表14-2，我们可以简单了解企业典型岗位及通行的工资制度。下面，

我们将结合岗位特点，对每一个岗位的工资制度进行详细分析。

14.2 管理人员的工资制度

14.2.1 年薪制

管理人员一般在企业中主要承担经营和管理的职责，为了对管理人员进行有效的激励和约束，使管理者的所得与责任和贡献相匹配，通常情况下，企业会采用年薪制的工资模式。

年薪制是一种以“年度”为单位，企业根据经营规模、经营业绩、管理水平等确定并支付给管理者的工资制度。

年薪制通常将年薪分为基本年薪和效益年薪两部分，两部分的比例可以根据企业的不同情况而确定，有的注重激励性，基本年薪比例较低，为30%～50%；有的注重稳定性，基本年薪比例为60%～70%。另外，有的企业把股票、期权列入年薪范围，还有的企业把福利列入年薪范围，例如养老金、车补、房补等。总体来看，比较常见的还是由基本年薪和效益年薪两部分组成的年薪制。

年薪制中，较常见的考核指标为企业经营财务指标，如销售收入、净利润、净现金流。有的企业会增加企业股票价值等资本市场的评估指标，还有的企业会增加一些管理指标，如制度建设、流程完善、团队稳定、人才培养等。

关于基本年薪和效益年薪的发放方式，通常情况下，基本年薪的总额平均到每个月固定发放，效益年薪根据考核结果在年末发放。

年薪制相较于其他工资制度，具有激励与约束并重的特点。通过效益年薪，可体现企业对管理人员的激励，要求管理人员必须将企业的效益作为获得个人利益的前提。另外，通过年薪制，可使管理人员具有约束性，使企业的利益与个人的利益紧密联系在一起。

年薪制有比较明显的优点。首先，年薪制可以充分体现管理者的工作特点，管理人员的工作结果就是企业的盈利与发展，年薪制将企业的效益与管理者的个人利益挂钩，它就是基于这样一个现实需求而产生的。其次，年薪制有效地平衡了激励与约束，基本年薪满足了管理者的生活需求，效益年薪强调对管理者的激励，所以年薪制能够在这两种需求中找到平衡。再次，年薪制可以将管理者的收益透明化，充分体现“多劳多得、多效益多得”的特点，将管理者的薪资与企业效益挂钩，体现出公平性、公正性，不论是对企业所有者还是对员工而言，都将管理者置于一个透明、公正的环境中，便于对企业进行管理和实施激励。最后，年薪制从总体来看是一个“收益包”，可以根据不同企业的需要进行调整，以达到激励管理者的效果。虽然年薪制主要包括基本年薪和效益年薪，但企业可以根据自身特点，增加股权、期权、福利等内容，对于基本年薪、效益年薪的比例及年薪的总体额度等还可以进行调整，所以年薪制是一种适应性较强的工资模式。

任何事物都具有两面性，年薪制虽然是现在通行的管理人员工资模式，具有比较明显的优点，但在实践应用中也存在或者会导致一些问题，主要体现为年薪制会导致管理人员的短期行为，由于年薪制是以“年度”为考核单位的，会引导管理者只关注企业当年的效益，而管理者在工作中往往掌握了企业运营的实际权限，这就导致管理者更加关注企业短期效益。有的企业管理者甚至会为了实现短期效益而不顾企业长期发展，还有的管理者会为了短期效益而损害企业长期利益，甚至利用手中的权限造假。

年薪制主要适用于管理人员，尤其适用于背负经营业绩指标的经营管理者，如企业的高级管理人员。随着年薪制的普及，有很多企业扩展了年薪制的适用岗位范围，有一些岗位，如高级研发人员、高级营销人员、项目管理人员等，为了激励他们为企业创造更多的价值，企业也可采用年薪制。

随着年薪制的执行，可根据实际效果逐步对年薪制实施改良。例如，为了规避实施年薪制导致短期利益的行为，将一部分金额推迟发放，或者分几年发放；还有一些企业将股票、期权收益列入年薪中，或者引入长期的退休金计划中，以引导管理人员关注企业长期发展。

年薪制具有明显的优点，机制也较为灵活，但它仍有一些实施的前提条件。其中，一个重要的条件是企业所有权与经营权的分离。原则上，实行年薪制的人员应该是企业的经营者，有独立的经营权限，也有相应的权利监督机制。另一个条件是要有较为完善的企业经营状况记录和核实机制，要以企业的经营结果来考核管理者，那么企业经营结果的客观性和真实性就非常重要。如果企业管理者自行管理、自行记录、自行考核，必然会存在“绝对的权力意味着绝对的腐败”的问题。所以，必须要有第三方机构对企业的经营情况进行监督、核实，并以此为依据来执行考核。

14.2.2　年薪制实例

前面对年薪制做了简要介绍，下面我们来看一下年薪制的应用实例。

1. 关于年薪总额设定的实例——按承担的净利润额核定年薪总额

设定管理人员的年薪总额，是实施年薪制的第一步。一般来说，设定年薪总额有两条思路：一是按照管理职位等级进行设置；二是按照考核目标进行设置。在这里，我们分享一个按照考核目标(年净利润任务额)设定年薪总额的案例(见表14-3)。

表14-3 年薪总额核定

序号	年净利润任务额/万元	年薪所占比例	年薪总额/万元
1	200	15%	30
2	500	15%	75
3	800	14%	112
4	1 000	14%	140
5	1 200	13%	156
6	1 500	13%	195
7	1 800	12%	216
8	2 000	12%	240
9	2 500	11%	275
10	3 000	11%	330
11	4 000	10%	400
12	5 000	9.0%	450
13	6 000	8.0%	480
14	7 000	7.0%	490
15	8 000	6.5%	520
16	9 000	6.0%	540
17	10 000	6.0%	600

2. 关于基本年薪设定的实例——按照管理职位体系设定基本年薪

在设定基本年薪时，可以按照年薪总额的一定比例设定，也可以按照管理职位等级设定。下面，我们分享一个按照管理职位等级设定基本年薪的实例(见表14-4)。

表14-4 基本年薪核定

级别	等别	管理职位	基本年薪额度/万元
高级	1	总裁	50
	2	高级副总裁	30
	3	副总裁	20
中级	4	一级部门经理	15
	5	二级部门经理	10
初级	6	三级部门经理	8
	7	四级部门经理	5

3. 关于年薪结构设计的实例——按照管理职位体系设定年薪结构

年薪主要由基本年薪和效益年薪两部分构成，对于这两部分年薪的比例，需要依据企业的实际情况来确定。在此，我们分享一个以管理职位等级来确定两部分年薪比例的案例(见表14-5)。

表14-5　年薪比例划分

级别	等别	管理职位	基本年薪比例	效益年薪比例
高级	1	总裁	40%	60%
	2	高级副总裁	50%	50%
	3	副总裁	60%	40%
中级	4	一级部门经理	60%	40%
	5	二级部门经理	70%	30%
初级	6	三级部门经理	70%	30%
	7	四级部门经理	80%	20%

14.3　销售人员的工资制度

14.3.1　提成制

销售人员的工资制度一般采用提成制。在具体执行提成制时，可将其分为以下几种不同的类型。

1. 纯提成制

纯提成制是指企业销售人员的工资全部由提成构成，企业不给销售人员发放固定工资。纯提成制具有很强的激励性，对销售人员的考核以单纯的业绩结果为准，按照业绩结果的一定比例给销售人员提成。这种工资模式相对来说结果明确、操作简便，但由于具有明确的结果导向，会导致销售人员只注重业绩结果，甚至不惜以伪造销售额、虚报业绩等方式来获得利益。同时，这种工资模式也会给销售人员带来极大的压力，由于收入不稳定，会导致销售人员产生很强的危机感。另外，由于考核维度单一，提高了销售队伍的淘汰率，会导致销售队伍的不稳定。

2. 底薪+提成制

底薪+提成制是指企业销售人员的工资由基本工资收入和业绩提成两部分构成。一般情况下，底薪仅用来保证销售人员的基本生活需求，额度不会太高；提成是对销售人员的激励。底薪+提成制是销售人员工资模式中应用较为广泛的一种，这种工资模式不仅保证了销售人员的基本生活，使其可以保持一个稳定的心态，同时具有较强的激励性。

在企业管理实践中，底薪可以分为低底薪和高底薪两种。对于业绩周期长、难度大的业务，企业会采用较高的底薪来保证销售人员的工作持续性；而销售周期短、业绩产生快的行业则多采取低底薪，以加强激励性。

3. 底薪+提成+奖金制

底薪+提成+奖金制是指销售人员除了可获得底薪和根据自身业绩计算的提成外，还会获得奖金。奖金的核定标准一般是团队业绩，如部门业绩、企业整体业绩等。考虑到底薪+提成的工资制度会过度引导销售人员关注自身业绩，而忽视团队、企业整体的利益，多数企业加设了奖金。有了奖金的平衡，可使销售人员在关注自身利益最大化的同时，均衡考虑自身业绩发展与团队/企业的整体业绩发展。

在企业管理实践中，应用底薪+提成+奖金的工资模式的最大难题是如何评估销售人员在团队、企业整体业绩中的贡献。不能仅以个人业绩来衡量个人在团队中的贡献值，例如，某个销售人员虽然当期业绩比较差，但他拓展了新的战略性客户，在未来可能会给企业带来更多的收益。

4. 底薪+奖金制

底薪+奖金制是指企业销售人员的工资收入主要以底薪和与团队、企业整体利益挂钩的奖金组成。在这种工资模式下，底薪用来保证销售人员的基本生活，而奖金则用来引导销售人员关注团队、企业整体的利益，只有整体获得了利益，个人才能有收益，从而引导销售人员关注整体利益，克服只关注个人利益的弊端。但是，这种工资模式容易导致“搭便车”的现象，产生“干多干少一样、干好干坏一样”的大锅饭问题。

14.3.2 提成制实例

1. 底薪的确定

确定销售人员底薪时，要结合不同的业务类型和产品类型来考虑。如果采取低底薪，当地最低工资标准可以作为一个参照值；如果采取均衡型底薪，当地社会平均工资可以作为一个参照值；如果采取高底薪，则需要参考行业、企业75分位的薪资数据。下面我们来分享一个底薪核定的实例(见表14-6)，仅供参考。

表14-6　底薪核定

等别	销售职位	底薪低值/元	底薪高值/元
1	高级销售经理	5 000	8 000
2	销售经理	3 500	6 000
3	销售主管	3 000	5 000
4	高级销售代表	2 300	3 000
5	中级销售代表	2 000	2 800
6	初级销售代表	1 800	2 500
7	销售助理	1 500	2 000

2. 底薪与提成的比例

销售人员的底薪可以单独核定，如表14-6所示，按照销售人员不同的职位级别来核定销售底薪，也可将其与销售人员的整体薪资挂钩，按比例核定底薪与提成。下面我们来分享一个将底薪与提成按照比例核定的实例(见表14-7)，仅供参考。

表14-7　底薪提成比例

等别	销售职位	底薪比例	提成比例
1	高级销售经理	30%	70%
2	销售经理	40%	60%
3	销售主管	50%	50%
4	高级销售代表	60%	40%
5	中级销售代表	70%	30%
6	初级销售代表	80%	20%
7	销售助理	80%	20%

3. 确定提成的考核指标

确定销售人员的提成时，可考核以下几个指标。

(1) 销售收入额。销售收入额是指企业按照会计准则在某一考核周期内确定的收入额。行业不同，确认收入的会计准则也不同。

(2) 销售合同额。销售合同额是指销售人员在某一周期内所签订的合同额总数。这个指标一般以签订的法律合同额为准。

(3) 销售毛利额。销售毛利额=销售收入额−分包采购成本−销售费用−税金。不同企业的业务内容及所处行业不同，对销售毛利额的定义也略有不同，如实施成本、资金成本等，可根据企业的不同要求来设定。

(4) 销售净利额。销售净利额=销售收入额−分包采购实施成本−销售费用−销售人员人工成本−销售人员管理成本−税金。销售净利是比销售毛利级别更高的考核指标，是按照每个销售人员为企业创造的实际价值计算的。

(5) 销售市场份额。有些企业按照销售人员的销售量占市场份额的比例来核定销售人员的提成，主要目标是占领更大的市场份额或者取得产品销售先机。

(6) 销售增量。有的企业强调销售增长，所以在考核销售人员时，考核指标以销售增量为准。当然，这种销售增量最终也会以销售收入额、销售合同额、销售毛利额、销售净利额、销售市场份额等数据的增量来体现。

4. 提成的比例

在设定提成的比例时，一般可采用以下几种模式。

(1) 单一提成比例，即设定某一固定的提成比例，如3%、5%等，上不封顶。

(2) 累进提成比例，即提成比例随着数额的增加而增加，如1万元以内计提3%、1万～3万元计提5%、3万元以上计提10%。

(3) 累降提成比例，即提成比例随着数额的增加而减少，如1万元以内计提5%、1万～3万元计提3%、3万元以上计提1%。

14.4　技术人员的工资制度

14.4.1　岗位技能工资制

技术人员的工资制度一般采取岗位技能工资制，既可以将岗位和技能结合在一起计算工资，也可以分别计算。如果分别计算，则技术人员的工资可分为岗位工资和技能工资两种。

岗位工资根据技术人员所从事的职务/岗位而确定。一般来说，企业会通过工作分析、工作评价来评定技术人员所从事的工作的技术要求、责任大小、劳动强度、工作条件、决策范围等因素，并依此形成技术岗位等级。依据技术岗位等级确定的工资是技术人员工资的重要组成部分，它能激励技术人员努力提高自身技能，尽力达到岗位工作要求。

技能工资根据技术人员的技能/能力而确定。一般来说，企业会评定技术人员所具备的技能/能力，并依此对技术人员给付薪资。技能工资鼓励技术人员不断提升个人技能，企业也会投入资金培养、开发技术人员的工作技能。在知识型企业以及以人力资源为核心资源的企业中，技能工资是技术人员工资的重要组成内容。

此外，有的企业将技术人员的岗位工资和技能工资合并为岗位技能工资，即通过上述两方面的综合评定来确定企业技术人员的工资额。虽然评定时需要考虑权重，并且专业性较强，但岗位技能与技术人员个人技能是可以结合考虑的，这样有利于将技术人员所任的岗位和个人实际技能相结合。

14.4.2 技术人员工资制度实例

1. 技术人员岗位技能工资发放比例与考核结构的对应关系

在核定技术人员岗位技能工资时，可以依据考核结果来发放岗位技能工资，具体实例见表14-8。

表14-8 技术人员岗位技能工资发放比例

考核等级	A+	A	B+	B	C	D	E
综合评定	非常杰出——以创造性的方式做出重大贡献或在工作方法方面有极大的推广价值	出色——超越岗位常规要求；完全超过预期地达成了工作目标	良好——完全符合岗位常规要求；全面达成工作目标，并有所超越	合格——符合岗位常规要求；保质、保量、按时地达成工作目标	略有不足——符合岗位常规要求；极小一部分工作目标达成略有欠缺	有所不足——基本符合岗位常规要求，但有所不足；基本达成工作目标，但有所欠缺	难以胜任——不符合岗位要求；无法达成岗位工作目标
岗位技能工资发放比例	125%	120%	110%	100%	90%	80%	70%

2. 技术人员项目奖金实例

技术人员，尤其是以完成项目为主要工作目标的技术人员，除了实行岗位技能工资制度外，还可以将项目奖金作为绩效工资。项目奖金的基本思路是以项目利润的一定比例作为项目组成员的奖励，并由项目经理根据项目组成员的贡献进行分配，技术人员项目考核表如表14-9所示，技术人员项目资金核定表如表14-10所示。项目利润的计算公式为

项目利润 = 合同额−销售成本−外包/外购费用−实施成本−税

表14-9 技术人员项目考核表

项目考核指标	权重	主要内容
项目计划/预算	10	项目计划、预算在规定时间内提交
过程文档质量	10	在完成项目过程中文档制作完整、保存及时
项目进度	30	按照项目计划执行
项目成本	15	按照预算执行项目，未超出预算额度
项目验收	15	按照项目计划及时完成项目交付和验收工作
客户满意度	20	客户对于项目结果评价为满意

表14-10 技术人员项目奖金核定表

等别	项目考核分数	项目奖金占项目利润的比例
1	≥100分	8%
2	≥90分	7%
3	≥80分	6%
4	≥70分	5%
5	≥60分	3%
6	＜60分	0%

14.5 职能人员的工资制度

14.5.1 岗位工资制

职能人员一般采用岗位工资制，即根据职能人员所任职的工作岗位，以及岗位所需的知识、技能、体力、劳动环境等方面的因素来确定职能人员的工资。在这种工资制度下，工资的等级和标准是按照工作岗位确定的，而工作岗位又以工作分析为前提。具体来说，可以从复杂程度、劳动强度、劳动条件、责任大小等方面来做具体规定。原则上，职能人员必须达到岗位要求才能任职于该岗位，只有调整岗位，才能调整工资。

岗位工资制对于岗位的要求是明确的、工作分工是专业的、业绩评估是准确的，但仅以岗位一个维度评估员工的能力和绩效会导致管理僵化，无法适时地体现员工能力的提升与变化，容易造成岗位的固化，不利于人才的内部流动与提升。

岗位工资制一般有“一岗一薪”和“一岗多薪”两种形式。“一岗一薪”是指每一个岗位只有一个固定的工资标准，企业内所有的岗位从高到低形成统一的岗位工资标准体系，不同的岗位，工资标准也不同。“一岗多薪”是指在同一个岗位上设置几个不同的工资标准，或者设置工资的不同比例。这种机制可以显示员工任职岗位的能力、绩效差别，这样，员工可以在某一岗位内不断获得提升，直到达到某一岗位的最高工资标准。另外一种思路是设置某一固定的工资标准，根据员工对工作的熟练程度和绩效水平按比例发放工资。

14.5.2　职能人员工资制度实例

1. 职能人员常见的岗位设置

职能人员常见的岗位设置见表14-11。

表14-11　职能人员常见的岗位设置

序号	任职资格	财务管理	商务管理	人力资源管理	市场管理	行政管理	法务管理
1	15年以上工作经验/12年以上专业经验/本科以上学历	财务总监	商务总监	人力资源总监	市场总监	行政总监	法务总监
2	12年以上工作经验/10年以上专业经验/本科以上学历	财务部经理	商务部经理	人力资源部经理	市场部经理	行政部经理	法务部经理
3	10年以上工作经验/8年以上专业经验/本科以上学历	财务部副经理	商务部副经理	人力资源部副经理	市场部副经理	行政部副经理	法务部副经理
4	8年以上工作经验/5年以上专业经验/本科以上学历	财务经理	商务经理	人力资源经理			
5	5年以上工作经验/3年以上专业经验/本科以上学历	财务主管	商务主管	薪酬绩效主管/招聘主管/培训主管/员工关系主管			法务经理
6	3年以上工作经验/2年以上专业经验/本科以上学历	主管会计	高级商务专员	高级人事专员/高级薪酬绩效专员/高级招聘专员/高级培训专员/高级员工关系专员	市场主管	行政主管/高级秘书	高级法务专员
7	2年以上工作经验/1年以上专业经验/本科以上学历	会计	商务专员	人事专员/薪酬绩效专员/招聘专员/培训专员/员工关系专员	市场专员	行政专员/秘书	法务专员
8	1年以下工作经验/无专业经验/本科以上学历	出纳	商务助理	人事助理/薪酬绩效助理/招聘助理/培训助理	市场助理	行政助理/前台秘书/司机	法务助理

2. 职能人员的考核

职能人员一般都任职于固定岗位，因此，对于职能人员的考核也相对固定，具体实例见表14-12。

表14-12 职能人员考核评估

考核项目		项目类型及分数等级				
		10分	8分	6分	4分	2分
工作业绩	工作完成准确性	完全保持正确及完整，无任何错误发生	主要工作保持正确及完整，偶有小错但及时更正	主要工作大致符合要求，偶有错误，一经主管指正，立即改进	主要工作必须由主管及时支持，勉强达到要求标准	工作经常不完整，虽经主管指正，错误仍一再重复
	工作完成及时性	所有工作皆于指定日期之前主动完成	主要工作皆于指定日期之前主动完成	主要工作经主管催促之后，按期完成	主要工作经主管催促及支持之后勉强完成	主要工作经常延误
	工作绩效改进能力	能够正确无误改进工作，提高绩效	工作绩效改进能力尚可	工作绩效改进能力一般	工作绩效改进能力较差	无工作绩效改进能力
工作态度	责任感	忠诚服务，锐意精进	处事稳健，极少督促	比较负责，但需主管督促	处事较为被动，需主管督促	责任心差，主管经常督促
	团队合作	主动支持组织政策与目标，与主管及同事合作无间	了解个人任务，大致能与他人配合及提供必要协助	经主管提示，能与同事合作	勉强与他人合作，有些摩擦	经常不能合作，无法与人相处
	主动性	非常积极主动，有很好的工作业绩	非常积极主动，有较好的工作业绩	比较积极主动，工作比较认真负责	不太积极主动，有时计较个人得失	消极怠慢，常常计较个人得失
工作能力	问题研判与解决方案	能非常迅速、准确地做出判断并解决问题	能有效掌握相关信息，能正确、有效地做出决定	能分析相关信息，所做的决策一般正确	易未考虑周详即做出判断，做事常不考虑后果	未具备所需的判断与决策能力
	沟通能力	善于沟通，能正确表达见解	能把握沟通重点、要点	沟通能力一般	沟通能力较弱	沟通能力差，无法与他人正常沟通
	执行能力	具备充分的技术能力与经验，完全独立工作，有协助及教育他人的能力	能独立工作，偶尔能协助他人	能独立工作	能独立工作，偶尔接受他人支持	不能独立工作，经常需要支持
	学习吸收反应能力	善于学习且不需要他人协助	学习记忆颇佳，但需少量监督	需督导，但有判断能力	每一点指示均需要督导	学习能力差，记忆力弱

14.6 其他人员的工资制度

限于篇幅，其他岗位人员的工资制度，在这里只作简短介绍。

生产人员的工资制度相对简单一些，主要以计件工资制或计时工资制为主。计件工资制更为常见一些，主要以生产人员的具体生产数量为计算基准；计时工资制则以生产时间的安排为计算基准。

临时人员，如实习生、保洁员、保安员等，可以采取计时工资制，但不得低于当地最低小时工资标准。如果采取外包的方式，则只要与外包公司协商确定应支付的总体人工成本即可。

小贴士：按岗位设计组合工资制

在设计组合工资制时，一个基本思路就是按照不同的职位体系进行设计。不同职位有其特定的工作特点，对企业中的不同职位进行归类，可形成不同的职位系列，在此基础上，再设计不同的工资制，综合形成组合工资制，才是最有效的。

14.7　本章小结

本章主要介绍了企业常见岗位的工资制度。在企业中，比较常见的岗位有管理岗位、销售岗位、技术岗位、职能服务岗位和生产岗位。

管理岗位通行的工资制度是年薪制，本章对年薪制的定义、内容、构成、优缺点等进行了详细介绍。之后，本节在实例中列举了年薪总额核定、基本年薪核定、年薪比例划分等内容。

销售岗位通行的工资制度是提成制，本章对销售提成制进行了详细介绍，并列举了提成制的不同模式。之后，本节在实例中列举了提成制的底薪核定、底薪与提成的比例关系、考核标准以及提成的设定模式等内容。

技术岗位通行的工资制度是岗位技能工资制，本章主要介绍了技术人员考核与岗位技能工资制的挂钩关系，还介绍了项目奖金的设置办法。

职能服务岗位通行的工资制度是岗位工资制，本章主要介绍了职能服务人员的岗位设置、职能服务人员的岗位考核。

除上述岗位外，其他岗位在企业中所占的比重一般比较低，由于章节篇幅有限，仅以简短的叙述一带而过。

第15章　掌握通行的薪酬结构

【本章导读】

- 如何理解薪酬结构的概念?
- 如何从不同角度理解薪酬结构?
- 如何制定薪酬结构总体策略?
- 如何设计科学合理的薪酬结构?
- 如何科学有效地调整薪酬结构?

15.1　简要地理解薪酬结构

薪酬结构是指企业各职位的各类薪酬构成，这种结构的差别不仅仅表现为相同职位的薪酬数额差别，还表现为不同层次职位的薪酬构成差别。薪酬结构反映了企业不同职位、不同技能、不同业绩的重要性差别及价值差别。

薪酬结构是综合考虑企业经营战略、人力资源管理战略、企业实际支付水平、市场薪酬水平及员工的业绩贡献等因素后确定的。薪酬结构在薪酬体系设计中占有重要的地位，它不仅决定了薪酬数额的大小，还直接反映了企业的薪酬策略及薪酬的倾向性。

薪酬结构的设计一定要注重科学性和合理性，使其能在企业的实际运行中满足员工发展、岗位调整、晋升等对薪酬的需求。在设计薪酬结构时，要遵循对外公平、对内公平、个人公平的三公平原则。

15.2　薪酬结构的主要内容

对于薪酬结构，可以从薪酬决定因素、薪酬内涵、薪酬变动性等不同角度进行分类。

1. 薪酬决定因素

从薪酬决定因素的角度看，薪酬结构主要可以划分为职务/岗位工资、技能/能力工资、绩效工资、市场工资等。对于相关内容，我们已经在本书第13章做了详细介绍，在这里只简短地总结一下相关内容。

职务/岗位工资是根据工作职务或岗位对知识、技能、体力、劳动环境等方面的要求确定的员工工作报酬。在这种工资制度下，工资的等级和标准是按照工作岗位确定的，而工作岗位又以工作分析为前提。具体来说，可以从岗位复杂程度、劳动强度、劳动条件、责任大小等方面来做具体规定。原则上，员工必须达到岗位的要求才能任职于该岗位，员工只有调整岗位，才能调整工资。

技能/能力工资是根据员工的实际技能和能力确定的员工工资额度。与职务/岗位工资制不同，技能/能力工资制确定工资的核心不是岗位要求，而是员工实际的技能。不论员工任职相同的岗位还是不同的岗位，工资都有可能不同。

绩效工资是根据员工业绩确定的员工工作报酬。在这种工资制度下，业绩是确定员工工资的核心因素。当然，员工的业绩是一个综合的概念，不仅包括产品的数量和质量，还包括其他贡献。原则上，只有员工取得业绩才能获得工资，否则，就无法获得工资收入。

市场工资是根据市场价格确定的员工工作报酬。企业根据所处的行业劳动力市场水平、薪酬水平，来确定本企业岗位的薪酬水平，再根据企业的薪酬策略，综合考虑企业的发展阶段、支付能力等，采取高于、等于或低于市场薪酬水平的企业薪酬政策。市场工资不同于职务/岗位工资、技能/能力工资和绩效工资，它的关注点在于人才市场，注重市场工资水平对人才的吸引力与对企业的竞争力，强调人力资源是按照市场价格来调整其在企业内的相对价值。从现实的角度看，员工工资的确是劳动力价格，也存在市场供求关系，以市场供求关系决定其市场价格也是符合基本规律的。

2. 薪酬内涵

从薪酬内涵的角度看，薪酬结构可以划分为经济性薪酬和非经济性薪酬，而经济性薪酬又可以分为直接经济性薪酬和间接经济性薪酬。

直接经济性薪酬包括工资(又可以分为职务/岗位工资、技能/能力工资、绩效工资、市场工资等)、奖金(超额完成业绩的奖励)、补贴、津贴等；间接经济性薪酬包括社会保险、住房公积金、其他福利等。

非经济性薪酬是指不以货币或经济形式给予员工的报酬，更多地体现为员工对工作本身或在心理或物质环境方面产生的满足感。这种满足感被员工认为是有价值的，能够给予员工以激励，使他们更积极地投入工作中。非经济性薪酬可以分为个人感受型的非经济性薪酬和外部环境型的非经济性薪酬。个人感受型的非经济性薪酬是指企业工作本身具有的价值而使员工获得的认可，典型的个人感受型非经济性薪酬有成就感、个人发展机会、褒奖机会、晋升机会、自主性、挑战性、责任感、技能多样性、工作反馈等。外部环境型非经济性薪酬是指企业提供的工作相关软硬件环境或条件的优劣，典型的外部环境型非经济性薪酬有企业文化、企业内人际关系、工作场所、工作方式、企业政策、制度透明等因素。关于非经济性薪酬的其他内容我们将在22章详细介绍。

3. 薪酬变动性

从薪酬变动性的角度来看，薪酬结构可以分为固定薪酬和变动薪酬，或者称为保障性薪酬和激励性薪酬。

固定薪酬(或称保障性薪酬)是指数额相对固定且定期发放的薪酬。这部分薪酬能给员工固定的保障，使员工对稳定的收入有明确的预期，有利于保持员工的稳定性。一般来说，固定薪酬包括基本工资、岗位工资、技能工资，也包括保障性的福利，如社会保险、住房公积金、饭补、车补、商业保险等。

变动薪酬(或称激励性薪酬)是指数额是变动的，需要依据对员工的考核、不同层面的业绩或市场的其他指标来确定的薪酬。这部分薪酬是不固定的，随着情况的变化而变化，也无法给予员工固定的预期，但可以有效地激励员工通过更高的绩效或更多的努力来取得更高的收益。变动薪酬一般包括绩效工资、奖金等。

综合起来看，薪酬结构具有丰富的内容，可以从不同角度进行划分，这也恰恰体现出薪酬结构设计的重要性。

15.3 薪酬结构的制定策略

在确定薪酬结构时，需要先确定薪酬战略。关于薪酬战略的具体内容，我们将在第20章详细阐述，在这里先介绍与薪酬结构策略相关的内容。

薪酬结构策略是指合理地调整薪酬的各个构成部分及其比重，使之能够实现企业整体的薪酬战略。薪酬结构策略源于企业的薪酬战略，应随着企业发展阶段及企业经营战略的变化而不断调整。制定企业薪酬策略时，需要选择与薪酬战略相匹配的模式。常见的薪酬策略有薪酬水平策略、薪酬决定标准策略、薪酬制度策略、固定/变动薪酬结构策略、短期/长期薪酬结构策略、非经济/经济薪酬结构策略等。

1. 薪酬水平策略

薪酬水平策略是薪酬策略中的重要一项，它是指相较于外部薪酬水平所采取的薪酬水平定位，即企业薪酬水平与同行业或相近行业市场水平的比较结果。一般来说，企业会采取三种薪酬水平策略，即领先型、居中型和跟随型。

领先型，即企业的薪酬水平在同类市场中居于领先地位，一般会高于市场平均水平。居中型，即企业的薪酬水平在同类市场中居于中等水平，或者与同类市场平均水平持平。跟随型，即企业的薪酬水平在同类市场中居于比较低的水平，或者勉强跟随同类市场的平均水平。

在企业实际管理中，企业一般会采取混合型薪酬策略，即采取多种薪酬策略相结合的模式。一种思路是根据企业不同的职位属性制定不同的薪酬策略。例如，对企业核心岗位采用市场领先型薪酬策略，对企业非核心岗位采用居中型薪酬策略，对企业边缘型岗位采取跟随型薪酬策略。另外一种思路是根据不同的岗位级别采取不同的薪酬策略。例如，对高层管理岗位采取领先型薪酬策略，对普通基层岗位采取居中型薪酬策略。

另外，也可根据企业所处的不同阶段采取不同的薪酬策略。例如，在企业的发展阶段，为了最大限度地吸引人才，企业会采取领先型薪酬策略；在企业的衰退阶段，为了尽可能控制成本，企业不得不采取跟随型薪酬策略。

2. 薪酬决定标准策略

薪酬决定标准是企业决定薪酬高低的具体依据，可分为职位技能型、个人绩效型、团队绩效型、综合型等。

(1) 职位技能型薪酬决定策略。这种薪酬决定策略的核心是职位技能及职位级别。企业通过工作分析、工作评价对所有职位进行分级、分类，明确每个职位所需要的技能，在决定薪酬时，主要依据员工所任职位及技能要求进行评价。职位技能型薪酬决定策略有利于区分职位的等级高低以及员工职位技能的高低，但也存在一个问题，即员工职位、技能的高低与绩效并不一定完全匹配，而且，即便是任职于同一岗位、技能相同的员工，其产生的绩效也会不同。

(2) 个人绩效型薪酬决定策略。由于职位技能型薪酬决定策略存在很多弊端，有些企业便依据员工的实际绩效来决定薪酬。个人绩效型薪酬决定策略的基本思路就是打破固定的职位等级和技能要求，一切以实际业绩为导向，或者说以工作结果为导向，按照实际工作业绩确定薪酬。但是，这种个人绩效型薪酬决定策略也存在一定的问题，企业中总有一些职位无法量化为个人绩效标准，或者说这种个人绩效标准无法直接以经济数据来衡量，那么对于这些职位，这种个人绩效型薪酬决定策略就是失效的。还存在个人与团队的关系问题，对于企业中的部分职位来说，个人绩效的取得必须依靠整个团队，仅仅强调个人绩效反而会对企业整体产生负面影响。

(3) 团队绩效型薪酬决定策略。这里的团队绩效包括项目型团队绩效、部门型团队绩效、企业型团队绩效三个层面。在现代企业管理实践中，团队的力量或绩效直接影响每个成员的个人绩效，因此将这个问题提到战略层面来考虑。对于一些企业而言，如果以业务流程来划分部门，只有部门间的协调合作才能促进企业整体绩效的产生，如果仅强调职位技能或个人绩效，会对企业整体产生巨大的伤害。当然，实施团队绩效型薪酬决定策略也会面临一些难题，那就是会产生搭便车或滥竽充数的现象，所以在采用团队绩效薪酬决定策略前，必须将团队的目标与员工的目标有机结合起来，同时确保团队中的每一个员工的贡献度都能明确衡量。

(4) 综合型薪酬决定策略。职位技能型、个人绩效型、团队绩效型薪酬决定策略都有各自的优势，也有不可规避的缺陷。所以，在企业的实际管理中，一般会采用综合型的薪酬决定策略，以充分利用每一类薪酬决定策略的优势，针对不同职位、不同部门、不同业务类型、不同时期采取不同的薪酬决定策略，或者针对同一员工采取多种薪酬决定策略。

3. 薪酬制度策略

薪酬制度策略是企业在制定薪酬制度时所采用的策略，通常包括薪酬制定过程、薪酬调整机制、薪酬幅度、薪酬保密等方面。

对于薪酬制定过程和调整机制，有的企业注重内部公平，有的企业注重外部公平。注重内部公平的企业在薪酬制定和调整过程中，民主化程度、透明度相对更高一些。注重外部公平的企业则倾向于自治，内部薪酬制度的可比性较低，以外部公平为主。

薪酬一般分为窄带薪酬和宽带薪酬。窄与宽是相对于员工薪酬提升的方式与通道而言的，如果员工可以通过多种渠道获得薪酬的提升，而不仅限于管理岗位晋升，则可以称为宽带薪酬。宽带薪酬可使不同类型的员工都有快速提升的机会，有助于提高员工满意度，从而提高各类员工的积极性，促进企业的发展。

薪酬的保密性问题在现实企业管理中具有较高的争议性。很多企业都制定了严格的薪酬保密制度，但是在实际操作中无法真正做到薪酬保密，只能在薪酬等级设定、支付手段、员工纪律等管理层面采取保密的方式。薪酬保密就是要避免员工互相攀比等内部斗争的产生，但即使实施薪酬保密制度，如果无法保证薪酬的内部、外部公平性，薪酬还是会逐步泄密，从而导致员工的不满。

4. 固定/变动薪酬结构策略

固定/变动薪酬结构策略是指企业支付给员工的薪酬中固定薪酬与变动薪酬的比例，它体现了企业薪酬对员工激励性与稳定性的选择策略。一般来说，可以分为高激励性薪酬结构策略、高稳定性薪酬结构策略和平衡性薪酬结构策略。

(1) 高激励性薪酬结构策略。这种薪酬结构策略强调激励性，因此，变动薪酬或称激励性薪酬在薪酬结构中所占的比重较大，而固定薪酬或保障性薪酬在薪酬结构中所占的比重较小。在实践中，也可以说员工薪酬中固定部分比例较低，浮动部分比例较高。在这种薪酬结构策略下，员工能获得多少薪酬完全依赖于个人业绩或团队业绩的好坏。当员工个人业绩或团队业绩良好时，员工的薪酬就比较高；而当个人业绩或团队业绩差时，员工的薪酬就比较低。

(2) 高稳定性薪酬结构策略。不同于高激励性薪酬结构策略，高稳定性薪酬结构策略强调的是员工的稳定性与保障性，因此，员工薪酬的主要构成部分是固定薪酬或称保障性薪酬，变动薪酬所占比例较低。在实践中，也可以说员工薪酬中固定部分比例较高，而浮动部分比例较低。在这种薪酬结构策略下，员工的薪酬比较稳定，可以有明确的预期并获得稳定的收入，只要能够完成基本工作，不论业绩好坏，基本都能获得固定工资。

(3) 平衡性薪酬结构策略。平衡性薪酬结构策略是高激励性薪酬结构策略和高稳定性薪酬结构策略的结合物。它既关注薪酬的激励性，又关注薪酬的稳定性；既想让薪酬能够激励员工努力工作，取得更好的业绩，又希望薪酬能够保持员工的稳定。因此，平衡性薪酬结构策略是一种既具有激励性又具有稳定性的薪酬结构策略，其中固定薪酬和变动薪酬的比例较为均衡。从员工的角度讲，在这种薪酬结构策略下，员工的薪酬有一部分是稳定的收入，可以保障稳定的生活，但有一部分需要与业绩挂钩。

综合起来，三种薪酬结构策略的对比如表15-1所示。

表15-1　薪酬结构策略比较

薪酬结构策略	特点	优点	缺点
高激励性薪酬结构策略	以变动薪酬为主	激励性强	稳定性差
高稳定性薪酬结构策略	以固定薪酬为主	稳定性强	激励性差
平衡性薪酬结构策略	变动薪酬与固定薪酬平衡	平衡激励与稳定	专业性强

对于薪酬结构策略，需要根据不同职位类型及企业发展的不同阶段做出选择。一般来说，工作内容稳定、量化指标少的职位适宜采取高稳定性薪酬结构；工作内容需要竞取并且指标明确的，则更适宜采用高激励性薪酬结构。此外，还要考虑企业所处的发展阶段、外部竞争环境等因素。当企业处于快速发展阶段，需要快速提升业绩时，可以对部分销售岗位采取高激励性薪酬结构，以加强激励性。

5. 短期/长期薪酬结构策略

随着经济的发展和企业管理水平的提高，越来越多的企业采用长期激励措施。传统的工资、绩效、奖金、福利等更注重短期激励，而期权、股权、业绩共享计划、内部创业等更关注长期激励。短期激励的优势是有目共睹的，它能够充分发挥激励作用，但也会导致员工及整个企业的短视行为，甚至可能损害企业的长期利益。长期激励可以引导员工关注企业的长期利益，但也存在长期目标无法衡量或者风险过大等弊端，导致长期激励对员工的失效。所以，短期、长期薪酬结构的比例要依据不同的职位和企业所处的阶段有针对性地设置。一般来说，长期激励对于高层职位的人员更有激励性。如果企业处于快速发展的行业或快速发展的阶段，长期激励可能会为大多数员工所接受，这使得员工和企业成为命运共同体，可促进员工和企业共同发展、获得双赢。

6. 非经济/经济薪酬结构策略

在制定薪酬结构策略时，还要注意非经济性薪酬和经济性薪酬的比例。目前，大多数企业会把关注点放在经济性薪酬上，不论是固定还是变动、短期还是长期，多是可以由确切的经济数额来衡量的薪酬。对于成就感、授权、培训机会、发展前景、工作环境等非经济性薪酬，多数企业还不是很重视，或者说，很多企业也会设置一部分非经济性薪酬，但并没有把它归入薪酬范围内，而是将其归类为管理手段或者企业文化。

15.4 薪酬结构设计和调整

15.4.1 薪酬结构设计

1. 薪酬结构设计的目的

薪酬结构设计是薪酬管理中的一个关键环节，科学、合理地对薪酬结构进行设计，主要目标有两个：一是有效地激励员工，使员工能够有动力努力完成工作，取得良好的业绩；二是使企业的人工成本支出更加合理、更具效力，实现收益最大化。

2. 薪酬结构设计的准备工作

在薪酬结构设计之前，需要做好一些准备工作，具体包括以下几方面。

(1) 明确人力资源管理战略和薪酬策略。只有明确人力资源管理战略，才能制定出适合企业的薪酬策略，在薪酬策略的指导下，才能明确薪酬结构。如果缺失了人力资源战略和薪酬策略，薪酬结构设计必然会失去方向，盲目地设计薪酬结构不仅会增加企业成本，而且会导致人力资源队伍的不稳定，最终影响企业的成长与发展。

(2) 薪酬结构设计需要以一些基础的人力资源管理工作为前提，较为重要的是人力资源规划、工作分析、工作评价。在薪酬结构设计前，需要根据企业经营战略和实际经营目标制定人力资源规划，对人力资源成本总额、人员数量总额等要有一个整体的规划。有了这些数据，才能依此设计薪酬结构。另外，工作分析和工作评价也是薪酬结构设计的重要前提，通过工作分析和工作评价，可以明确企业的岗位设置和岗位级别，这样才能根据岗位去做相应的薪酬结构设计。

(3) 薪酬结构设计要有市场薪酬调查数据作为支撑。薪酬结构设计不是盲目的，必须以企业所在市场的实际人才供给情况和市场薪酬情况作为前提，同行业通行的薪酬结构也是一个重要的参照值。如果与市场脱节，必然导致企业无法与市场同类企业进行人才竞争与人才交流。

3. 薪酬结构设计的主要内容

薪酬结构设计的主要内容包括薪酬类型设计、薪酬比例设计等。在进行设计前，需要对职位序列进行科学的划分，根据不同的职位序列设计相应的薪酬结构。可以说，职位序列是薪酬设计的前提之一。

➢ 职位序列

我们以企业通常采用的5类职位序列为例，来说明企业的职位序列设置。

(1) 管理职位序列。它是指企业中从事管理工作的职位。一般来说，管理职位以计划、组织、领导、控制为主要职责，分为基层、中层和高层三层职位级别。

(2) 销售职位序列。它是指企业中从事市场销售工作的职位。一般来说，销售职位需要承担相应的销售任务，并以是否完成销售任务作为主要考核指标。

(3) 技术职位序列。它是指企业中从事技术研发、开发、实施及提供售后服务等工作的职位。一般来说，技术职位需要有一定的技术技能才能承担，企业依据技术职位所需技能而确定薪酬，也有一部分与部门或企业的效益挂钩。

(4) 职能服务职位序列。它是指企业中从事职能服务与管理的职位。一般来说，职能服务职位包括财务管理、人力资源管理、行政管理、后勤管理等。企业依据职能服务的内容和岗位要求支付薪酬，也有一部分与部门或企业的效益挂钩。

(5) 生产职位序列。它是指在企业中从事生产作业的职位。一般来说，生产职位以生产或现场操作性工作为主，企业依据产量以计件或计量的方式支付薪酬。

为了对以上5种职位序列有更为清晰的认识，特将其以表格的形式罗列，具体参照表15-2。

表15-2　企业中常见的五种职位序列

职位序列	定义	实例职位
管理职位序列	承担经营管理指标的企业管理职位	总经理、副总经理
销售职位序列	承担企业产品销售工作的职位	销售代表、销售主管
技术职位序列	承担企业技术研发、技术实施的职位	研发工程师、项目经理
职能服务职位序列	承担企业内务管理的职位	财务、人力资源、行政
生产职位序列	承担企业产品生产的职位	生产工人

➢ 薪酬类型设计

(1) 基本工资。基本工资的设定一般是为了保障员工的基本生活需要，即保证员工作为社会人的基本生活需要。基本工资的金额一般不会太高，在工资中的绝对比例也不会太大。基本工资的确定可以根据岗位等级确定，也可以根据工资总额的某一比例确定。根据岗位等级确定时，主要考虑不同等级员工的基本生活需求，最低额度可以参考当地最低工资标准。根据工资总额的某一比例确定时，可以参考激励的需要程度，比例越大，稳定性越好，激励性越差。

(2) 岗位工资。岗位工资是根据企业的职务/岗位而确定的工资。一般来说，企业会通过工作分析、工作评价将企业所有的工作根据技术要求、责任大小、劳动强度、工作条件、决策范围等因素进行评定，依此形成企业的岗位等级。依据岗位及等级确定的工资即可以构成组合工资制的内容，它能激励员工努力提高自身技能、尽力完成岗位工作要求。岗位工资可以分为“一岗一薪制”和“一岗多薪制”两种，即每一个岗位有一个固定的工资标准，或者每一个岗位有多个工资级别。

(3) 技能工资。技能工资是根据员工的技能/能力而确定的工资。一般来说，企业先评定员工自身所具备的技能/能力，依此对员工给付薪资。技能工资鼓励员工不断提升个人技能，同时企业也会投入资金培养、开发员工的工作技能。在知识型企业或者是以人力资源为核心资源的企业中，技能工资往往成为工资制中的重点组成内容。

(4) 绩效工资。绩效工资是企业根据员工的实际工作结果及给企业创造的经济效益而支付给员工的工资。绩效工资的作用在于激励员工努力提升业绩、为企业多作贡献，进而获得更多的收益。绩效工资又分为个人绩效工资、团队绩效工资，通常以提成、奖金、浮动工资等形式发放。绩效工资一般没有固定的标准，通常按业绩的某一比例或以计件工资的方式核算。绩效工资一般上不封顶、下不保底。

(5) 年资工资。年资工资是根据员工在企业的工作年限而确定的一种工资形式，它主要用来鼓励员工长期为企业服务，也可以作为补偿老员工工资差额的一种方法。年资工资有的按照固定金额发放，有的按照工资的一定比例发放。按照固定金额发放的，可以随着年数的增加固定或者增加；按照工资一定比例发放的，也可以按照固定比例或者按照年数调整。

(6) 补贴补助。补贴补助是为保障员工生活的某一或某几个方面而以固定金额作为补贴补助的一种工资形式，如餐费补贴、车费补贴、学费补贴、驻外补贴、房费补贴、旅游补贴等。补贴补助一般按照固定的金额发放。只要员工满足某些条件，均可以享受，也可以归入福利项内。

(7) 法定福利。法定福利主要是指法律规定的企业必须为员工缴纳的一些福利项目，如社会保险、住房公积金、补充医疗保险等。这些法定福利有明确的享受条件、缴纳基数、缴纳比例等。

(8) 股权期权。为了激励员工关注企业的长期发展，股权期权越来越多地成为企业对员工实施长期激励的手段之一，或者说，股权期权也成为员工薪酬的一部分。

(9) 非经济性薪酬。除了上述经济性薪酬外，非经济性薪酬(如成就感、授权、培训机会、发展前景、工作环境等)也被列为薪酬结构中的一部分。

小贴士：薪酬结构与全面薪酬

我们在第1章就引入了全面薪酬的概念，介绍了全面薪酬的内容。在这里，我们可从薪酬结构设计的角度再次理解全面薪酬的理念。在选择薪酬结构时，必然会涉及薪酬的方方面面。经济性薪酬是必然要选择的，也是大多数企业通行的。但在现代社会中，非经济性薪酬也逐步为越来越多的企业所采用。从企业管理实践中可以看到，非经济性薪酬的激励效果不一定比经济性薪酬差。

➤ 薪酬比例设计

关于薪酬比例设计，我们在前文中已多次提及，包括固定、变动薪酬的比例，短期、长期薪酬的比例及经济、非经济薪酬的比例，在这里就不再赘述。

15.4.2 薪酬结构调整

薪酬结构确定后，会受到外部人力资源市场、竞争对手、行业发展，以及企业自身产品/业务调整、经营策略调整、经营目标调整等多种因素的影响，而且，在现实企业管理中，人力资源的不断流动也是不争的事实。这些因素都会对企业薪酬结构产生冲击，使得原有的薪酬结构在某一方面失去合理性，不仅起不到激励作用，还会对企业管理产生一定的阻碍，所以，薪酬结构必须定期进行更新与调整。

薪酬结构调整需要遵循与薪酬结构设计一样的原则，要保证薪酬结构的合理性、科学性，还要能够达到激励员工和合理支出企业成本的双重目标。

一般情况下，企业薪酬结构调整涉及薪酬类型的调整和薪酬比例的调整两方面。

15.5 本章小结

本章主要介绍了薪酬结构的定义、依据、主要内容，以及薪酬结构策略、薪酬结构设计与调整。

在薪酬结构的内容方面，从薪酬决定因素、薪酬内涵和薪酬变动性三个角度对薪酬的具体构成进行了详细分析，这也是对薪酬构成要素的又一次全面回顾，可以获得对薪酬的全面理解。

另外，本章以比较大的篇幅阐述了薪酬结构策略，因为这是薪酬结构设计的前提与出发点。文中先介绍了薪酬水平策略、薪酬决定标准策略和薪酬制度策略，又分析了薪酬结构中固定/变动薪酬结构策略、短期/长期薪酬结构策略及经济/非经济薪酬结构策略。

最后，本章阐述薪酬结构设计时，又对薪酬的主要构成要求进行了详细整理，对现在通行的薪酬构成种类进行了全面展示。实际上，这也与第1章中的全面薪酬理念做了结合，通过展示不同种类的薪酬结构，读者可以加深对全面薪酬的理解。

薪酬结构调整是一项重要工作，其工作量可能与薪酬结构设计不相上下。现代企业面临的内部、外部变化太多，任何体系都处在不断调整中，所以薪酬结构的及时调整也是必然。

第16章　知己知彼——外部薪酬调查

【本章导读】

- 如何理解外部薪酬调查的含义?
- 如何明确外部薪酬调查的目标?
- 如何明确外部薪酬调查的范围?
- 如何明确外部薪酬调查的内容?
- 如何选择外部薪酬调查的方法?
- 如何理解第三方外部薪酬调查?
- 如何解决外部薪酬调查的难点?

16.1　外部薪酬调查简介

1. 外部薪酬调查定义

外部薪酬调查，是指通过各种方法，对市场薪酬进行分类、汇总和统计分析，通过与市场薪酬进行对比，了解企业薪酬水平与市场薪酬水平的差异，为企业薪酬决策提供依据及参考。

2. 外部薪酬调查目标

(1) 了解市场薪酬水平、结构及趋势。外部薪酬调查是一种方法，可通过公开的渠道、企业自身或者委托第三方对市场薪酬的水平、结构、趋势等进行调查。从实践来看，第三方调查更加具有专业性和权威性。

(2) 确定企业薪酬在市场薪酬中的位置。通过了解市场薪酬情况，企业可以明确了解自身薪酬在市场薪酬中的位置，这也是企业做外部薪酬调查的主要目的之一。

(3) 明确企业薪酬调整的方向。在了解了市场薪酬情况和企业薪酬定位后，企业才能制定出相应的薪酬战略和策略。同时，外部薪酬调查也可为企业薪酬制度建设、薪酬水平确定、薪酬结构调整等重要的薪酬决策提供参考依据。

3. 外部薪酬调查的范围

外部薪酬调查的范围一般为企业所处地区、行业，因为这更具有针对性，企业的目标人才一般会在这个范围内流动。

如果是大型企业，人员分布地域较广，还有可能为集团化产业，涉及多行业、多领域。对于这类企业，原则上要分地域、分行业进行外部薪酬调查，全国性的调查或者综合调查，一般难以对企业有实质帮助，仅能作为一个参考。

4. 外部薪酬调查的主要内容

(1) 本地区薪酬平均水平。

(2) 同行业关键职位的薪酬水平，一般包括最低值、中位值和最高值。

(3) 同行业通行的薪酬结构。

(4) 薪酬动态与趋势。

16.2 外部薪酬调查方法

1. 委托专业的第三方进行薪酬调查

在人力资源管理领域中，有一些提供薪酬调查服务的专业机构。通过这些专业机构的调查可以获得较为可信的数据，但要支付一定的费用。

2. 主动分析部分权威部门发布的薪酬数据

国家相关管理部门会定期发布地区性的最低工资数据和平均工资数据，企业主动分析这些数据，并与自身的薪酬水平相对比，可以获得一定的决策依据。

3. 公开的薪酬调查

部分专业机构或者非营利性机构会组织公开的薪酬调查，大多由个人自愿填写数据上传，最终汇总出一个结果。此外，还有一些个人或组织会将薪酬调查结果公开分享。

4. 企业联合同行开展薪酬调查

通常情况下，各企业会对内部薪酬进行保密，但会以联合的方式将薪酬数据进行共享，所有参与联合薪酬调查的企业都会获得调查结果。

5. 企业以其他方式就某一职位或特定领域进行薪酬调查

例如，企业可以通过与大量的应聘人员进行沟通来了解某一岗位的市场薪酬水平。

16.3　第三方外部薪酬调查

企业委托第三方实施外部薪酬调查的流程如图16-1所示。

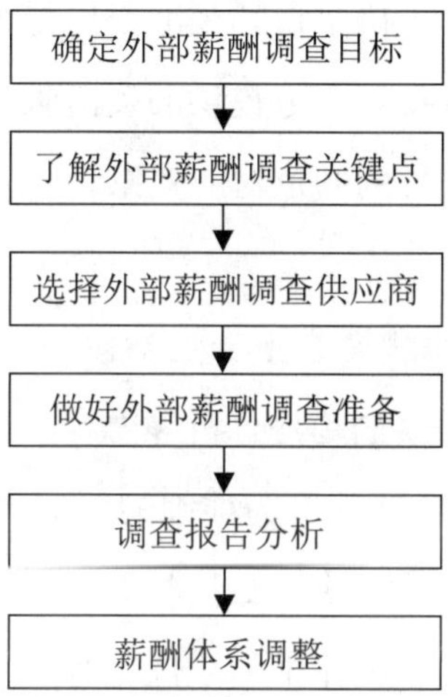

图16-1　外部薪酬调查流程

第一步，确定外部薪酬调查目标。

在实施外部薪酬调查前，应先确定外部薪酬调查的工作目标，主要有以下几方面。

(1) 了解市场薪酬水平、结构及最新趋势。

(2) 明确企业在市场薪酬水平中的位置及薪酬体系欠缺点。

(3) 明确企业薪酬体系调整的关键需求点。

第二步，了解外部薪酬调查关键点。

典型的第三方薪酬调查报告包括调查对象/范围分析、行业关键岗位薪酬水平分析、行业薪酬结构分析、最新薪酬管理趋势分析等内容。如委托第三方实施调查，需要明确这些调查关键点，也可以根据企业的实际情况提出更具体的需求。

第三步，选择外部薪酬调查供应商。

外部薪酬调查供应商一般分为专业的薪酬服务供应商、人力资源管理相关机构和其他管理相关机构三类。专业的薪酬服务供应商专注于提供与薪酬相关的服务，专注度高、专业性强。人力资源管理相关机构包括招聘机构、培训机构、人力资源咨询机构等，薪酬调查只是其业务中的一项，有一定的专业性。其他管理相关机构从事的业务可能更加宽泛，如管理咨询、培训服务等，人力资源管理只是其中的一项。

第四步，做好外部薪酬调查准备。

在委托第三方进行外部薪酬调查之前，企业需要自主收集一些与自身相关的信息，如企业所处行业/地区、企业内典型岗位薪酬的高/中/低位值、企业薪酬结构、企业各岗位的人员数量、企业人员的在司年限、企业福利、企业薪酬总额等。

除了以上基本信息外，企业在使用第三方实施薪酬调查前，还需做好一项重要的工作，就是在第三方供应商的协助下确定市场基准岗位与企业内部岗位的对应关系。这些准备工作中，最复杂的一项是获得第三方提供的关键职位信息，并将职位内容与企业岗位工作内容进行比对，以明确双方的职位对应关系。

第五步，调查报告分析。

第三方供应商提供的外部薪酬调查报告包括被调查对象的情况分析、典型职位的薪酬数据、行业薪酬结构分析及薪酬趋势分析等内容，一些外部薪酬调查报告中还包括薪酬总额分析、结合学历/经验数据的更为详细的薪酬水平分析等。收集到这些数据之后，另一项重要的工作就是将企业的实际数据与第三方提供的薪酬调查数据进行比对，提高比对科学性的前提是做好准备工作中的职位比对。

进行详细比对后，企业就可以明确企业薪酬在市场薪酬水平中的位置。一般来说，外部薪酬调查用10分位、25分位、50分位、75分位、90分位等从低到高划分企业薪酬在市场薪酬水平中的位置，这些分位也代表了企业薪酬水平在市场上所具有的竞争力情况。

此外，企业会将自身的薪酬结构、薪酬增幅等与市场水平作比较，通过比较，企业会很容易地发现企业自身薪酬水平、薪酬结构甚至薪酬体系与市场水平的差异，进而总结出需要改进和提高的方面。

第六步，薪酬体系调整。

企业明确薪酬体系调整的方向和重点后，就要结合实际情况对薪酬体系进行调整。这种调整需要依据企业的战略和企业的实际情况进行，企业应从有利于吸引、保留和激励人才的角度出发，综合考虑薪酬战略和薪酬总额控制等，对企业自身的薪酬水平、薪酬结构进行调整。

16.4 外部薪酬调查报告

1. 区域薪酬调查报告样本(摘要)(见表16-1)

表16-1　区域薪酬调查报告样本(摘要)　单位：月度/元

城市	月薪水平	城市	月薪水平
北京	8 392	苏州	7 486
上海	8 300	宁波	7 309
深圳	8 157	无锡	7 184
广州	8 014	厦门	6 991
杭州	7 863	青岛	6 646
南京	7 276	大连	6 487
天津	7 091	烟台	6 328
福州	6 932	佛山	6 277
成都	6 772	三亚	6 168
重庆	6 563	温州	6 118
济南	6 403	东莞	6 051
武汉	6 017	常州	5 715
沈阳	5 900	石家庄	5 153
合肥	5 799	呼和浩特	4 976
乌鲁木齐	5 749	太原	4 691
西安	5 690	哈尔滨	4 607
拉萨	5 556	南昌	4 548
长春	5 497	兰州	4 465
长沙	5 438	贵阳	4 062
海口	5 379	吉林	4 037
郑州	5 253	银川	3 760

2. 行业薪酬调查报告样本(摘要)(见表16-2)

表16-2　行业薪酬调查报告样本(摘要)　单位：年度/元

行业	上一年度	本年度	增长率
农、林、牧、渔业	33 612	36 504	8.6%
采矿业	60 544	69 500	14.8%
制造业	59 470	64 452	8.4%
电力、热力、燃气及水生产和供应业	83 863	90 348	7.7%
建筑业	52 082	55 568	6.7%

(续表)

行业	上一年度	本年度	增长率
批发和零售业	65 061	71 201	9.4%
交通运输、仓储和邮政业	73 650	80 225	8.9%
住宿和餐饮业	43 382	45 751	5.5%
信息传输、软件和信息技术服务业	122 478	133 150	8.7%
金融业	117 418	122 851	4.6%
房地产业	65 497	69 277	5.8%
租赁和商务服务业	76 782	81 393	6.0%
科学研究和技术服务业	96 638	107 815	11.6%
水利、环境和公共设施管理业	47 750	52 229	9.4%
居民服务、修理和其他服务业	47 577	50 552	6.3%
教育	74 498	83 412	12.0%
卫生和社会工作	80 026	89 648	12.0%
文化、体育和娱乐业	79 875	87 803	9.9%
公共管理、社会保障和社会组织	70 959	80 372	13.3%

3. 学历薪酬调查报告样本(摘要)(见表16-3)

表16-3 学历薪酬调查报告样本(摘要) 单位：月度/元

城市类型	大专	本科	硕士	博士
一线城市	3481	4339	5761	7315
二线城市	3213	3909	5210	6531
三线城市	2715	3298	4467	5499
四线城市	2298	2891	3987	4901

16.5 工作难点及注意事项

难点一：外部薪酬调查数据的可信度问题

在外部薪酬调查的实际操作中，企业人力资源管理人员遇到的最大难点就是外部薪酬调查数据的可信度问题。无论是委托第三方调查、公开调查，还是联合调查，以及通过招聘等方式进行调查，都存在一个很大的问题，那就是数据是否真实可信。在实际工作中，人力资源管理人员获得的薪酬调查数据往往不是偏高就是偏低，有的职位薪酬数据明显高于市场水平，有的则明显低于实际需求。

造成数据可信度差的原因有很多，例如，企业都不信任第三方，不愿意分享真实数据，但都想知道别人的数据；第三方收集数据的渠道有限，可能无法收集到具有代表性的数据；个人提供的数据一般会偏高于实际情况，因为个人都期望薪酬不断上涨；由于考核及发放方式等的不同，会造成实际数据无法比对与失真；社会经济发展快，受新型行业、通货膨胀等因素影响，薪酬变化大等。这些因素都造成了数据的失真。

在实际工作中，要想解决这个问题，笔者认为，首先，不能完全将外部薪酬调查数据作为薪酬体系调整的决策依据，否则会很被动。其次，要根据企业所在行业和实际业务发展阶段采取多种薪酬调查形式，多种渠道应相互结合。很多企业的薪酬体系之所以存在，肯定会有其合理的一面，当面临重大薪酬体系调整，或者个别核心职位的人才流失严重时，薪酬调查才会显示重要的作用。最后，对于薪酬调查数据要仔细分析比较，剔除失真数据，将可应用的数据整理出来，还应引入政府部门发布的数据和公开调查数据等，综合分析，谨慎使用。

难点二：外部薪酬调查中的数据比对

在实际工作中，薪酬调查报告中的数据存在数据比对问题。企业无论是购买专业的薪酬调查报告，还是通过公共渠道获得薪酬调查数据，都要进行分析与比对。例如，职位名称同为“软件工程师”，在比对薪酬时会出现很大的偏差。专业的薪酬调查报告会将“软件工程师”划分为“高级软件工程师”“中级软件工程师”和“初级软件工程师”；又可能会根据主要技能的不同划分为不同专业方向的软件工程师，如“JAVA高级软件工程师”“C++初级软件工程师”等；再细致一些，还可能分行业进行划分，如“金融业JAVA高级软件工程师”等。这样的细分会给数据比对造成很大的困难，降低数据的可比性。如果不能在职位基准上保持一致，会导致数据错乱。

要想解决薪酬调查数据比对这一难点，企业必须要对各个职位进行详细分析，列出职位的关键工作内容和任职资格，再与外部薪酬调查报告中的职位进行客观比对，之后再做薪酬数据比对才是有意义的。

小贴士：薪酬调查中常用的统计参数

1. 分位值：P*n*为*n*分位值，表示被调查群体中有*n*%的数据小于此数值。*n*的大小反映了市场的不同水平，通常使用P10、P25、P50、P75、P90来表示市场的不同水平。

2. 平均值：所有被调查数据的算术平均值，反映市场的平均水平。

3. 偏离度：表示客户数据与市场中位值的偏差情况，计算方法是“(客户数据−

市场中位值)/市场中位值”。

4. 频数：将样本按照一定的方法分成若干组，频数反映每组含有样本的个数，反映市场某一指标在某一区间的集中程度。

5. 众数：一组数据中出现次数最多的数值。

难点三：外部薪酬调查中的同行联合调查

在外部薪酬调查的各种方式中，相对而言，同行业企业联合调查是可信度较高一种调查方式。但在实际操作中，也会面临一些难点。例如，没有可信的企业或第三方机构牵头，企业之间不信任，提供的数据不一定真实，涉及企业泄密等。

如果企业想采用同行联合调查，可以寻找可信的行业协会作为牵头单位，也可以构建行业性的人力资源总监圈来进行，还可以多家联合从外部聘请第三方来做，这样，可操作性就会提高不少。另外，在做同行联合薪酬调查时，选取的企业应在产值规模、人员规模、业务模式、地域分布上最大限度地接近企业，这样，薪酬调查结果才具有可比性。

在实际操作中，开展同行企业联合调查时一般要签订一个保密协议，保证数据不外泄。从这个角度看，委托第三方相对还有一些优势，那就是能在某种程度上保证数据的保密性。

难点四：用外部薪酬调查数据解决实际薪酬问题

在人力资源管理工作中，如何应用薪酬调查数据，即拿到外部薪酬调查报告后，如何将其应用到实际的薪酬体系调整中也是一个难点。在日常薪酬管理中，需要通过外部薪酬调查来解决的问题主要有关键岗位薪酬等级设定、关键岗位引进人才的薪酬金额确定、福利设定、年度调薪、薪酬总额控制等。

对于公开的薪酬数据，如政府相关部门公布的最低工资标准、社会平均工资等，可以作为年度调薪的部分依据，尤其可作为普调的依据。对于关键岗位引进人才的薪酬金额确定，采用招聘方式进行薪酬调查的有效性更强一些，因为它能够贴近市场，而且效率较高。对于关键岗位薪酬等级设定、福利设定方面，第三方的薪酬调查报告可以作为依据。在薪酬总额控制方面，还是企业的历史数据比较具有代表性。

难点五：外部薪酬调查与企业薪酬策略相结合

经过外部薪酬调查，企业可能会发现自身的薪酬水平与市场的薪酬水平有差异，如企业薪酬水平高于外部薪酬平均水平、企业薪酬水平低于外部薪酬平均水平等。

当企业自身的薪酬水平高于外部薪酬平均水平时，将会对员工产生激励作用，可吸引优秀人才流入，也会促进竞争、提高员工的工作效率、降低员工的流失率。但同时，企业薪酬水平过高会加大企业的成本投入，造成企业平均利润率的下降，不利于企业的长期发展。当企业自身的薪酬水平低于外部薪酬平均水平时，就无法吸引优秀人才的流入，增加了员工的流动风险，同时也降低了企业成本，提高了利润率。

从以上分析可以看出，企业薪酬水平在市场薪酬水平中的位置各有利弊，企业人力资源管理人员不能一味地追求高薪酬、高位置，还要与企业的经营战略、薪酬战略和薪酬策略相匹配。例如，如果企业处于发展期，急需大量的优秀人才，可以调高企业的薪酬水平，吸引优秀人才；如果企业进入稳定期，已经获得很高的知名度，可以将企业的薪酬水平调至与外部薪酬水平持平，甚至一些非关键性岗位可以略低于市场薪酬水平，以此来获得更高的利润率。

16.6　本章小结

首先，文章介绍了外部薪酬调查的定义和目标。总结起来，外部薪酬调查的目标是了解市场薪酬水平，确定企业薪酬定位并做出调整。

其次，本章介绍了外部薪酬调查的范围、主要内容和主要方法。通过实践，在外部薪酬调查的主要方法中，增加了由权威部门发布数据、公开调查、企业联合调查、招聘调查等比较实用的调查方法，不再局限于第三方专业薪酬调查。

再次，本章以一定的篇幅介绍了委托第三方进行外部薪酬调查的工作流程，因为委托第三方是外部薪酬调查中最正式的一种，而且会产生费用，所以给予重点关注，以备人力资源专业管理人员使用。同时，本章列举了外部薪酬调查报告的样本，摘录了一部分以区域、行业、职位为主要分类标准的调查数据。

最后，笔者从实战经验出发，总结了外部薪酬调查工作中面临的难点及注意事项，着重对薪酬数据的可信度、薪酬数据比对、同行联合调查、薪酬调查后的实际应用和薪酬战略调整等难点进行了分析，希望能为人力资源同行提供一些启发和借鉴。

第17章　薪酬体系整体设计

【本章导读】

- 如何理解薪酬体系的设计目标?
- 如何理解薪酬体系的设计原则?
- 如何制定薪酬体系的设计步骤?
- 如何制定薪酬总体战略和策略?
- 如何进行规范有效的工作分析?
- 如何进行科学有效的工作评价?
- 如何进行规范公正的员工评估?
- 如何进行规范有效的薪酬调查?
- 如何设计科学合理的薪酬结构?
- 如何制定规范有效的薪酬制度?

17.1　薪酬体系设计概述

17.1.1　薪酬体系设计的重要性与目标

建立薪酬体系是人力资源管理及企业管理的重要工作之一。薪酬管理涉及企业和每一位员工的切身利益，无论如何，员工到企业工作，本质上是为了获得一份报酬。这些报酬可能是现金，也可能是非现金，都是对员工工作的回报。同时，薪酬决定了企业的支出，在现代高科技企业中，人力成本几乎等同于企业的经营成本，其他成本都可以忽略。所以，薪酬体系是企业和员工最为关注的管理层面之一，也是与企业和员工利益关系最为密切的管理体系之一。

薪酬体系是实现企业管理公平的基础，是直接影响员工去留的重要因素。薪酬体系要兼顾外部公平和内部公平。科学的薪酬体系要保证企业薪酬水平与同等市场中主要竞争对手的薪酬水平平衡，保证外部公平性。如果不能保证这个薪酬水平平衡，企业必然会流失大量的核心人才，也很难再吸引优秀的人才加入。同时，还要保证薪酬体系的内部公平，要在企业内同等职位、同等业绩、同等能力的员工间保持薪酬的平衡。如果不能保证这个平衡，必然会导致员工内部攀比，造成士气下降、内耗增加。

薪酬体系是实施员工激励的有效手段之一。薪酬体系要保证激励性，一定要有合理的薪酬水平、薪酬结构。薪酬水平偏低，会导致人才难招、优秀人员难留的问题；薪酬水平偏高，则会造成企业资源的浪费。薪酬体系的激励程度要科学设置，要与行业、企业、员工等各方面的情况相匹配。激励性低，会出现员工懈怠、无进取心的现象；激励性过高，会打破员工的稳定心态，导致员工短视，不关注远期发展等问题。所以，要设置长、中、短期相结合的合理激励机制，以充分发挥薪酬激励的效能。

可以说，薪酬体系是企业的基础管理内容之一，是与企业和员工利益最为密切的管理手段之一，是企业实现管理公平的基础，也是员工激励的重要方面。

综合起来看，薪酬体系设计的目标主要有以下几个。

1. 激励优秀员工

根据“二八法则”，企业的多数效益都是由少数的优秀员工所创造的，薪酬体系设计的重要目标就是激励这部分优秀员工，使他们能够充分发挥个人才能，为企业创造更多的效益。

2. 吸引核心人才

企业要想获得发展，人才是根本，企业只有吸引住核心人才，才能保证长期稳定发展。薪酬体系设计的主要目标是保证薪酬的外部公平性，即保证企业在市场中参与人才竞争时，能够吸引所需的核心人才，否则，薪酬体系就会处于失效状态。

3. 保障员工生存

薪酬体系设计将保障员工生存作为目标之一，是因为企业的运转要依靠员工的工作、劳动付出，而员工付出劳动的主要目的是保障个人生存。员工只有保障了个人生存，才会去寻求工作中的成就感、满足感，为企业的发展而努力拼搏。

4. 控制企业成本

薪酬体系设计不仅要考虑员工，还要考虑企业的成本问题。在现实环境中，很多企业的人工成本在企业总成本中占有很大比例，而且人工成本的合理支出也关系企业的现金流及正常发展。所以，薪酬体系设计要考虑合理控制企业成本，从投资回报的角度看待员工的人工成本支出，保证收益与支出的合理性与平衡性。

5. 保持员工与企业利益的一致性

员工与企业的利益基本是一致的，但有时也会发生冲突，在薪酬体系设计中，要建立一种机制保证员工与企业利益的一致性。从基本的平衡点来看，员工利益不得与企业利益产生冲突，也就是说，员工利益必须以企业利益为前提，实现企业利益的同时兼顾员工利益。只有保持两者利益的一致性，才能获得共赢和发展。

17.1.2 薪酬体系设计的原则

在设计薪酬体系时，要遵循以下几项重要原则。

1. 内部公平性

薪酬体系要以职责、能力、业绩等为依据对员工进行区分，匹配不同额度的薪酬，以体现员工之间的价值差异，避免平均主义或一刀切。

2. 外部公平性

薪酬体系要保证企业薪酬在同社会、同地区、同行业中，与竞争对手保持相应的公平性，以保证企业对核心优秀人才的吸引和保留，从而保证企业具有足够的人才竞争力。

3. 激励性

薪酬体系要保证企业薪酬对员工的激励作用，尤其要保证对优秀员工的正向激励，使其保持足够的努力程度。

4. 合法性

薪酬体系要保证符合国家、地方的相关法律法规要求，不得违反法律法规的相关规定。

5. 合理性

薪酬体系要保证企业成本的合理控制、流程执行的合理性等，同时，要适应企业所在的行业、外部环境，具有可操作性。

6. 利益一致性

薪酬体系要保证员工与企业利益的一致性，使员工可以随着企业的发展而获得个人成长，企业在获得利益的同时也要保障员工的利益。

17.1.3　薪酬体系设计步骤

在明确了薪酬体系设计的重要性、目标及原则后，应着手制定薪酬体系设计的步骤。薪酬体系设计的步骤为确定薪酬战略与策略、工作分析、工作评价、员工评估、薪酬调查、薪酬结构设计、制定并完善薪酬制度，具体如图17-1所示。

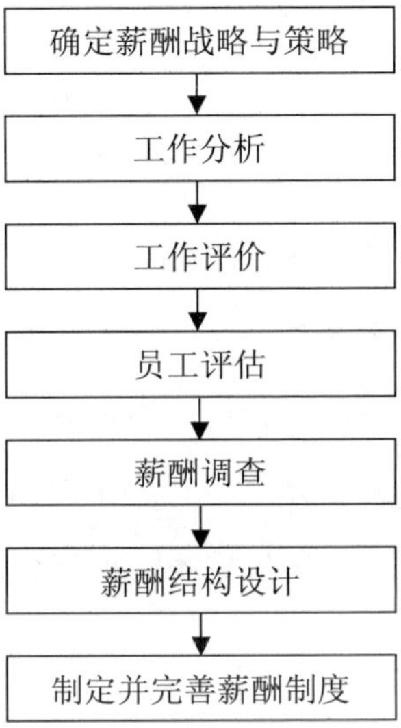

图17-1　薪酬体系设计步骤

1. 确定薪酬战略与策略

确定薪酬战略与策略是薪酬体系设计的第一步，也是薪酬体系设计的前提。

企业薪酬战略是企业薪酬管理体系设计和实施的方向性指引，是企业人力资源战略和企业战略的重要组成部分。通过制定和实施适合企业的薪酬战略，员工能够明晰薪酬激励的方向，企业能够落实整体战略。企业薪酬战略的制定与企业的整体战略、业务情况、所处的发展阶段、人力资源战略、组织结构及企业文化等有密切的关系。

企业薪酬策略是薪酬战略的具体操作与实施指引。薪酬策略包含薪酬水平、薪酬确定标准、薪酬结构、薪酬制度、薪酬管理权限等多个方面。

2. 工作分析

工作分析是薪酬体系设计的基础工作，只有先进行工作分析，才能开展后续的工作评价。同时，工作分析也是薪酬结构设计的基础，薪酬结构设计将依据不同的职位分类。

工作分析的主要内容包括：梳理企业整体经营目标、业务模式、工作流程；明确部门职责和工作划分；进行职位职责的调查分析；编写职位说明书。

3. 工作评价

工作评价是以科学的方式比较企业内部各个职位的相对价值，以此形成职位序列、等级的过程。工作评价以工作分析为前提和基础，根据工作分析环节形成的职位说明书，以多种方法对职位进行多角度的分析与评价，综合后形成职位评价结果，即企业的职位序列和职位等级。工作评价可以保证企业内部薪酬的公平性，保证薪酬对不同的职位职责、任职条件等有所区分。

4. 员工评估

在完成工作分析和工作评价后，下一个环节是对员工进行评估与定位。企业应客观地评估员工实际具备的技能与能力，将员工与职位进行匹配。对员工进行评估与定位，常使用员工能力素质评价模型，明确职位所需要的知识、技能、能力等，形成对员工的评价体系，将员工的实际情况与评价体系进行科学对比。这样，既能保证内部公平性，还能区别员工的不同情况，从而对员工确定不同的职位等级和薪酬等级。

5. 薪酬调查

薪酬调查分为内部薪酬调查和外部薪酬调查。

(1) 内部薪酬调查，也称为内部薪酬满意度调查，是指企业为了解员工对薪酬的满意程度、对薪酬的期望值及对薪酬管理制度的意见和建议等进行的内部调查。内部薪酬调查一般由企业管理者提出，或者由企业人力资源管理部门定期按制度规定执行。内部薪酬调查的执行周期一般为每年度调查一次，如有特殊情况或企业有特殊变动，也可缩短调查周期。内部薪酬调查的目的是定期了解企业内部员工对实际支付薪酬的满意程度，对企业薪酬相关管理的意见与建议，以及与外部薪酬调查结果相结合，验证市场薪酬变化对企业薪酬水平的影响，预测企业人才流动与核心人才流动的可能，帮助企业管理者做出是否调整薪酬策略、薪酬结构、薪酬制度的决策等。

(2) 外部薪酬调查，是指通过各种方法，对市场薪酬进行分类、汇总和分析的过程。企业通过与市场薪酬相比较，可发现企业薪酬水平在市场薪酬水平中所处的位置，也可为企业薪酬体系设计的决策提供依据及参考。外部薪酬调查选择的范围一般为企业所处地区、行业，因为更具有针对性，企业的目标人才一般会在这个范围内流动。外部薪酬调查的主要内容包括：本地区薪酬平均水平，同行业关键职位的薪酬水平，同行业通行的薪酬结构，薪酬动态与趋势。外部薪酬调查的主要方法包括：委托专业的第三方进行薪酬调查，主动分析部分权威部门发布的薪酬数据，公开的薪酬调查，企业组织联合薪酬调查，以及企业以其他方式就某一职位或特定领域进行外部薪酬调查。

6. 薪酬结构设计

薪酬结构是指企业各职位的各类薪酬构成，这种结构的差别不仅仅表现为相同职位的薪酬数额差别，还表现为不同层次职位的薪酬构成差别。薪酬结构反映了企业不同职位、不同技能、不同业绩的重要性差别及价值差别。

薪酬结构是综合考虑企业经营战略、人力资源管理战略、企业实际支付水平、市场薪酬水平及员工业绩贡献等因素后确定的。薪酬结构在薪酬体系设计中占有重要的地位，它不仅决定了薪酬数额的大小，还直接反映了企业的薪酬策略及薪酬倾向性。

薪酬结构设计要保证科学性和合理性，薪酬结构应能在企业运行中满足员工发展、岗位调整、晋升等对薪酬的需求。薪酬结构设计要遵循对外公平、对内公平、个人公平的三公平原则。

7. 制定并完善薪酬制度

制定薪酬制度是薪酬体系设计的最后一个环节，也是薪酬体系设计的归纳环节。它既是薪酬体系的最终体现，也是薪酬体系日常管理的执行依据。

一般来说，薪酬制度包括薪酬管理的总体原则、薪酬结构、薪酬等级、薪酬考核、薪酬发放、薪酬调整、薪酬保密、福利管理、其他薪酬管理规定等具体内容。薪酬管理制度可以是一个综合制度，也可以分解为不同的子制度，如薪资管理制度和福利管理制度。再细分一些，还可以分为不同岗位的薪酬管理制度、薪酬总额管理制度、薪酬等级管理制度、年度调薪酬管理制度、具体的福利管理制度等。

17.2　薪酬战略与薪酬策略

17.2.1　企业不同阶段的薪酬战略

制定薪酬战略的前提是明确企业经营战略、企业人力资源管理战略。企业所处的发展阶段会对企业薪酬战略的制定产生重大的影响。

在初创期，企业还没有形成稳定的商业模式，人员、业务、管理都没有稳定下来。这一阶段的薪酬战略主要聚焦于“原创人员的薪酬激励模式”和“企业急需引进人才的薪酬战略”等方面。在发展期，人员急速膨胀，成本也在急速增加，薪酬战略主要聚焦于“具有竞争力的薪酬水平”和“逐步完善的薪酬管理体系”等方面。进入稳定期后，企业内的工作岗位比较固定，工作流程的变动性不大，企业的收入也相对比较稳定，这时企业一般会采用谨慎型的薪酬战略，采取略高于市场平均标准的基本薪酬。当企业处于不可遏制的衰退期时，业务开始下滑，收入逐步减少，这时的企业薪酬战略就集中在“节约、控制人工成本”和“保留部分企业的核心人员”等方面。在实践中，要仔细分析企业所处的不同阶段，以此来确定企业的薪酬战略。

17.2.2 企业薪酬策略

薪酬策略可具体分为薪酬水平、薪酬决定标准、薪酬结构、薪酬制度等多个方面。

1. 薪酬水平策略

确定薪酬水平策略是制定薪酬策略中重要的一项，一般来说，企业会采取三种薪酬水平策略，即领先型、居中型和跟随型策略。领先型，即企业的薪酬水平在同类市场中居于领先地位，一般会高于市场平均水平。居中型，即企业的薪酬水平在同类市场中居于中等水平，或者与同类市场平均水平持平。跟随型，即企业的薪酬水平在同类市场中居于比较低的水平，或者勉强跟随同类市场的平均水平。在企业实际管理中，企业一般会采取混合型薪酬策略，即采取多种薪酬策略相结合的模式。一种思路是根据企业不同的职位属性制定不同的薪酬策略，另外一种思路是根据不同的岗位级别采取不同的薪酬策略。

2. 薪酬决定标准策略

薪酬决定标准是指企业决定薪酬高低的具体依据。一般来说，可分为职位技能型、个人绩效型、团队绩效型、综合型等。职位技能型薪酬决定策略以职位技能及职位级别来确定薪酬标准。企业通过工作分析、工作评价对所有的职位进行分级、分类，同时明确每个职位所需的技能，在确定薪酬时，主要依据员工所任职位及技能进行评价。个人绩效型薪酬决定策略采用员工的实际绩效来决定薪酬，一切以实际业绩为导向，或者说以工作结果为导向，按照实际工作业绩确定薪酬。团队绩效型薪酬决定策略包括项目型团队绩效、部门型团队绩效、企业型团队绩效。上述几种薪酬决定策略各有利弊，企业通常采取综合型薪酬决定策略，即根据企业的实际情况分不同的职位、不同的部门、不同的业务类型、不同的时期采取不同的薪酬决定策略，或者针对同一员工采取多种薪酬决定策略。

3. 薪酬结构策略

薪酬结构策略是指合理地调整薪酬的各个构成部分及比重的方法。一般来说，薪酬结构策略包括固定/变动薪酬结构、短期/长期薪酬结构、非经济/经济薪酬结构等。固定/变动薪酬结构关注企业支付给员工的薪酬中固定薪酬与变动薪酬的比例，一般分为“高固定、低变动”“低固定、高变动”两种模式。短期/长期薪酬结构关注的是短期激励与长期激励的比例关系。随着经济的发展和企业管理水平的提高，长期激励的许多措施正在为更多的企业所使用。非经济/经济薪酬结构关注的是企业薪酬结构中非经济性和经济性薪酬的比例。目前，大多数企业会把关注点放在经济性薪酬上，而成就感、授权、培训机会、发展前景、工作环境等非经济性薪酬，也被越来越多的企业关注。

4. 薪酬制度策略

薪酬制度策略是企业在制定薪酬制度时所采用的策略，一般包括薪酬制定过程、薪酬调整机制、薪酬幅度、薪酬保密等方面。薪酬制定过程和调整机制，根据企业是注重内部公平还是注重外部公平而有所不同。薪酬幅度一般分为窄带薪酬和宽带薪酬。其中，宽带薪酬可使不同类型的员工都有快速提升的机会，有助于提高员工满意度，从而提高各类员工的积极性，促进企业的发展。薪酬的保密性问题一直是企业管理中比较有争议的方面，很多企业都制定了严格的薪酬保密制度，但在实际操作中无法实现薪酬的真正保密，只能在薪酬等级设定、支付手段、员工纪律等管理层面采取保密措施。

关于企业薪酬战略与策略，我们会在之后的章节中详细阐述。

17.3　薪酬体系与工作分析

工作分析是指对企业内的各种工作内容、责任、关系以及任职人的知识、技能、能力等要求进行科学的调查与分析，并进行标准化、规范化记录的过程。工作分析的最终结果是形成规范的职位说明书。工作分析是人力资源管理中一项重要的常规性技术，是整个人力资源管理工作的基础。

工作分析通常借助于一定的分析手段，来确定工作的性质、结构、要求等基本因素。工作分析的一般内容包括工作名称、工作数目、工作单位、工作职责、工作知识、智力要求、熟练及精确度、经验、教育与训练、身体要求、工作环境、与其他工作的关系、工作时间与轮班、工作人员特性、选任方法等要素。工作分析的作用在于选拔和任用合格人员，制定有效的人事预测方案和人事计划，设计积极的人员培训和开发方案，提供考核/升职和作业标准，提高工作和生产效率，建立先进合理的工作定额和报酬制度，改善工作设计和环境，加强职业咨询和职业指导。

17.3.1 工作分析的方法

工作分析方法主要有职位问卷法、面谈法、工作日志法、关键事件法、观察法等。

1. 职位问卷法

职位问卷法是工作分析中较常用的一种方法，即根据工作分析的需要事先设计标准的职位问卷，由从事相应职位的人员来填写，再由专业人员对职位问卷的结果进行分析总结，据此整理出职位说明书。职位问卷法不仅能够很快收集到所需要的信息，节省时间、人力、物力，而且由于问卷的标准化，适用于批量人员的填写以及问卷的批量分析总结。但由于职位问卷设计的专业性比较强，需要由专业人员来设计。此外，由于存在不同企业、不同职位、不同人员素质等差异，填写人员对职位问卷的理解可能也会完全不同，这往往会导致问卷调查达不到理想效果。

2. 面谈法

面谈法是另外一种在工作分析中应用较为广泛的方法，即专业的工作分析人员通过面对面的谈话与某一职位的就职人员进行沟通。一般来说，面谈内容是事先设计的、标准化的，面谈结束后，由专业的工作分析人员对面谈内容进行分析和归纳，形成标准的职位说明书。面谈法可以面对面地与任职人员进行沟通，规避了问卷语言晦涩及理解差异的问题，可以较为灵活地与任职人员就某一问题进行深入沟通，加强双方对问题的理解，也能够让面谈人了解更多关于工作的背景知识。但这种方法存在专业性强、人员数量多、周期较长的缺点，可能会打断就职人员的正常工作，也可能使面谈结果带有个人感情色彩。

3. 工作日志法

工作日志法是指要求任职人员记录每天的工作，再由专业人员通过日志记录来分析职位的关键要素，进而归纳总结出标准的职位说明书。工作日志法可以比较全面、真实地记录工作内容，不添加个人色彩，相对比较客观。但是，由于周期的限制，可能会遗失一些不常发生而又非常重要的工作内容，从而导致工作分析的内容缺失。

4. 关键事件法

关键事件法是指由任职人员记录工作过程中的关键事件，由专业的工作分析人员通过这些记录对工作进行分析的方法。关键事件法有助于引导任职人员和专业的工作分析人员关注职位的关键事件，避免将精力浪费在不重要的工作内容上。但是，由于每个人对关键事件的理解不同，在收集关键事件、判断是否为关键事件时，不同的人可能会有不同的观点，或者随着时间、环境的变化，关键事件的定义也会发生变化，这样极易出现偏差。

5. 观察法

观察法是指专业的工作分析人员到某职位的工作现场，对任职人员的实际工作活动进行观察，并客观记录其工作内容等具体信息，再归纳总结成标准的职位说明书。观察法操作起来较为方便、直观，信息也较准确，尤其适用于标准化的生产作业职位。但由于存在专业性差异大、工作的可观察性差、耗时长等问题，并不一定适用于所有职位，例如脑力劳动就不太适合采用观察法。

17.3.2　职位说明书

工作分析最终会形成标准的职位说明书。职位说明书一般包括职位信息、职位目标、职位职责、职位权限、职位任职要求、职位KPI指标等内容。

职位信息一般包括职位名称、职位等级、职位编号、直属上级、所属部门、职位编制等。

职位目标是指职位所需要达到的主要目标，这个目标一般是较长期的目标。

职位职责是指职位具体包括的主要工作内容、工作流程、工作责任等。

职位权限是指职位任职者所拥有的权限、与其他职位的关系等。

职位任职要求是指对任职该职位人员的必要要求，一般又分为基本要求、知识要求、技能要求、经验要求及其他要求等。基本要求包括对性别、年龄、健康程度等的要求。知识要求主要指对学历、培训的要求。技能要求是指对专业技能或能力的要求。经验要求是指从事同类职位或相关职位的经验要求。其他要求则根据职位不同而单独提出，如对工作环境的要求、对工作时间的要求等。

下面，我们列举一个工作分析中常用的职位分析调查问卷作为参考，详见表17-1。

表17-1　职位分析调查问卷(样本)

分表一：基本信息

职位名称：______________　　任职人：______________ 所属一级部门/二级部门：______________ 直接主管职位：______________ 主管上级职位：______________ 下属总人数：______________ 直接下属职位(人数________人)： ______________ ______________ 现工作地点：______________

分表二：职责/工作内容与标准

1.职位目的：(描述您所在职位的主要工作任务)

____

2.工作职责：(请按重要性程度描述您现在的主要工作职责，列出5～10项)

职责一：______________

职责二：______________

职责三：______________

职责四：______________

职责五：______________

职责六：______________

职责七：______________

职责八：______________

职责九：______________

职责十：______________

(1) 其中每天必须做的工作是哪些：(写序号)

____

(2) 其中需要定期做的工作是哪些(周、月、季)：(写序号并说明)

____

____

(3) 其中哪些是不定期的工作内容：(写序号)

____

3.工作内容与标准：(您认为该项工作职责的具体工作内容有哪些？如何衡量您完成了该项工作职责？该标准须可量化、可实现)

____

职责	工作内容与标准
职责一	
职责二	
职责三	
职责四	
职责五	

(续表)

职责	工作内容与标准
职责六	
职责七	
职责八	
职责九	
职责十	

分表三：工作职权/职业发展

4. 工作职权：请描述在此职位上员工为了完成工作职责、达到工作标准所需的权限。

□建议 □审核 □复核 □审批 □否决权 □监督 □执行 □组织

其他权限________________________________

建议权：员工提出可实施方案与计划，报上级审批。

审核权：公司管理层就下级提出的方案与计划进行审核，报上级审批或职能部门复核。

复核权：某些特定职位按规定对某些审核通过的文件进行复核，以保证其符合公司的规定。

审批权：审批权一般由部门的高层领导执行，重要的事项须经总裁甚至董事会审批。

否决权：某些特定职位，在某项特定的职责上具有否决性的职权。

监督权：不具体实施，但是能对实施过程和实施结果进行监督，并提出相应建议。

执行权：该职位任职者按照规定执行与实施该项工作。

组织权：该职位任职者须组织落实该项工作，并积极推进。

考核权：上级对下级进行考核

职责	该职位现有权限	该职位理想权限
职责一		
职责二		
职责三		
职责四		
职责五		
职责六		
职责七		
职责八		
职责九		
职责十		

5. 该工作需要主管监督的程度(针对所列选项，根据各职责情况，请勾选一项)：

A. 所有异常状况均需向主管报备。

B. 每天向主管报告若干次，听取其指示。

C. 因为大部分的工作内容都是重复的，所以遇有重大异常状况时才向主管报告。

D. 监督有限。工作指派之后，大部分的工作内容由任职者决定，有时候甚至由任职者来决定工作方式。

E. 只列出工作目标，由任职者自行决定工作方式。

F. 直接监督几近没有。在公司一般政策的指导下，工作方式与协调均由任职者自行负责。

职责一：　职责二：　职责三：　职责四：　职责五：

职责六：　职责七：　职责八：　职责九：　职责十：

(续表)

6. 您认为您理想的职业发展途径是：

(1) 该职位在行政上的职位升迁途径；(2) 该职位在业务上的专业发展途径。

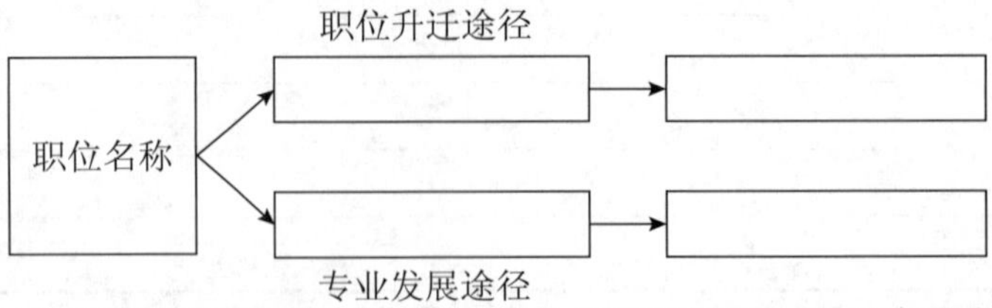

7. 为了实现该职位的职业发展，您认为需要在哪些方面对任职者进行培训？

(1)

(2)

(3)

(4)

分表四：沟通关系/制度流程/工作环境

8. 沟通关系：您在此职位上需要沟通协调的内外部关系有哪些？

(1) 内部：该职位在公司内部与哪些部门存在工作关系，请一一列举并说明。

部门名称	工作关系

(2) 外部：为了完成工作，您需要与哪些外部关系进行协调沟通，请列举。

沟通频率：4——一直　3——经常　2——有时　1——从未

沟通类别	沟通对象名称	沟通频率	主要沟通方式
相关单位、企业			
客户或代理人			
政府部门或机构			
一般大众			
其他			

9. 工作条例/流程：您在此职位上为完成工作职责需要哪些工作条例与流程来指导工作？

(1) 工作条例：

(2) 工作流程：

10. 工作环境/条件：请描述您现在工作的环境以及您认为必需的办公条件。

(1) 工作环境：□ 室内 □室外　□其他

您在工作中会暴露在什么不良环境中：□噪音 □尘土 □污浊空气 □意外事故

每月您过夜出差大约几天：

(2) 办公条件：(请列举你所使用的机器或设备)

(续表)

机器、设备、设施名称	一直使用	经常使用	有时候使用
11. 该职位在工作中容易出现什么过失，上述过失如何发现？如果未发现过失会有什么后果？			

分表五：任职资格

12. 您认为该职位任职者应具备的最低要求是什么？ (1) 性别要求：□男 □女 □不限 (2) 年龄要求：□18～24岁 □25～45岁 □46岁以上 □年龄不限(18岁以上) (3) 户籍要求：□北京市户口 □户口不限 □特殊要求： (4) 职称要求：□初级 □中级 □高级 □不限 (5) 体能要求：□具有完成该职位工作所需的基本体能 □能够长时间加班 □无要求 (6) 健康要求：□无重大生理心理疾病 □健康状况良好 □不限 (7) 教育学历：□高中(中专) □专科以上 □本科以上 □研究生以上 (8) 专业要求： (9) 经验资历： a. 相关工作经验：□不需要 □0.3～1年 □1～3年 □3年以上 b. c. (10) 特殊要求： a. b. c.
13. 您认为该职位任职者理想的性格类型是怎样的？(人的性格均为复合型，在考虑任职人选的时候需多考虑几种类型的复合，如管理、社会、研究型) (1) 常规型：严谨、认真，喜欢按常规和既定的程序办事。 (2) 社会型：活泼，人际关系较好，协调沟通能力强，喜欢与人打交道并乐于助人。 (3) 研究型：独立，喜欢思考，对事情总持怀疑态度。 (4) 艺术型：创造力强，想象丰富，富有激情，做事没长性。 (5) 现实型：喜欢做看得见、摸得着的事情，喜欢与物打交道，不喜欢与人打交道。 (6) 管理型：自信、果断，喜欢把握事情发展的方向，计划性强，做事坚韧不拔。 答：
14. 请您根据该职位和工作的需要，对以下每一项胜任特征评分(5分：非常需要；4分：经常需要；3分：有时候需要；2分：极少需要；1分：不需要) 专业知识____ 学习能力____ 分析能力____ 团队建设____ 交流沟通____ 计划____ 指挥____ 质量____ 谈判____ 应变____ 协调____ 决策____ 影响____ 激励____ 辅导____ 授权____ 客户服务____ 主动性____ 责任心____ 诚信____ 成就动机____ 创新意识____ 请将得分为5分的项目进行详细说明，它是胜任该职位的必备条件(胜任特征)，如： 交流沟通(5分)——优秀的语言表达与文字交流能力，能有效沟通各部门关系，人际关系较好。 (1) (2) (3) (4) (5)

完成工作分析后，最终形成《职位说明书》，实例见表17-2。

表17-2　职位说明书(样本)

<table>
<tr><td>职位名称</td><td></td><td>职位代码</td><td></td></tr>
<tr><td>所属部门</td><td></td><td>职位等级</td><td></td></tr>
<tr><td>直属上级</td><td></td><td>职位编制</td><td></td></tr>
<tr><td colspan="4">职位目标：
1.
2.
3.</td></tr>
<tr><td colspan="2">工作职责范围：
1.
2.
3.
4.
5.
6.
7.
8.
9.
10.</td><td colspan="2">KPI指标：
1.
2.
3.
4.
5.
6.
7.
8.
9.
10.</td></tr>
<tr><td colspan="2">职位权限：
1.
2.
3.
4.
5.
6.
7.
8.
9.
10.</td><td colspan="2">与其他职位的关系：
1.
2.
3.
4.
5.
6.
7.
8.
9.
10.</td></tr>
<tr><td colspan="4">任职资格：
1. 年龄：

2. 性别：

3. 教育背景：学历、专业(包括要求接受的培训)

4. 经验：从事本岗位工作年限或相关年限

5. 技能：管理技能、专业技能等

6. 其他要求：如工作环境、工作时间等</td></tr>
</table>

17.4 薪酬体系与工作评价

工作评价主要用来评定职位的相对价值，以此来确定职位的序列、等级，以及各职位的薪酬。工作评价是人力资源管理工作中重要的一项，它实施的前提是工作分析。

工作评价的主要目标是明确企业组织结构、确定职位序列、明确职位间的相互关系，以及通过划分职位等级来为不同的职位制定不同的薪酬标准。

工作评价方法有评分法、排列法、比较法和分类法等。

1. 评分法

评分法是指通过选取职位评价的一些关键因素，对这些因素进行量化评分，再以一定的规则对分数进行汇总统计，通过对每个职位的评分来确定职位的级别。这种方法是工作评价中常用的一种方法。

评分法的专业性比较强，选取的评价因素也需要根据企业的实际情况进行调整，所以，这种方法需要由专业的工作评价人员来设计和实施。

2. 排列法

排列法是指根据各个职位的重要性和相对价值进行排序，并依此来确定职位等级。应用排列法时，可以在部门内部进行排序，也可以跨部门进行专业性排序。

排列法的操作难度相对要低一些，但可能会存在主观性强或者在比较时失真的问题。

3. 比较法

比较法是指选取一些工作评价因素，通过比较单个因素或综合因素的方法来判断职位的相对价值，并形成职位等级。

比较法与排列法有一定的相近之处，在工作评价时可结合使用。但比较法相对排列法而言，量化程度更高一些，准确程度也更高。

4. 分类法

分类法是指通过对职位属性、工作内容的分类，来对职位进行分类，在分类的基础上形成职位等级。

分类法比较适用于对企业所有职位进行大规模的职位序列和职位等级划分。

在企业管理实践中，根据不同的职位属性，一般可划分五种职位序列，具体参照表17-3。

表17-3 企业中常见的五种职位序列

职位序列	定义	实例职位
管理职位序列	承担经营管理指标的企业管理职位	总经理、副总经理
销售职位序列	承担企业产品销售工作的职位	销售代表、销售主管
技术职位序列	承担企业技术研发、技术实施的职位	研发工程师、项目经理
职能服务职位序列	承担企业内务管理的职位	财务、人力资源、行政
生产职位序列	承担企业产品生产的职位	生产工人

对于职位的等级设置，一般会采用职位五级划分法，可参见表17-4。

表17-4 职位级别划分

序号	职位级别	基础任职资格	职位实例
1	总监级	8年以上工作经验/5年以上专业经验	技术总监、财务总监
2	经理级	5～8年工作经验/5年以上专业经验	销售部经理、人力资源部经理
3	主管级	3～5年工作经验/3年以上专业经验	高级工程师、销售主管、法务主管
4	专员级	2～3年工作经验/1年以上专业经验	工程师、销售代表、人事专员、会计
5	助理级	1年以下工作经验/无专业经验	助理工程师、销售助理、行政助理、出纳

以下是一个工作评价中较为常见的评分法应用实例，具体见表17-5。

表17-5 职位评估

人员			职位任职人		评估人					
职位名称										
任职者										
因素			级别	分数	级别	分数	级别	分数	级别	分数
1	对企业的影响	规模								
		影响								
2	管理监督	类别								
		人数								
3	责任范围	广度								
		独立性								
		业务知识								
4	沟通技巧	技巧								
		频率								
		内外用处								
5	任职资格	学历								
		经验								
6	解决问题的难度	复杂性								
		创造性								
7	环境条件	环境								
		风险								
总分										
职位级别										
备注										

17.5　薪酬体系与员工评估

在薪酬体系设计中，员工评估是很重要的一步，这一步的主要目标是对员工进行准确的评估与定位，将每个员工与职位、薪酬等级相对应。员工评估的客观性与准确性与薪酬体系的公平性、客观性有很大的关系。

员工评估的方法比较多，较常见的是三位评估法，即围绕员工的知识、技能、态度三方面展开评估，具体实例见表17-6。

表17-6　员工评估

<table>
<tr><td>部门</td><td></td><td>职位</td><td colspan="3"></td><td colspan="3">被评估人</td><td></td></tr>
<tr><td colspan="2">项目</td><td colspan="7">职位要求</td><td>个人实际得分</td></tr>
<tr><td colspan="2">分值</td><td>1</td><td>2</td><td>3</td><td>4</td><td>5</td><td>6</td><td>7</td><td></td></tr>
<tr><td rowspan="8">知识</td><td>学历</td><td></td><td></td><td></td><td></td><td></td><td></td><td></td><td></td></tr>
<tr><td>专业</td><td></td><td></td><td></td><td></td><td></td><td></td><td></td><td></td></tr>
<tr><td>管理</td><td></td><td></td><td></td><td></td><td></td><td></td><td></td><td></td></tr>
<tr><td>财务</td><td></td><td></td><td></td><td></td><td></td><td></td><td></td><td></td></tr>
<tr><td>HR</td><td></td><td></td><td></td><td></td><td></td><td></td><td></td><td></td></tr>
<tr><td>法律</td><td></td><td></td><td></td><td></td><td></td><td></td><td></td><td></td></tr>
<tr><td>计算机</td><td></td><td></td><td></td><td></td><td></td><td></td><td></td><td></td></tr>
<tr><td>外语</td><td></td><td></td><td></td><td></td><td></td><td></td><td></td><td></td></tr>
<tr><td rowspan="5">技能</td><td>经验</td><td></td><td></td><td></td><td></td><td></td><td></td><td></td><td></td></tr>
<tr><td>计划能力</td><td></td><td></td><td></td><td></td><td></td><td></td><td></td><td></td></tr>
<tr><td>沟通能力</td><td></td><td></td><td></td><td></td><td></td><td></td><td></td><td></td></tr>
<tr><td>领导能力</td><td></td><td></td><td></td><td></td><td></td><td></td><td></td><td></td></tr>
<tr><td>创新能力</td><td></td><td></td><td></td><td></td><td></td><td></td><td></td><td></td></tr>
<tr><td rowspan="5">态度</td><td>大局观</td><td></td><td></td><td></td><td></td><td></td><td></td><td></td><td></td></tr>
<tr><td>责任感</td><td></td><td></td><td></td><td></td><td></td><td></td><td></td><td></td></tr>
<tr><td>进取心</td><td></td><td></td><td></td><td></td><td></td><td></td><td></td><td></td></tr>
<tr><td>团队合作</td><td></td><td></td><td></td><td></td><td></td><td></td><td></td><td></td></tr>
<tr><td>服务意识</td><td></td><td></td><td></td><td></td><td></td><td></td><td></td><td></td></tr>
<tr><td colspan="2">合计</td><td colspan="7"></td><td></td></tr>
</table>

此外，员工素质模型评估也是比较常用的员工评估方法，具体实例见表17-7。

表17-7　基层管理人员素质模型

素质项目	对应行为
团队建设	鼓励团队协作
	为团队成员设定项目和任务方向
	帮助团队成员了解其在团队中的角色和责任
	提供帮助而不越权
	帮助团队高效发挥每个人的才能和能力
	在团队偏离方向的时候提供指导
	消除组织障碍，为团队提供资源帮助
	在组织内支持团队
决策能力	基于短期因果分析或简单选择(包括员工反映和潜在问题)做出决策
	当选择明确以及几乎没有风险和压力时迅速做出决策
	邀请适当的人参与以改进决策的质量和时机
	在决策前收集足够的信息并识别差距和变化
	着眼于目标和结果，考虑不同的决策
	预见不同选择的远期影响和可能
	当有必要推动一个行动或一个决策时，能够掌控团队
	当个人或组织的风险不明确或很大时，能在恰当的时机做出决策
发展别人	对个人的长处和弱点提供准确的反馈
	辅助员工获取工作所需技能
	寻找和创造鼓励员工发展的环境
	帮助员工设定发展目标和制订发展计划
	帮助员工找到有助于达成其发展目标的资源
	帮助员工发现他们成长和发展中的障碍
	建立监控员工成长和发展的制度
	承担创造公司文化的责任，鼓励员工发展
授权	鼓励员工自己做出决策
	鼓励员工为任务和项目负责
	给予员工掌控工作和职责的自由
	允许员工犯错误和承担风险，从中学习和成长
	基于员工的能力和潜力委派责任
	为员工提供挑战自我、提高能力的机会
	与员工就承担责任的目的和远期利益进行沟通，鼓励他们承担更大的责任
	当员工面临新挑战时给予指导和支持
招聘和组队	制定招聘新人及吸引合适候选人的策略
	基于工作标准评估候选人
	确定面试过程，准确评估候选人
	基于候选人的资格、适合性及能力做出招聘决策，防止凭个人喜好招聘
	将企业战略和预测的财务业绩与招聘预测和选拔体系相结合
	利用各种评估工具和测试方法评价候选人的能力
	明确单项任务或任务群的任职要求
	建立能持续雇佣高级员工的选择系统

(续表)

素质项目	对应行为
管理技能	近距离监控执行任务的数量和质量
	建立提高工作积极性的跟踪程序
	确定评估执行任务和目标的方法
	根据企业战略变化调整工作和预期结果
	从他人处寻求执行反馈
	迅速定义执行中存在的问题
	给出执行反馈
	制订清晰、详细的计划，分解复杂项目，制定实施各步骤的时间表
激励他人	尊重他人的成绩和贡献
	帮助他人确定需求和愿望
	迅速发现和解决员工的士气问题
	帮助员工明确做好本职工作所能获得的个人利益
	鼓励员工做到最好
	寻找并利用新的、创造性的方法鼓舞员工
	运用各种方法鼓舞和激励员工
	通过交流开阔员工视野，激励员工改进工作
过程管理	正确选择评估对象，了解资源的使用速度和情况以及结果的可接受度
	为工作设定清晰、明确的期望产出
	建立必要工作过程以达到期望结果
	优化组织人员和活动进程以实现目标
	迅速发现和确定工作过程中的问题
	将复杂程序分解为简单的任务和项目
	建立有效的工作流程，以便有效整合、匹配各项任务
	发现和开发商业机会以达到业绩目标，通过工作过程的优化和有效管理获得协助
责任感	遵循承诺和协议
	注意保密
	在低风险下接纳错误
	诚实
	克服压力，保守机密
	承认错误，尽管存在潜在的消极影响
	即便面临个人困难和职业风险也能坚持原则和价值观
	勇于向那些不正直或者不诚实的人提出质疑

17.6 薪酬体系与薪酬调查

薪酬调查中的内部薪酬调查包括：调查员工对个人整体薪酬的满意程度，调查员工对个人基本收入的满意程度，调查员工对激励性收入的满意程度，调查员工对企业薪酬结构的满意程度，调查员工对企业福利的满意程度，调查员工对薪酬内部公平性的感受，调查员工对薪酬外部公平性的感受，调查员工对企业薪酬制度的感受，调查员工对企业薪酬发放的满意程度，调查员工对企业涨薪管理的满意程度，调查员工离职、保留的原因和预算，调查员工的意见与建议，等等。

内部薪酬调查的步骤包括：内部薪酬调查方案的制订/审批，内部薪酬调查问卷的发放与回收，内部薪酬调查结果汇总，内部薪酬调查分析报告。之后，内部薪酬调查结果才能作为薪酬体系设计的参考依据。

有关内部薪酬调查的其他内容我们已经在第7章中做过详细阐述，在此不再赘述。

外部薪酬调查与内部薪酬调查有很大的不同，具体体现在目标、方法等方面。外部薪酬调查一般以委托第三方进行薪酬调查为主要方法，如果委托第三方进行薪酬调查，需要提前确定外部薪酬调查的目的、了解薪酬调查的关键点及薪酬调查报告的结构，并选择合适的第三方薪酬调查供应商。之后要做好外部薪酬调查的准备工作，包括了解企业所处行业/地区、企业典型岗位薪酬的高/中/低位值、企业薪酬结构、企业各岗位的人员数量、企业人员的在司年限、企业福利、企业薪酬总额等。获得薪酬调查报告后，需要与供应商仔细进行对比分析，明确企业薪酬的市场定位。只有这样，才能将此作为薪酬设计的主要依据。但即使是这样，在实际管理工作中，薪酬调查结果数据的可信度问题、薪酬调查的数据比对问题、依据薪酬调查结果设计和调整企业薪酬体系问题等仍然时常困扰着人力资源和企业管理人员。

有关外部薪酬调查的其他内容我们已经在本书第16章中做过详细阐述，在此不再赘述。

17.7 薪酬体系与薪酬结构

薪酬结构的内容包括薪酬决定因素、薪酬内涵、薪酬变动性等几个方面。从薪酬决定因素的角度，薪酬结构可以划分为职务/岗位工资、技能/能力工资、绩效工资、市场工资等。从薪酬内涵的角度，薪酬结构可以划分为经济性薪酬和非经济性薪酬，而经济性薪酬又可以分为直接经济性薪酬、间接经济性薪酬。从薪酬变动性的角度，薪酬结构可以分为固定薪酬和变动薪酬，或者称为保障性薪酬和激励性薪酬。薪酬结构具有丰富的内容，可以从不同角度进行划分，这也恰恰体现出薪酬结构设计的重要性。

在确定薪酬结构时，需要先详细了解薪酬策略。在薪酬策略中，与薪酬结构相关的有薪酬水平策略、薪酬决定标准策略、薪酬制度策略等，具体可以参见本书中薪酬结构和薪酬策略的相关章节。

薪酬结构设计是薪酬体系设计中的一个关键环节，需要以明确人力资源管理战略和薪酬策略、开展人力资源规划、工作分析、工作评价等为基础，也需要有市场薪酬调查数据作为支撑。满足这些条件，薪酬结构设计才能避免盲目性。

薪酬结构设计的主要内容包括薪酬类型设计、薪酬比例设计等。在进行设计前，需要对职位序列进行科学的划分。企业的职位序列通常分为5类，即管理职位序列、销售职位序列、技术职位序列、职能服务职位序列、生产职位序列。

在薪酬结构中，薪酬类型通常包括基本工资、岗位工资、技能工资、绩效工资、年资工资、补贴补助、法定福利、股权期权、非经济性薪酬等。基本工资的设定一般是为了保障员工的基本生活需要，在整体工资中的绝对比例不会太大。岗位工资是根据企业的职务/岗位而确定的工资。一般来说，企业会通过工作分析、工作评价，根据企业所有工作的技术要求、责任大小、劳动强度、工作条件、决策范围等因素进行评定。技能工资是根据员工的技能/能力而确定的工资。绩效工资是企业根据员工的实际工作结果及给企业创造的经济效益而支付给员工的工资。年资工资是根据员工在企业的工作年限而确定的一种工资形式，它主要用来鼓励员工长期为企业服务。补贴补助是为了保障员工生活的某一或某几个方面而以固定的金额发放的一种工资形式，也可以归入福利项内。法定福利主要是指法律规定企业必须为员工缴纳的一些福利项目。股权期权是为了激励员工关注企业的长期发展而设置的长期激励手段。除了以上经济性薪酬外，非经济性薪酬(如成就感、授权、培训机会、发展前景、工作环境等)也被列为薪酬结构中的一部分。

薪酬结构中的薪酬类型设计好后，就需要设计薪酬比例，主要分为固定/变动的薪酬比例、短期/长期的薪酬比例及经济/非经济的薪酬比例。

确定薪酬结构后，由于受外部人力资源市场、竞争对手、行业发展以及企业自身产品/业务调整、经营策略调整、经营目标调整等多种因素的影响，薪酬结构必须定期进行更新与调整。薪酬结构调整需要遵循与薪酬结构设计一样的原则，既要保证薪酬结构的合理性、科学性，还要能够达到激励员工和合理支出企业成本的双重目标。

有关薪酬结构的详细内容我们已经在本书第15章做过详细阐述，在此不再赘述。

17.8 薪酬体系与薪酬制度

通用性的薪酬制度包括薪酬管理的总体原则、薪酬结构、薪酬等级、薪酬考核、薪酬发放、薪酬调整、薪酬保密、福利管理、其他薪酬管理规定等内容。薪酬管理制度是一个综合制度，可以分解为不同的子制度，如薪资管理制度、福利管理制度，还可以细分为不同岗位的薪酬管理制度、薪酬总额管理制度、薪酬等级管理制度、年度调薪管理制度、具体的福利管理制度等。

在实际管理中，薪酬制度的核心是工资制度。一般来说，工资制度应根据不同的工资决定因素和不同的岗位来确定。根据不同的工资决定因素，可以将其分为职务/岗位工资制、技能/能力工资制、绩效工资制、市场工资制和组合工资制等。根据不同的岗位类型，可以将其分为管理职位工资制度、销售职位工资制度、技术职位工资制度、职能服务职位工资制度和生产职位工资制度等。

职务/岗位工资制以岗位为核心，有利于专业化管理，但也容易受岗位的限制，导致管理的僵化。技能/能力工资制以技能为核心，因人而异，可以最大限度地开发员工技能，但是由于将人作为一种资源，可能无法保证技能评定的及时与准确。绩效工资制以绩效为核心，具有很强的激励性，能够促进企业效益增长，但也具有短期性，容易引导员工只关注短期绩效，忽视企业和员工的长期发展。市场工资制以市场为核心，能够吸引和保留核心人才，增强竞争力，但也会造成企业内的不均衡，再加上市场薪酬的变动性和不可预知性，会给企业带来管理上的困难。组合工资制的核心是整合，集各类工资制度之所长，避免其短处，能够达到综合激励的作用，但在设计上和管理上的专业性壁垒较高。

管理岗位通行的工资制度是年薪制，这是一种以年度为单位，根据企业的经营规模、经营业绩、管理水平等确定额度并支付给管理者的工资制度。年薪制可以紧密结合管理岗位的工作特点，有效地平衡对管理人员的激励与约束，但是，易导致员工短期行为。销售岗位通行的工资制度是提成制，但在销售提成的设计上又有多种模式，销售岗位提成制可保证对销售人员的激励性。技术岗位通行的工资制度是岗位技能工资制，将岗位技能与个人技能结合考虑确定技术人员的工资。也有些企业实行技术人员的项目奖金制度，用于激励技术人员关注企业效益。职能服务岗位通行的工资制度是岗位工资制，主要根据岗位确定职能服务人员的工资。生产岗位的工资制度主要以计件工资制或计时工资制为主，计件工资制更为常见一些，主要以生产人员的具体生产数量为计算基准，计时工资制则根据生产时间的安排来计算工作时间。

关于薪酬制度的其他内容，我们分别在本书第10章、第13章、第14章做过详细阐述，如果有需要，读者可以自行查阅。

17.9　本章小结

本章内容在本书中非常重要，主要介绍了薪酬体系的整体设计。

首先，介绍了薪酬体系设计的重要性、目标和原则，保证内外部公平性、激励性及成本控制是薪酬体系设计重要的目标和原则。

其次，本章重点介绍了薪酬体系设计的七个步骤，即确定薪酬战略与策略、工作分析、工作评价、员工评估、薪酬调查、设计薪酬结构和制定薪酬制度。

薪酬战略与策略是薪酬体系设计的起点，也决定了薪酬体系整体的设计方向。工作分析、工作评价、员工评估、薪酬调查是四项基本工作，这四项基本工作分别从工作分工、职位等级、员工实际情况和内外部薪酬情况四个角度为薪酬体系的整体设计奠定了良好的基础。本章也对这四项基本工作进行了阐述，尤其是工作分析和工作评价两项，在本书中的其他章节涉及较少，因此本章的阐述较为详细。薪酬结构设计是前五项工作完成后进行综合评估和选择的结果，薪酬制度是薪酬体系设计的最终呈现，也是薪酬体系执行和落实的依据。

|第3篇| 精通篇

【本篇导读】

本篇为薪酬管理的高级篇，主要内容包括薪酬管理体系专业人员的规划与培养、薪酬总额与企业效益、构建企业薪酬战略、理解激励理论、理解非经济性薪酬、理解薪酬管理与企业文化的关系、了解薪酬管理的最新趋势与挑战。本篇内容主要面向薪酬管理高级人员，如薪酬总监或HRD薪酬方向的工作人员，也可作为人力资源管理高级知识来学习。

薪酬总监(HRD薪酬方向)的职责通常包括：确定及调整公司整体的薪酬策略；保证公司整体的薪酬体系实现持续优化；合理控制薪酬总额，使薪酬总额与企业效益实现动态浮动；理解最新的激励理论，结合公司实际进行运用；关注非经济性薪酬在企业中的应用；及时掌握并分析全球及所处行业的最新薪酬趋势；跟踪、发现并培养薪酬体系专业人员；跟踪薪酬发放的审批工作。

通过【精通篇】您将学到：

- 如何规划人力资源部的架构？
- 如何规划培养薪酬专业人员？
- 如何让薪酬总额与效益结合？
- 如何构建出有效的薪酬战略？
- 薪酬与激励理论主要有哪些？
- 非经济性薪酬包括哪些内容？
- 薪酬与企业文化有什么关系？
- 如何应对薪酬的发展趋势与挑战？

第18章　薪酬管理专业人员的规划与培养

【本章导读】

➢ 如何实施人力资源部职责设置？

➢ 如何设计人力资源部组织结构？

➢ 如何实施人力资源部编制设置？

➢ 如何理解人力资源配置思路？

➢ 如何划分人力资源职位等级？

➢ 如何明确薪酬专业人员岗位职责？

➢ 如何进行薪酬专业人员考核培养？

18.1　人力资源的整体规划

在规划薪酬管理体系专业人员时，要先从人力资源部出发，规划人力资源部的整体职责，设置合理的人力资源部组织架构，并明确人力资源部的年度编制。在人力资源部规划清晰的情况下，再对人力资源管理人员及薪酬管理体系中的专业人员进行规划。

首先，要明确人力资源部的部门职责。下面列举一个人力资源部部门职责书样本，以供参考，具体内容参见表18-1。

表18-1　人力资源部部门职责书(样本)

部门名称： 人力资源部
部门主要目标 1. 保证公司人力资源管理体系的完整性与规范性； 2. 保证人员招聘、选拔、使用、培养、保留、激励等各方面的有效性与及时性； 3. 保证公司、部门、员工三者利益的一致性
部门职责范围 1. 公司整体人力资源规划 组织结构设置：负责公司整体及各部门组织结构的设置与报批； 人员编制：负责公司整体人员编制的控制； 人工成本总额：负责公司整体人工成本的控制

(续表)

2. 人力资源制度 负责制定、更新及完善公司整体的人力资源管理制度，保证制度的合法性与规范性。 3. 职位体系 负责制定、完善公司整体的职位体系，落实职位说明书的制定与完善。 4. 干部管理 (1) 干部的选拔：制定干部选拔标准，根据公司业务发展情况严格按标准开展干部选拔工作； (2) 干部的任免：及时对干部层进行任免。 5. 招聘管理 (1) 人员需求分析：对编制内的人员需求进行详细分析； (2) 招聘渠道管理：选择招聘渠道，与供应商谈判签约，维护招聘渠道等； (3) 校园招聘：校园招聘的策划、整体管理； (4) 人员甄选：面试、笔试、背景调查、组织其他测试； (5) 人员录用：Offer管理、发放录用通知及协助办理录用手续。 6. 薪酬考核管理 (1) 薪资管理：薪资制度的完善、薪资标准的核定、薪资的发放、薪资分析、薪资调查； (2) 考核管理：考核制度的完善、考核的执行； (3) 员工奖惩管理：优秀员工管理等； (4) 考勤管理； (5) 福利管理：福利制度的完善、福利的执行。 7. 培训管理 (1) 培训体系：培训体系的建立、课程策划、部分课程的开发； (2) 培训日常管理：培训的执行、培训效果评估管理； (3) 内部培训师：内部培训师的选拔及日常管理； (4) 培训费用：培训费用的控制、培训协议的管理。 8. 员工关系管理 (1) 劳动合同管理：劳动法规的学习与内部宣讲、劳动合同定期更新、劳动合同的续签等； (2) 员工离职管理：离职面谈、相关补偿、离职手续管理等； (3) 员工慰问：及时关怀员工，对有特殊情况或处于困难中的员工及时给予慰问与帮助； (4) 劳动监察、劳动仲裁：社保审计、员工劳动仲裁等。 9. 下属控股子公司/区域平台人力资源管理 (1) 下属控股子公司/区域人力资源政策的学习与掌握； (2) 下属控股子公司/区域人力资源个性化制度的制定与申报； (3) 下属控股子公司/区域整体人力资源管理的监控。 10. 其他 (1) 外派人员：外派人员的聘用及日常管理； (2) 人事档案的立/销户、日常管理； (3) 人才引进、工作居住证、应届毕业生指标申请及接收等的办理； (4) 在司档案管理； (5) HR管理系统的维护
备注： 该部门职责书每年随部门计划一并制订，报董事会审批后执行

其次，在人力资源规划中绘制人力资源部组织结构图，相关样本见图18-1。

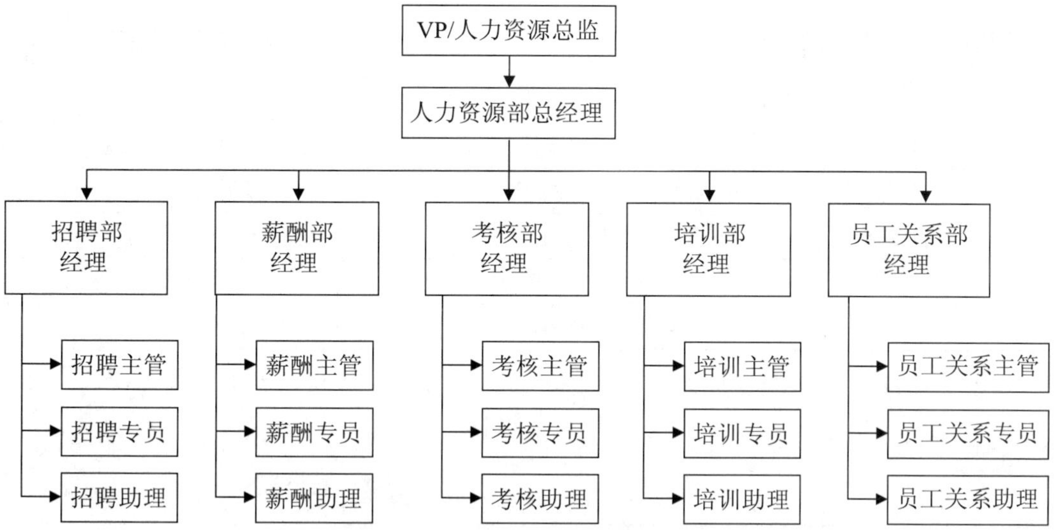

图18-1　人力资源部组织结构图(样本)

最后，在人力资源部规划中，明确人力资源部的年度人员编制，相关样本参见表18-2。

表18-2　人力资源部年度人员编制(样表)

序号	一级部门	二级部门	职位	职位属性	编制数量
1	人力资源部		主管副总裁	高级管理	1
2	人力资源部		人力资源总监	高级管理	1
3	人力资源部		人力资源部总经理	中级管理	1
4	人力资源部	招聘部	招聘部经理	初级管理	1
5	人力资源部	招聘部	招聘主管	主管级员工	2
6	人力资源部	招聘部	招聘专员	专员级员工	5
7	人力资源部	招聘部	招聘助理	助理级员工	6
8	人力资源部	薪酬部	薪酬部经理	初级管理	1
9	人力资源部	薪酬部	薪酬主管	主管级员工	1
10	人力资源部	薪酬部	薪酬专员	专员级员工	2
11	人力资源部	薪酬部	薪酬助理	助理级员工	2
12	人力资源部	考核部	考核部经理	初级管理	1
13	人力资源部	考核部	考核主管	主管级员工	1
14	人力资源部	考核部	考核专员	专员级员工	2
15	人力资源部	考核部	考核助理	助理级员工	2
16	人力资源部	培训部	培训部经理	初级管理	1
17	人力资源部	培训部	培训主管	主管级员工	6
18	人力资源部	培训部	培训专员	专员级员工	3

(续表)

序号	一级部门	二级部门	职位	职位属性	编制数量
19	人力资源部	培训部	培训助理	助理级员工	2
20	人力资源部	员工关系部	员工关系部经理	初级管理	1
21	人力资源部	员工关系部	员工关系主管	主管级员工	1
22	人力资源部	员工关系部	员工关系专员	专员级员工	2
23	人力资源部	员工关系部	员工关系助理	助理级员工	2
年度部门总编制					47

此外，关于人力资源管理人员的数量配置，也要以企业整体人员数量为依据，具体的配置标准可参考表18-3。

表18-3　人力资源管理人员的配置要求(参考)

序号	人员规模	行政管理人员配置标准	人力资源管理人员配置标准	说明
1	0～50人	行政人事经理1人 行政人事助理兼前台1人 司机(公务车/台/人)	行政人事经理1人(兼) 行政人事助理1人	行政、人力资源部所有人员合并
2	50～150人	行政人事经理1人 行政助理兼前台1人 司机(公务车/台/人)	行政人事经理1人(兼) 人事专员(助理)1人(专员或助理根据工作量核定)	行政、人力资源部管理人员部分合并
3	150～250人	行政人事经理1人 行政助理1人 前台1人 司机(公务车/台/人)	行政人事经理1人(兼) 人事专员1人 人事助理1人	行政、人力资源部管理人员部分合并
4	250～500人	行政经理1人 行政助理2人 前台1人 司机(公务车/台/人)	人事经理1人 人事专员2人 人事助理1人	行政、人力资源部分立
5	500～1000人	行政经理1人 行政主管1人 行政助理2人 前台1～2人 司机(公务车/台/人)	人力资源部经理1人 人事主管1～2人 人事专员2～4人 人事助理1～2人	行政、人力资源部分立

18.2　薪酬专业人员的规划

在明确了人力资源部整体规划的基础上，就可以对薪酬体系的专业人员进行规划，具体可以分为两步：第一步，对人力资源不同等级的专业人员进行细化；第二步，对薪酬体系的专业人员进行细化。

一般来说，可以将人力资源管理专业人员划分为总监、经理、主管、专员、助理五个级别，这五个级别的简要职责及基本任职要求见表18-4。

表18-4　人力资源岗位等级要求

岗位名称	简要职责	基本任职要求
人力资源总监	● 公司战略在人力资源部的贯彻执行； ● 公司人力资源规划的全面设计与执行； ● 公司整体人力资源管理体系的建设与推进； ● 公司整体人力资源制度的完善； ● 人力资源专业管理人员的培养与激励	● 15年以上人力资源专业从业经验，8年以上企业高级管理经验； ● 35岁以上，成熟、稳健； ● 熟悉公司的主要业务； ● 对人力资源各个领域有丰富的经验与实践操作能力； ● 具备极强的沟通与组织能力
人力资源经理	● 公司人力资源计划的制订与执行； ● 人力资源制度的建设； ● 人力资源日常管理机制的完善与统筹管理； ● 下属人力资源人员的考核与激励	● 8年以上人力资源专业从业经验，3年以上企业管理经验； ● 熟悉公司的主要业务； ● 对人力资源各个领域有深入了解及实践操作能力； ● 具备较强的沟通与组织能力
人力资源主管	● 专项人力资源工作的日常统筹管理，保证专项人力资源工作管理机制的正常运行； ● 专项人力资源的个性化制度制定	● 5年以上人力资源专业从业经验； ● 对人力资源1～2个专业领域有深入了解，具有实践操作能力； ● 具备较强的沟通与组织能力
人力资源专员	● 专项人力资源工作(如招聘、薪资、考核、培训等)的具体执行； ● 专项人力资源工作的改进	● 3年以上人力资源专业从业经验； ● 对人力资源1～2个专业领域有一定的了解，有实践操作能力； ● 具备一定的沟通与组织能力
人力资源助理	● 执行人力资源日常基础支持性工作； ● 对于专项人力资源的管理给予初级协助	● 1年以上人力资源专业从业经验； ● 对人力资源1～2个专业领域的基础工作有一定了解，有实践操作能力； ● 具备一定的沟通与组织能力

此外，薪酬管理专业人员的职责规划还可以细分到岗位，具体可以参见表18-5、表18-6、表18-7、表18-8。

表18-5　薪酬部经理职位说明书

职位名称：薪酬部经理	职位代码：××××
所属部门：人力资源部	直属上级：人力资源部总经理
工作职责范围： ● 协助人力资源部总经理完成人力资源规划方案； ● 建设并完善人力资源管理体系中的薪酬体系； ● 制定并完善薪酬体系管理制度和流程，监督各项薪酬制度、流程的执行； ● 完成人工成本预算的制定并及时汇总分析； ● 完成薪酬日常管理工作； ● 负责薪酬部员工的工作安排、考核、规划等； ● 配合制定绩效考核体系的制度和流程； ● 完成部门领导交办的其他工作	

(续表)

任职资格： ● 年龄：30岁以上。 ● 性别：不限。 ● 教育背景：本科以上相关专业毕业，接受过人力资源相关培训。 ● 经验：从事人力资源工作8年以上，精通并熟练掌握人力资源各模块，有团队管理经验。 ● 技能：了解现代企业人力资源管理模式，具有一定的实践经验积累，对人力资源管理薪酬模块有深入的认识；熟悉国家相关的政策、法律法规；具备良好的人际交往能力、组织协调能力、沟通能力以及解决复杂问题的能力

表18-6　薪酬主管职位说明书

职位名称：薪酬主管	职位代码：××××
所属部门：薪酬部	直属上级：薪酬部经理
工作职责范围： ● 配合薪酬部经理制定薪酬相关制度与管理流程； ● 制定人工成本预算并对工资总额进行监控； ● 开展薪酬满意度调查与外部薪酬调查； ● 指导薪酬专员完成每月薪资的发放、汇总、分析； ● 指导薪酬专员开展社会保险、住房公积金的日常管理工作； ● 指导薪酬专员和薪酬助理执行日常工作流程； ● 完成部门领导交办的其他工作	
任职资格： ● 年龄：28岁以上。 ● 性别：不限。 ● 教育背景：本科以上相关专业毕业，接受过人力资源相关培训。 ● 经验：从事人力资源工作5年以上，精通并熟练掌握人力资源两个以上的模块，有一定的团队管理经验。 ● 技能：具有良好的执行能力、人际沟通能力，精通劳动法、劳动合同法等国家各项法律法规和政策；熟练掌握Word、Excel等办公软件；具备一定的管理技巧，以及带领团队的技能	

表18-7　薪酬专员职位说明书

职位名称：薪酬专员	职位代码：××××
所属部门：薪酬部	直属上级：薪酬部经理
工作职责范围： ● 工资的及时、准确发放； ● 工资的统计、汇总分析； ● 社会保险、住房公积金业务的及时、准确办理； ● 补充医疗保险的增减、理赔及年度核算； ● 其他福利的日常执行工作； ● 完成部门领导交办的其他工作	
任职资格： ● 年龄：24岁以上。 ● 性别：不限。 ● 教育背景：本科以上学历，人力资源或相关专业毕业。 ● 经验：3年以上人力资源相关工作经验。 ● 技能：熟悉劳动合同法等国家各项法律法规和政策；了解社会保险和公积金的缴纳、享受及操作方式；熟练使用Office办公软件；具备良好的职业道德素养和保密意识，踏实稳重，有良好的逻辑思维能力	

表18-8　薪酬助理职位说明书

职位名称：薪酬助理	职位代码：××××
所属部门：薪酬部	直属上级：薪酬部经理
工作职责范围： ● 日常薪酬管理数据的统计、汇总； ● 日常薪酬档案的整理； ● 工资发放的协助工作； ● 社会保险、住房公积金业务的协助工作； ● 其他福利的执行协助工作； ● 部门领导交办的其他工作	
任职资格： ● 年龄：22岁以上。 ● 性别：不限。 ● 教育背景：本科以上学历，人力资源或相关专业毕业。 ● 经验：1年以上人力资源相关工作经验。 ● 技能：熟悉国家各项劳动法律法规和政策；熟练使用Office办公软件；具备良好的职业道德素养和保密意识，踏实稳重，有良好的沟通和协调能力	

18.3　薪酬专业人员的培养

在明确了人力资源部职责、组织结构、人员编制，以及人力资源职级和薪酬专业人员的岗位设置后，就可以开展薪酬管理专业人员的跟进与培养工作，一般包括以下几项内容。

1. 薪酬管理专业人员的培训考核体系

一般来说，对薪酬管理专业人员的培训考核主要分为岗前培训考核与岗中培训考核两类。

➢ 岗前培训考核的要点

(1) 知识考核，主要包括以下方面。

① 培训内容：人力资源管理制度、管理流程、法律法规。

② 考核方式：笔试。

③ 要求：经过面授培训和自学后，笔试成绩达标。

(2) 能力考核，主要包括以下方面。

① 培训内容：实际操作能力(人力资源专业实际案例，计算机操作等)。

② 考核方式：调查及实际案例操作。

③ 要求：经验达到要求年限，实际案例操作达标。

(3) 态度及个人品德考核，主要包括以下方面。

① 培训内容：人力资源人员态度及品德要求。

② 考核方式：调查了解。

③ 要求：达到人力资源人员个人态度及品德要求。

➢ 岗中培训考核的要点

(1) 基础考核(季度执行)，主要包括以下几个方面。

① 工作及时性；

② 工作准确性；

③ 工作完整性；

④ 客户投诉情况。

(2) 季度考核的结果，参照季度绩效工资的发放情况。

(3) 全面考核(年度执行)，主要包括以下几个方面。

① 季度考核的结果；

② 个人专业知识的掌握；

③ 个人专业管理能力的提高。

(4) 全面考核的结果，主要包括以下几个方面。

① 年度奖金的发放；

② 薪资的调整；

③ 个人发展。

2. 薪酬管理专业人员的轮岗

(1) 考核的角度，主要包括以下几个方面。

① 日常工作考核的结果；

② 个人潜能考察(专业知识、专业能力、个性特点)；

③ 态度、个人品德考察。

(2) 考核的结果，主要包括以下两个方面。

① 岗位调整；

② 岗位轮换。

3. 薪酬管理专业人员的职业发展规划

通常情况下，薪酬管理专业人员的职业发展途径有两条：一条为专业途径，即专业、深入地从事薪酬管理工作，职位路径为“薪酬助理、薪酬专员→薪酬主管、薪酬经理→薪酬总监或者薪酬专家”；另一条发展途径为管理途径，即职位上升后以从事综合性的人力资源管理工作为主，职位路径为“薪酬助理、薪酬专员→人力资源主管、人力资源经理→人力资源总监或主管副总经理”。人力资源专业人员发展途径如图18-2所示。

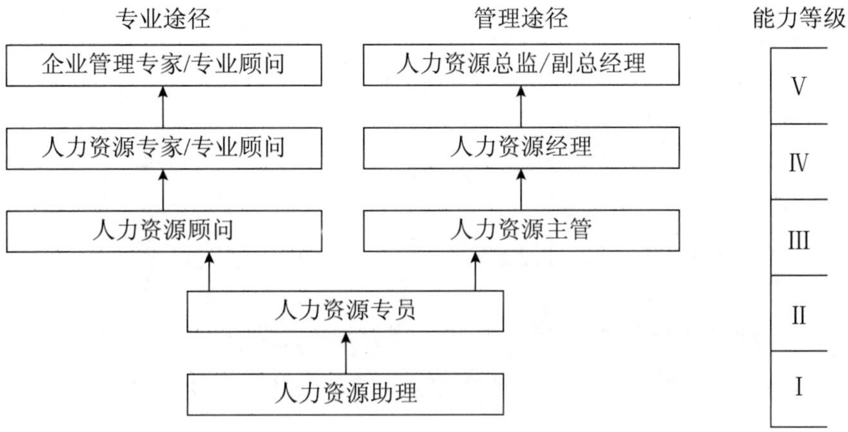

图18-2　人力资源专业人员发展途径

18.4　本章小结

本章主要介绍了薪酬管理专业人员的规划与培养。作为公司人力资源最高级别的管理人员，薪酬专业人员的规划与培养是整体人力资源管理体系和薪酬管理体系落实并提升的关键所在。

首先，本章介绍了人力资源部的整体人员规划思路，包括人力资源部通常的职责设置、人力资源部的组织结构设置、人力资源部的编制设置，以及根据实践经验，依据企业规划配置人力资源管理人员的方法。

其次，详细介绍了薪酬管理专业人员的配置。薪酬管理专业人员的职位等级与人力资源管理人员是一致的，一般分为助理、专员、主管、经理、总监五级。此外，还详细阐述了薪酬部经理、薪酬主管、薪酬专员、薪酬助理的职责范围及任职条件。

最后，介绍了薪酬管理专业人员的培养，一般分为培训考核、轮岗和职业规划三个方面。培训考核又细分为岗前培训考核与岗中培训考核，职业规划途径一般分为专业途径和管理途径两大类。

第19章 管理企业薪酬总额

【本章导读】

- 如何理解薪酬总额与企业效益?
- 如何理解薪酬总额与企业管理?
- 如何掌握企业年度调薪的方法?
- 如何理解薪酬总额与效益浮动?

19.1 薪酬总额与企业效益

薪酬总额管理是企业人力资源管理、薪酬管理的重要方面。合理管理企业薪酬总额，不仅有利于企业加强对经营风险的控制，也是建立企业投入与产出的合理配比关系的重要保证，能够促进企业效益的实现。

19.1.1 薪酬总额与成本控制

企业效益的实现一方面靠资源效能发挥，另一方面靠成本费用控制。我们先从薪酬总额管理中合理控制成本费用的角度来看薪酬总额与企业效益的关系，应主要遵循以下几项原则。

(1)“以效益为中心、量入为出”的原则，即薪酬总额一定要依据企业经济效益确定，量入为出。

(2)“两低于”的原则，即坚持企业薪酬总额的增长幅度低于企业经济效益的增长幅度，员工实际平均工资增长幅度低于劳动生产率的增长幅度。

(3)“谨慎增长”的原则，即薪酬总额的增长在某种程度上具有刚性，因此，薪酬总额增长一定要遵循谨慎增长的原则。

(4)“与经营结果动态浮动”的原则，即薪酬总额一定要根据企业实际经营结果适时进行动态浮动，保证收入与支出的合理配比关系。

遵循以上原则，企业能够在保证效益实现的同时合理控制成本费用。但是，从另外一个角度看，薪酬总额的支出是为了将企业人力资源作为一种资本投入运营并获得产出，而不仅仅是控制成本费用。所以，从薪酬总额资源发挥的角度看，薪酬支出的合理性与激励性能够保证企业人力资源充分发挥效能，进而促进企业效益的产生。

19.1.2　薪酬总额与企业效益

薪酬总额效能的发挥能促进企业产生效益，因此，要平衡薪酬总额与企业效益的关系，主要应遵循以下几项原则。

(1)“宏观搞好、微观搞活”的原则。对薪酬总额的宏观控制并不影响根据工作结果对员工个人进行分配的微观管理，应协调好宏观与微观的关系，不要因为工资总额的宏观管理而导致对员工工资微观管理的平均主义。

(2)“激励性为主”的原则。在实施薪酬总额管理时，要设置合理的薪酬结构以保证薪酬的激励性，使薪酬支出能够真正促进员工发挥能力，产生绩效。

(3)“以实际效益(结果)为导向”的原则。薪酬总额的支出要以实际效益(结果)为导向，如此才能促进人力资源效能的发挥，并最终与企业效益相结合。

总之，薪酬总额与企业效益之间是互相依存、互为基础又互相促进的关系。

19.2　薪酬总额与企业管理

薪酬总额管理是人力资源管理的关键环节，它的重要性不言而喻。但同时，薪酬总额管理在企业管理中又是一把双刃剑，为什么这样说呢？

企业设计薪酬制度之初，基本出发点是吸引、保留、激励人才，降低员工的流动率，提高员工的满意度和忠诚度，使其更加努力工作，最终使企业获得效益，获得竞争优势和长期发展。薪酬总额管理是薪酬制度中的关键环节，两者的目标自然也是一致的。但是，当薪酬制度逐步细化、薪酬总额管理愈发专业化时，企业管理者(包括人力资源管理者)却发现，在企业经营管理中，薪酬总额管理面临一个很实际的问题，那就是：薪酬总额管理如何既能保证刚性总额控制，又能保证薪酬的即时、公平激励？或者说，即使对薪酬总额实施了合理的管理与控制，是不是就能够保证对员工的激励性及企业效益的实现？

我们先从薪酬总额管理的角度出发来看管理的一个方面。在前面的章节中，我们已经全面地介绍过薪酬总额预算制定的目标、方法、步骤，以及统计汇总薪酬总额预算与实际薪酬支出之后所做的调整。应该说，从整体来看，薪酬总额在制定之初就结合了企业战略、经营计划以及部门和个人需求，而且在实施过程中还对薪酬总额预算做了调整以适应实际需求，薪酬总额管理与员工的激励性和企业效益之间好像没有矛盾。但是，在现实的企业管理中，薪酬总额管理与员工激励性和企业效益之间往往会产生一定程度的矛盾，主要原因包括两方面：一是企业经营过程中发生的快速变化；另一个是薪酬的刚性特点。

在企业经营过程中发生的快速变化，是所有企业管理者都不得不面对的。在现代社会逐步开放的市场环境中，技术革新和信息爆炸使企业处于一个不断变化的环境中，唯一不变的是变化本身。这些变化包括：企业业务的快速发展与萎缩，与之相对应的是企业员工的快速增加与减少；市场环境变化引起的员工大量流动，企业不得不快速补充新员工；企业效益的急速变化，往往会影响薪酬的支出。在很多时候，这些变化是在薪酬总额制定之初难以预料的，所以在实施薪酬总额管理时就需要时时考虑这些变化，围绕变化做出调整。而这些变化，往往会导致企业经营的失衡。

另外一个不得不考虑的因素，就是薪酬的刚性。在企业管理中，薪酬支出往往是滞后的，也就是说，薪酬往往是对结果的一种滞后性反映。例如，绩效工资必须要在一定周期绩效统计的基础上，才能确定是否发放、发放多少。在这个周期之内，企业必须要足额、按期支付固定的工资、福利，这些固定的支出就具有一定的刚性。当企业还想根据效益的增减对薪酬总额做出调整时，往往已经滞后了。另外，由于劳动法等法律法规的要求，即使企业发现效益降低想对薪酬总额进行调整，也需要向员工支付经济补偿金等，这不仅在短期内没有降低薪酬总额，反而引起了薪酬总额的上升，会使本来就面临困难的企业雪上加霜。此外，企业招聘了新员工之后，需要进行技能培训和文化培训，在招聘和真正产生效益之间还有一个周期，而且存在一个成功率的问题，这期间的薪酬支出和失败支出也体现了薪酬的刚性。

基于以上两点，在某种程度上，薪酬总额管理会与企业的经营管理、效益产出和员工激励产生一定的矛盾。企业管理者，包括人力资源管理者，在意识到薪酬总额管理在企业管理中的“双刃剑”作用后，就要考虑如何化解矛盾，实现薪酬总额管理与企业管理的真正统一，既保证薪酬总额的合理控制，又保证薪酬支出能够对员工起到激励作用，从而将薪酬支出转化为企业效益。在后面的章节中，我们会从年度调整策略、薪酬总额与企业效益动态浮动两个角度来阐述化解这种矛盾的办法。

19.3 落实好企业年度调薪

19.3.1 企业年度调薪的定义

企业年度调薪是企业以年度为单位，综合考虑社会物价水平、行业薪酬变化、企业效益变化、员工激励等因素而进行的企业薪酬总体性调整。企业年度调薪分为宏观调薪和微观调薪。宏观的企业年度调薪包括企业对年度薪酬策略、薪酬总额、薪酬构成、薪酬体系、薪酬制度、薪酬分配等多方面、多层面的调整；微观的企业年度调薪一般仅指对员工相对固定的部分薪酬所做的年度调整。在这里，我们论述的是微观的企业年度调薪。

企业年度调薪是企业管理者和人力资源专业管理人员每年都必须面对的重要管理问题。有效的企业年度调薪可以合理地控制薪酬总额增长、激励/保留优秀人才，而失效的企业年度调薪则会成为企业管理的负面推手，不仅不能有效控制薪酬总额的增长，还会导致优秀人才的大量流失，损害企业的整体利益。

19.3.2 企业年度调薪的影响因素及类型

1. 企业年度调薪的影响因素

一般来说，企业进行年度调薪时，应主要考虑以下几个因素。

➢ 国家/地区物价指数的影响

薪酬中的固定薪酬是用来保障员工基本生活水平的，当出现通货膨胀时，员工原有的固定薪酬就会贬值，实际上相当于降低了员工薪酬。如果不能及时调整，必然会出现员工流失现象。当然，由于薪酬有一定的刚性，当物价指数下降时，难以将员工的薪酬做下浮调整。

➢ 行业性市场薪酬水平的变化

在企业所处的行业中，同等职位的薪酬变化是企业年度调薪的直接冲击因素。随着人才市场竞争的日趋激烈，企业提供的薪酬能否在市场上具有足够的竞争力、吸引力，已经成为吸引、保留人才的关键点，虽然也要兼顾企业文化、发展前景、团队建设等因素，但不得不说，薪酬仍是一个基本的、重要的因素，它直接决定了大多数人才的去留。

➢ 员工绩效、能力、职位、服务年限的变化

在企业内部，一年之内几乎所有的员工都在变化中，不仅是员工的流动，还包括在职员工个人经验的积累、能力的提升、职位的调整、实际绩效的好坏、服务年限的长短等，这些变化原则上都与员工的薪酬有直接关系。对于那些个人经验有积累、个人能力有提升、个人职位有上升、个人绩效好、服务年限长的员工，企业要通过涨薪进行激励，只有这样才能充分鼓舞员工的士气，有效调动员工的工作积极性，促进这些优秀员工为企业创造更多的价值。

➢ 企业经营效益的变化

企业效益的变化也是决定企业是否进行年度调薪和调整比例的一个决定性因素。任何薪酬调整都源于企业产生效益并以促进企业产生效益为目标。当企业效益增长时，通过给员工调薪，将企业的经营成果与员工共享，可以提升员工的忠诚度与凝聚力；当企业经营面临困难时，企业年度调薪必然会受到影响，企业经营效益的降低最终需要员工来共同承担。

2. 企业年度调薪的类型

企业年度调薪可细分为以下几种类型。

➢ 1类：物价水平因素的年度调薪

这类调薪一般会面向某一地区的全体员工。主要目标是适应当地通货膨胀引起的物价水平变化，保证员工基本薪酬水平不下降。

➢ 2类：行业市场因素的年度调薪

这类调薪主要针对行业内关键性竞争岗位的核心员工。主要目标是保证核心员工在行业市场上的竞争力，保证不被竞争对手挖走。这种调薪主要适用于核心研发人才、销售人才或管理人才等。

➢ 3类：员工绩效因素的年度调薪

这类调薪主要针对绩效结果有变化的员工。主要目标是将年度薪酬调整与员工的实际绩效挂钩，保证薪酬的及时激励性。这种调薪主要适用于销售人员等。

➢ 4类：员工能力因素的年度调薪

这类调薪主要针对公司需要的能力有所提升的员工。主要目标是激励有能力的员工提升绩效水平，为企业创造更多的价值。这种调薪主要适用于经过培训提升最新技能的核心员工等。

➢ 5类：员工晋升因素的年度调薪

这类调薪主要针对企业内职位获得晋升的员工。主要目标是将职位薪酬与员工薪酬进行匹配，保证员工晋升后获得合理的薪酬。

➢ 6类：员工工龄因素的年度调薪

这类调薪主要针对在企业内长期服务的员工。主要目标是保证长期为企业服务的员工的薪酬随着服务年限有一定的调整。这种调薪主要适用于后勤服务类人员，以鼓励员工长期为企业服务。

➢ 7类：企业效益因素的年度调薪

这类调薪主要根据企业或部门效益对所属员工实施薪酬整体性调整。主要目标是鼓励员工将个人收入与部门或企业效益挂钩，关注个人产出与团队效益的直接关系。

为便于对比分析，我们将不同类型的年度调薪进行归纳整理，具体见表19-1。

表19-1　年度调薪的主要类型

序号	年度调薪类别	决定因素	要解决的问题
1	物价型年度调薪	物价水平(如CPI)	通货膨胀引起的物价水平变化
2	市场型年度调薪	市场薪酬水平	保证核心员工在行业市场上的竞争力
3	绩效型年度调薪	员工绩效	保留绩效提升的员工
4	能力型年度调薪	员工能力	保留能力提升的员工
5	晋升型年度调薪	员工晋升	保留晋升的员工
6	年资型年度调薪	员工服务年限	保留长期为企业服务的员工
7	效益型年度调薪	企业效益	根据企业效益对员工进行调薪

19.3.3　企业年度调薪的步骤

企业进行年度调薪时，一般执行如下几个步骤。

1. 收集整理年度调薪的基础数据和信息

在进行年度调薪前，企业管理者和人力资源专业人员要先收集年度调薪所需的基础数据和信息，通常包括：

① 国家和地区通货膨胀指数、物价指数；

② 企业所在行业主要竞争对手核心岗位的薪酬情况，这可通过外部薪酬调查报告得出；

③ 企业所在市场的劳动力供给情况，主要针对核心岗位的人员供求；

④ 地区性人力资源管理政策的调整情况；

⑤ 企业上一年度的实际经营结果，企业未来年度及下一年度的经营目标；

⑥ 过去年度的各级员工的绩效考核结果；

⑦ 企业其他特殊信息，例如是否有上市或并购的计划、是否有大型新业务拓展计划、是否有重大业务收缩计划等。

2. 根据基础数据和信息提出年度调薪整体方案，并与重点管理人员沟通

在仔细分析基础数据和信息的基础上，由人力资源专业人员草拟年度调薪整体方案，方案内容包括：

① 年度调薪的背景分析及策略；

② 年度调薪的总额及比例；

③ 年度调薪的具体实施方案，这个实施方案中又包括年度调薪的部门、人员、具体金额、调薪原因、原有额度、增长比例、年度调薪实施时间、年度调薪工作的具体分工等；

④ 年度调薪的结果预测及对未来的影响。

由于年度调薪涉及的管理面很宽，重点在于会涉及企业内大多数人的利益，所以，年度调薪一定要非常慎重。一般来说，在年度调薪方案初稿的基础上，要广泛征求企业核心管理层的意见，例如中层、高层管理人员，以及业绩优秀的主管。往往很多企业缺乏这种年度调薪的沟通机制，当实施年度调薪时，仅由一个或几个企业负责人确定某一比例，之后就由人力资源部直接下发至各部门负责人，由各部门负责人再填写相应的调薪数据。由于没有足够的沟通，导致年度调薪变成僵化的数额调整，结果不仅增加了企业成本，还引起了各级员工对调薪的不满，甚至会产生负面影响。

年度调薪方案的沟通方式有很多种，可根据企业文化的不同采取不同的方式。一般情况下，企业多采取小范围征求意见与广泛征求意见两种。小范围征求意见一般仅限于企业的中层、高层或部分核心人员，征求意见的方式可以是单独沟通或召开小范围会议。广泛征求意见比较适用于企业文化相对开放的企业，直接面向全体员工公布并征求意见。两种方式没有绝对的好坏，主要看企业的文化特点。

一般来说，通过年度调薪方案的沟通，企业最高管理者与核心人员或全体员工可在年度调薪的背景与策略、年度调薪的具体方式与原因、年度调薪的总额与比例、年度调薪的总体流程、年度调薪的注意事项等方面达成一致意见。在这个过程中，人力资源专

业人员需对年度调薪方案进行调整，并根据最终的沟通结果确定年度调薪方案。

3. 年度调薪方案公布与具体实施

年度调薪方案确定并在企业内公布后，年度调薪就开始进入实施阶段。需要注意的是，年度调薪方案的公布可以面向全体员工，也可以面向部分管理层，毕竟年度调薪不是由员工个人来决定的。典型的企业内部年度调薪申请审批表如表19-2所示。

表19-2　年度调薪申请审批表

公司：　　　　　　　　一级部门：　　　　　　　　二级部门：　　　　　　　　××××年××月××日

<table>
<tr><th>序号</th><th>部门</th><th>姓名</th><th>职位</th><th>在司年限</th><th>现薪资额</th><th>上次调薪时间</th><th>上次调薪金额</th><th>上年度考核结果</th><th>本年度考核结果</th><th>是否晋升职位</th><th>本次调薪原因</th><th>本次调薪额度</th><th>本次调薪比例</th><th>其他说明</th></tr>
<tr><td></td><td></td><td></td><td></td><td></td><td></td><td></td><td></td><td></td><td></td><td></td><td></td><td></td><td></td><td></td></tr>
<tr><td></td><td></td><td></td><td></td><td></td><td></td><td></td><td></td><td></td><td></td><td></td><td></td><td></td><td></td><td></td></tr>
<tr><td></td><td></td><td></td><td></td><td></td><td></td><td></td><td></td><td></td><td></td><td></td><td></td><td></td><td></td><td></td></tr>
<tr><td></td><td></td><td></td><td></td><td></td><td></td><td></td><td></td><td></td><td></td><td></td><td></td><td></td><td></td><td></td></tr>
<tr><td></td><td></td><td></td><td></td><td></td><td></td><td></td><td></td><td></td><td></td><td></td><td></td><td></td><td></td><td></td></tr>
<tr><td></td><td></td><td></td><td></td><td></td><td></td><td></td><td></td><td></td><td></td><td></td><td></td><td></td><td></td><td></td></tr>
<tr><td colspan="5">汇总</td><td></td><td></td><td></td><td></td><td></td><td></td><td></td><td></td><td></td><td></td></tr>
<tr><td colspan="5" rowspan="6">部门整体申请调薪分析</td><td>按级别分</td><td colspan="3">人数</td><td colspan="2">调薪额</td><td colspan="2">占调薪总额比例</td><td colspan="2">说明</td></tr>
<tr><td>普通员工</td><td colspan="3"></td><td colspan="2"></td><td colspan="2"></td><td colspan="2"></td></tr>
<tr><td>骨干员工</td><td colspan="3"></td><td colspan="2"></td><td colspan="2"></td><td colspan="2"></td></tr>
<tr><td>初级管理</td><td colspan="3"></td><td colspan="2"></td><td colspan="2"></td><td colspan="2"></td></tr>
<tr><td>中级管理</td><td colspan="3"></td><td colspan="2"></td><td colspan="2"></td><td colspan="2"></td></tr>
<tr><td>高级管理</td><td colspan="3"></td><td colspan="2"></td><td colspan="2"></td><td colspan="2"></td></tr>
<tr><td colspan="5" rowspan="6">部门整体申请调薪分析</td><td>按类别分</td><td colspan="3">人数</td><td colspan="2">调薪额</td><td colspan="2">占调薪总额比例</td><td colspan="2">说明</td></tr>
<tr><td>销售人员</td><td colspan="3"></td><td colspan="2"></td><td colspan="2"></td><td colspan="2"></td></tr>
<tr><td>技术人员</td><td colspan="3"></td><td colspan="2"></td><td colspan="2"></td><td colspan="2"></td></tr>
<tr><td>生产人员</td><td colspan="3"></td><td colspan="2"></td><td colspan="2"></td><td colspan="2"></td></tr>
<tr><td>职能人员</td><td colspan="3"></td><td colspan="2"></td><td colspan="2"></td><td colspan="2"></td></tr>
<tr><td>管理人员</td><td colspan="3"></td><td colspan="2"></td><td colspan="2"></td><td colspan="2"></td></tr>
<tr><td colspan="5">其他补充</td><td colspan="10"></td></tr>
<tr><td colspan="5">申请人意见</td><td colspan="10"></td></tr>
<tr><td colspan="5">审批人意见</td><td colspan="10"></td></tr>
</table>

小贴士：年度调薪中部门可能产生的偏颇

在年度调薪的实施过程中，部门负责人可能会做出以下几种不当的行为：①平均主义思想，不得罪人，将调薪总额按统一的比例分配至员工，不能体现差异；②调薪集中于与部门负责人私交好的某一或某几个员工；③只是按照职位高低或薪酬总额的顺序调薪，不考虑能力、绩效的差别；④只依据绩效调薪，忽视绩效难以量化的岗位和多年服务的人员；⑤只针对市场稀缺的岗位或人员调薪，不注重绩效、能力或其他因素；⑥以服务年限为核心依据调薪，按服务年限论资排辈；等等。

审批各级部门负责人上报的调薪申请审批表时，企业高级管理者或人力资源专业人士要及时从中发现问题。在调薪过程中，要及时与部门负责人和核心员工保持交流，如果发现问题比较严重，应要求部门负责人重新调整调薪申请，以确保年度调薪的公平、合理及激励作用。

4. 年度调薪的执行与结果分析

年度调薪经申请与审批后，应公布最终结果并开始执行。由于年度调薪涉及大多数员工的个人利益，在通知与执行环节，将薪酬变动通知信发放给员工个人时，人力资源部与部门主管应分别与员工进行沟通。在沟通中要充分解释企业的调薪政策及比例，让每一位员工都知道企业的鼓励方向及员工个人的绩效表现，并引导员工积极正面地看待年度调薪。一般来说，面向员工的年度调薪沟通也可与年度绩效沟通合并进行。

在企业实际管理过程中，部门负责人往往会逃避与员工进行沟通。除了调薪不会使所有人都满意的原因外，部门负责人往往不愿面对绩效差的员工，更不愿去当面批评和指责员工。针对这个问题，企业可制定一个管理流程，要求部门负责人做此项沟通，部门负责人应通知下属是否有年度调薪，分析调薪的原因，明确过去工作中的成绩与不足，表达公司对他未来的期望，共同规划未来的职业生涯发展等。

在正式公布调薪结果以后，总会有部分员工存在不满情绪。企业可为员工设置专门的申诉渠道，接受员工的投诉，这样可以在很高程度上规避年度调薪的负面影响，通过加强沟通、解释，可舒缓员工心中的不满。对于企业中关键岗位或优秀人才的投诉，人力资源专业人员或企业管理者应该特别注意，找出原因并做出积极妥善的调整，以免造成核心人员流失。

年度调薪执行完毕后，人力资源专业人员要形成企业年度调薪分析报告，仔细分析年度调薪过程中的成绩与不足，分析年度调薪整体结果对企业成本、经营目标的影响，以及在年度调薪中发现的企业管理和人力资源管理中的其他问题。

19.3.4　企业年度调薪实操案例

案例一：根据部门业绩设定年度调薪总额的应用案例

在这个案例中，企业要求下属各部门根据上一年度的业绩完成比例来进行下一年度的部门薪酬总额调整。原则上是完成业绩的比例越高，调薪总额也越高；完成业绩的比例越低，调薪总额也越低，甚至有可能降低薪资总额；或者当业绩低于一定比例时，例如60%，会要求部门做出关停并转等调整。调整的原则见表19-3。

表19-3　部门业绩与调薪总额对应表

序号	部门上一年度业绩完成比例	下一年度调薪总额	备注
1	业绩≥150%	总额增加12%	
2	120%≤业绩<150%	总额增加10%	
3	100%≤业绩<120%	总额增加8%	
4	80%≤业绩<100%	总额不变	
5	60%≤业绩<80%	总额减少5%	
6	0%≤业绩<60%	总额减少20%	或者关停并转
7	业绩<0%	总额减少50%	或者关停并转

案例二：根据员工业绩/能力评估进行员工年度调薪的应用案例

对于员工的年度调薪，除了职位调整引起的比较直观的年度调薪和受物价因素影响的普调外，对于大多数员工，需要根据其业绩和能力的考核结果进行年度调薪。所以，需要有一种机制将业绩考核结果与年度调薪的具体比例挂钩。员工年度考核调薪应用案例见表19-4。

表19-4　员工年度考核调薪矩阵表

业绩＼能力	不合格	合格	良好	优秀
不合格	0%	3%	5%	8%
合格	3%	5%	8%	10%
良好	5%	8%	10%	15%
优秀	8%	10%	15%	30%

在表19-4中，员工的不同业绩和能力分别对应不同的年度调薪比例，可以分为以下几种情况。

(1) 业绩或能力都不合格的，不仅没有加薪，而且应予以辞退；

(2) 业绩或能力有一项合格的，仅可以少量加薪，目的是弥补通货膨胀，一般与CPI涨幅相近，例如3%左右；

(3) 业绩或能力有一项良好，但另一项不合格的，可以少量加薪，如5%；

(4) 业绩或能力有一项优秀，但另一项不合格的，适度加薪，如8%；

(5) 业绩和能力都合格的，可以少量加薪，如5%；

(6) 业绩或能力有一项良好，另一项也合格的，适度加薪，如8%；

(7) 业绩或能力有一项优秀，另一项也合格的，加大加薪力度，如10%；

(8) 业绩或能力都良好的，加大加薪力度，如10%；

(9) 业绩或能力有一项优秀，另一项良好的，加大加薪力度，如15%；

(10) 业绩或能力都优秀的，是公司的核心人才，应重点加薪，如30%。

从这个应用案例可以看出，企业在进行员工年度调薪时，对员工的业绩和能力两个维度都有期望值，最好的员工是业绩和能力兼备的员工。但在现实中，业绩与能力未必能兼备，大多数员工可能会在业绩或能力上有所欠缺。所以，在年度调薪时，对于业绩和能力其中一项优秀但另一项欠缺的，要予以均衡。有的企业在年度调薪时偏向考查能力，认为员工只要具备工作能力，业绩自然会在后期显现，而将业绩结果对员工的激励更多地体现在绩效工资中。这样的话，上述员工年度考核调薪矩阵表中的调薪比例可能要做出调整，变更为能力取向的员工年度考核调薪矩阵表(见表19-5)。

表19-5　能力取向的员工年度考核调薪矩阵表

能力 业绩	不合格	合格	良好	优秀
不合格	0%	5%	8%	10%
合格	3%	5%	10%	15%
良好	5%	8%	15%	20%
优秀	8%	10%	15%	30%

19.4　薪酬总额的动态浮动

19.4.1　薪酬总额与企业效益动态浮动的必要性

适应现有市场环境快速变化的需求应该是企业管理者实施薪酬总额与企业效益动态浮动的基本出发点。随着市场环境竞争的自由化与白热化，所有的企业都希望能以最快的速度适应市场的变化与需求，那些具有适应能力的企业必将比不能快速适应变化的企业生存得更好、更长久。

另外，人工成本逐步成为企业的重要成本，如何管理使其随企业效益动态浮动已经成为企业管理中的一个重要问题，尤其对于一些高科技企业来说，70%以上的成本是人工成本，人工成本的有效支出将成为企业生存和发展的重要和决定性因素。

基于此，企业在进行年度薪酬预算的时候，要结合市场物价水平、劳动力市场供给情况、行业竞争对手情况、员工流动情况、企业未来的经营情况等多种因素，对未来的薪酬总额进行预测。这种宏观的、带有预测性的薪酬总额测算，在实际执行中会受到外部市场和企业经营中的多种因素的影响，所以薪酬预算不是一成不变的。企业要在年度薪酬预算的基础上，再进行季度/月度的薪酬总额控制，根据薪酬总额的支出情况与企业效益情况平衡激励性与总额计划性之间的关系，最大限度地缩小两者之间的差距。

19.4.2　实现薪酬总额与企业效益动态浮动的前提与基础

很多企业管理者都希望薪酬总额能够以最快的方式与企业效益挂钩，但是，我们要认识到，薪酬总额与企业效益动态浮动是有前提和基础的，并非硬性的关联关系，需要在薪酬策略、薪酬体系、薪酬制度、薪酬结构、薪酬支出方式等方面进行规划与设计，只有这样才能保证薪酬总额与企业效益的动态浮动。

1. 薪酬策略

在制定企业薪酬策略时，薪酬总额与企业效益动态浮动是一个重要的考量因素。薪酬策略同时也反映了一个企业的文化，是否能够从企业文化中接受这一机制，不同的企业可能会有不同的选择。薪酬策略的制定直接决定了企业所采取的薪酬体系、薪酬制度、薪酬结构、薪酬支出方式等。关于薪酬策略制定的具体内容，我们会在后面的章节中进行详细阐述。

2. 薪酬体系与薪酬制度

如果薪酬策略能够明确接纳薪酬总额与企业效益动态浮动，那么自然会反映在薪酬体系与薪酬制度的制定中。在薪酬体系与薪酬制度中，会有单独的制度约定薪酬总额与企业效益的浮动关系及具体浮动办法，或许是周期性的，或许是实时性的，还有的企业会根据自身特点制定具体办法。

3. 薪酬结构

有了允许薪酬总额与企业效益动态浮动的薪酬策略、薪酬体系与薪酬制度之后，即可进入薪酬结构设计环节，应充分考虑如何才能真正实现动态浮动。在薪酬结构中，动态薪酬的比例是影响薪酬总额可浮动性的决定性因素。动态薪酬的比例越大，薪酬总额的可浮动性就越强，反之亦然。

4. 薪酬支出方式

薪酬支出方式也是实现薪酬总额与企业效益动态浮动的影响因素之一。原则上，薪酬的延后支出或按照效益才能支出会促进动态浮动关系的实现，所以，在薪酬制度的设计中也要充分考虑这一点。

19.4.3 薪酬总额与企业效益动态浮动的实现方式

在现实的企业管理中，薪酬总额与企业效益动态浮动的实现方式主要有以下几种。

1. 增加薪酬总额中与效益挂钩的薪酬部分

通常情况下，企业采用的浮动薪酬，主要包括绩效工资、提成、奖金等。基本原理是这类薪酬支出与实际工作结果挂钩或与实际效益挂钩，而且一般是滞后性支出。这类薪酬占薪酬总额的比例，从10%～70%都有，甚至更高。另外，在企业中，各类员工的构成比较复杂，一般包括管理人员、技术人员、销售人员、职能服务人员、生产人员等。在增加薪酬总额与效益挂钩的薪酬部分时，要基于有效激励的原则，根据不同岗位的工作性质，设计不同的薪酬结构，确定不同的固定工资与浮动工资的比例，设计不同的绩效工资考核指标及周期等。

2. 将部门/业务单元的薪酬总额与部门/业务单元的效益挂钩

这种实现方式与我们在本章中列举的企业年度调薪实操案例有接近之处。基本原理是将企业整体的薪酬总额切为更小的单元，一般会到二级、三级部门或业务单元，将部门或业务单元的年度薪酬总额与其实际效益挂钩，甚至可以按季度进行浮动，这样，可以实现薪酬总额与较小的业务单元的效益挂钩浮动。

3. 采用灵活的用工方式，加强对薪酬总额的控制度

即使企业有意愿实现薪酬总额与企业效益的挂钩浮动，但如果没有灵活的用工方式作为支撑，在人员剧烈调整的时期，不仅不会降低人工成本，反而会因人员的变动、补偿，引发人工成本的短期急剧上升现象。所以，很多企业逐步引入灵活的用工方式，来加强薪酬总额的可调整性，通常会采用人员外包方式或临时用工方式来满足部分变动频繁的岗位对人员调整的需求。

4. 根据业务情况缩短考察周期，尽快确定人员、薪酬调整方案

在市场环境变化剧烈的情况下，这一点尤为重要。由于薪酬总额具有一定的刚性，必须及时做出决策。在企业中，薪酬调整往往不会导致人工成本支出的增加，而企业管理者的决策延迟，往往会导致“决策成本”或者“思考成本”的增加，进而造成人工成本增加。例如，某一部门效益不佳，经考察市场后认为是产品设计有问题，无法满足客户的需求，但从发现效益不佳到最终得出这一结论，本身就需要几个月的时间，再加上层层审批，各级领导思考、权衡，又过了几个月，这期间核心人员流失，其他人员则在等待处理，结果，这一处理阶段形成的成本又增加了不少亏损。

5. 其他

除了以上一些常用的方式外，要实现薪酬总额与企业效益的动态浮动，企业也可以根据自身特点，或者所处的业务阶段、外部环境等因素综合考虑实现方式。例如，有些企业创建内部创业模式，以模拟企业投资的形式孵化创业式部门，利益共享、风险共担，创造性地实现了薪酬总额与企业效益动态浮动的目标。

19.5　本章小结

本章主要阐述了薪酬总额与企业效益的关系，这也是薪酬管理中的一个重要课题。薪酬总额在企业管理中起着“双刃剑”的作用，它既有激励性的一面，也有刚性成本的一面。本章主要从“企业年度调薪”和“薪酬总额与企业效益动态浮动”两个角度阐述了如何保证薪酬总额激励性的充分发挥和刚性成本的合理控制，通过薪酬总额管理推动

企业战略、企业目标的实现。

本章以较大的篇幅详细阐述了企业年度调薪的定义、影响因素、类型、步骤及实操案例，这是因为在薪酬总额管理中，年度调薪往往是规划薪酬总额与提高企业效益的一个关键环节。通过年度调薪，可以融合企业薪酬战略、重建企业薪酬制度，从而实现薪酬总额管理和企业效益的有机结合。本章最后从实操的角度论述了薪酬总额与企业效益动态浮动的必要性、前提/基础与具体实现方式，企业需要在实践操作中不断积累、总结经验，寻找更多、更好的结合方式。

第20章 构建企业薪酬战略

【本章导读】

➢ 如何理解企业薪酬战略的定义？

➢ 企业薪酬战略有哪些意义？

➢ 如何理解企业经营与薪酬战略的关系？

➢ 企业薪酬战略包括哪些内容？

➢ 企业薪酬策略包括哪些内容？

20.1 薪酬战略定义与意义

企业薪酬战略是企业薪酬管理体系设计和实施的方向性指引，是企业人力资源战略和企业战略的重要组成部分。通过制定和实施适合企业的薪酬战略，有助于员工明晰薪酬激励的方向，以及企业整体战略的落实。企业薪酬战略的制定必须要综合考虑企业的整体战略、业务情况、所处的发展阶段、人力资源战略、组织结构及企业文化等因素，并与这些要素有机地结合起来，因此，企业薪酬战略不是孤立存在的。

制定企业薪酬战略的意义主要体现在以下几个方面。

1. 良好的企业薪酬战略有助于促进企业效益的实现与进一步提升

薪酬是企业的关键成本，薪酬的合理支出与企业的效率、效益密切相关。薪酬虽然是成本，但薪酬战略的有效性与薪酬的合理支出可以促进员工劳动效率的提高，进而可以创造出更多企业效益。从这个角度讲，薪酬战略与企业经济效益的实现是密不可分的。

2. 良好的企业薪酬战略有助于提升薪酬的激励功能

薪酬管理是企业人力资源管理的重要方面，企业管理者可以通过有效的薪酬战略，对不同的员工发放不同的薪酬，从而促进员工工作数量和质量的提高，保护和激励员工的工作积极性，最终提高企业的效率与效益。

3. 良好的企业薪酬战略能提升企业薪酬支出的合理性

企业薪酬战略对于整体的薪酬管理体系都具有引导功能，在具体实施薪酬管理的过程中，可以保持合理的薪酬水平、薪酬结构并密切结合企业的阶段性产出，这样，可使薪酬的成本支出更加合理、科学，实现有效控制。

20.2 企业战略与薪酬战略

20.2.1 企业经营战略、企业人力资源管理战略和企业薪酬战略的关系

企业经营战略、企业人力资源管理战略和企业薪酬战略这三者是包含关系，即企业经营战略中包括企业人力资源管理战略，因为企业人力资源管理是企业经营管理中的一个环节；企业人力资源管理战略又包括企业薪酬战略，因为薪酬管理是企业人力资源管理的一个模块或方向。从内容上说，三个层面的战略逐步缩小管理范围，范围最大的企业经营战略涵盖企业所有的经营管理内容，人力资源管理战略居中，而范围最小的薪酬战略仅针对薪酬管理制定战略方向。

在现实的企业管理中，有很多企业可能会有明确的经营战略，但不一定会有清晰的人力资源管理战略，有薪酬战略的企业则更少。虽然很多企业管理者包括人力资源管理者都没有单独制定薪酬战略，但事实上，对于薪酬，每个企业的负责人都是有管理方向的，或者包含在企业文化中，或者隐含于企业负责人的管理意识中。在这里，我们将这些薪酬战略进行归纳总结，以便于人力资源管理人员能够更加清晰地认识到这种隐含的薪酬战略。

20.2.2 企业不同发展阶段对薪酬战略的影响

一般来说，我们将企业的发展阶段划分为初创期、发展期、稳定期、调整期、衰退期五个阶段。下面，我们将结合企业的不同发展阶段来分析不同的薪酬战略。

1. 初创期

在初创期，企业还没有形成稳定的商业模式，人员、业务、管理都没有稳定下来，还处于一个摸索、动荡的时期。在这一时期，企业一般不会有大量的收益，人员数量一般不会太多，但随着业务的发展，会出现短期内人员激增的情况。在这一时期，企业的知名度不高，在人才市场上不具备吸引力，受业务发展的限制，一般也无力提供高薪酬。所以，在企业的初创期，薪酬战略应主要聚焦于“原创人员的薪酬激励模式”和

“企业急需引进人才的薪酬战略”。在这一时期，谈不上完善的薪酬体系、合理的薪酬结构、有竞争力的薪酬水平、完善的薪酬制度等，企业更多地处于摸索与总结状态，致力于在创业过程中逐步寻找适合于企业的管理模式，自然，薪酬战略也不会把重点放在完善薪酬体系、薪酬制度等方面。

2. 发展期

企业经过初创期，便进入发展期。在这一时期，企业的商业模式已被初步证明是成功的，企业的业务进入一个快速发展的时期，人员急速膨胀，成本也在急速增加。有的企业采取多元化的发展战略，有的企业则集中于某一专项业务的发展。所以，在企业的发展期，薪酬战略的要点应集中在“具有竞争力的薪酬水平”和“逐步完善的薪酬管理体系”等方面。在这一阶段，企业急需引进大量人才，而薪酬的竞争力已成为考验企业能否吸引人才的关键因素之一。在了解了同行业其他企业的薪酬水平，并明确企业自身定位的基础上，为了吸引优秀人才，企业一般会采取行业内偏高的薪酬水平。另外，在薪酬体系的建设与完善方面，企业应将薪酬战略的重点确定在薪酬的激励性上，因为企业急速发展，引入大量人才后，必须尽快产出效益，才能保证企业的高薪酬成本转化为企业的高效益回报，进而推进企业的持续快速发展。

3. 稳定期

企业进入稳定期，就意味着企业的业务发展进入了相对平稳的时期，企业内的工作岗位比较固定，工作流程的变动性不大，企业的收入也相对比较稳定。但同时，企业的发展空间开始受到限制，企业不敢承担高风险，希望保持稳定的发展。在这个阶段，企业一般会采用谨慎型的薪酬战略，采取略高于市场平均标准的基本薪酬。由于企业整体的发展空间有限，不会再采取高变动薪酬和长期薪酬激励，转而在薪酬结构上采用更高比例的固定薪酬和短期激励。在这一阶段，企业重视完善薪酬管理体系，注重薪酬体系的公平性与规范性，以提高员工的稳定性、降低员工的流动率。一般会采用企业总部统一制定薪酬体系的方式，强调薪酬的集权管理，职位薪酬等级明确、固定，重视内部的公平性，薪酬的调整幅度较低，这与企业整体稳定的经营环境是一致的。

4. 调整期

随着经济环境的日趋开放、自由，以及市场竞争的日趋激烈，企业并购、重组、分拆等变化也不断加剧，很多企业会面临一个调整期。在这一时期，企业面临巨大的调整与变化，具体体现在企业的业务、收入、人员、管理等方面，薪酬战略也处于一个调整变化期。企业管理者通常采用适应性的薪酬战略，即企业未来的经营调整方向也就是企业的薪酬战略方向，而且这种薪酬战略的实施往往会与企业的调整同步进行。

5. 衰退期

当企业处于不可遏制的衰退期时，企业的业务开始下滑，收入逐步减少，人员可能暂时稳定或逐步流失，企业可能会逐步削减一些业务和人员。更为严重的是，处于这个阶段的一些企业，可能会面临市场的逐步萎缩，甚至面临关闭或破产的可能。这类企业的薪酬战略应以“节约、控制人工成本”和“保留部分企业的核心人员”为主要方向。由于企业收入下滑，如何能保证人工成本快速、合法地降低，并以此来控制企业整体成本就变成人力资源薪酬管理的重要方面。但在这个阶段，企业还没有走向末路，还有可能经过调整起死回生，所以另一个重要的薪酬战略要点就是如何在控制人工成本的情况下，保留企业的核心人才、有生力量，为企业的维持、转型做好准备。

通过以上分析可以看出，企业的薪酬战略要结合企业的不同发展阶段，根据企业的经营战略、企业的实际经营情况来制定，不能以偏概全，或者只是片面地从薪酬战略本身出发来制定。

总结起来，企业所处的发展阶段与企业经营战略和薪酬战略之间的关系如表20-1所示。

表20-1　企业发展阶段与经营战略和薪酬战略之间的对应关系

企业发展阶段	经营战略	薪酬战略
初创期	探索商业模式，获得盈利	原创团队的薪酬激励，采取引进急需人才的竞争性薪酬
发展期	快速增长，扩大规模	有竞争力的薪酬水平，逐步完善薪酬管理体系
稳定期	持续稳定增长，提升盈利水平	统一薪酬体系，注重内部公平
调整期	适应变化，重新崛起	适应变化性薪酬战略
衰退期	削减成本，控制衰退	节约/控制人工成本，保留部分核心人员

20.3　薪酬战略与薪酬策略

当企业的薪酬战略随着企业的不同发展阶段及企业的经营战略而不断调整时，企业也需要选择与薪酬战略相匹配的薪酬策略，常见的有以下几种。

1. 薪酬水平策略

薪酬水平策略是薪酬策略中重要的一项，它是指相较于外部薪酬水平所采取的薪酬水平定位，即企业薪酬水平与同行业或相近行业市场水平相比较的结果。一般来说，企业会采取三种薪酬水平策略，即领先型、居中型和跟随型。

领先型，即企业的薪酬水平在同类市场中居于领先地位，一般会高于市场平均水平。居中型，即企业的薪酬水平在同类市场中居于中等水平，或者与同类市场平均水平持平。跟随型，即企业的薪酬水平在同类市场中居于比较低的水平，或者勉强跟随同类市场的平均水平。

在实际管理中，企业一般会采取混合型薪酬策略，即多种薪酬策略相结合的模式。一种思路是根据企业不同的职位属性制定不同的薪酬策略。例如，对企业的核心岗位采用市场领先型薪酬策略，对企业非核心岗位采用居中型薪酬策略，对企业的边缘型岗位采取跟随型薪酬策略。另外一种思路是根据不同的岗位级别采取不同的薪酬策略。例如，对高层管理岗位采取领先型薪酬策略，对普通基层岗位采取居中型薪酬策略。

另外，企业也会根据发展阶段的不同而采取不同的薪酬策略。例如，在发展阶段，为了最大限度地吸引人才，企业会采取领先型薪酬策略；在衰退阶段，由于成本控制的需要，企业不得不采取跟随型薪酬策略。

2. 薪酬决定标准策略

薪酬决定标准是指企业决定薪酬高低的具体依据。通常可分为职位技能型、个人绩效型、团队绩效型、综合型等，下面我们将逐一介绍。

(1) 职位技能型薪酬决定策略。这种薪酬决定策略的核心是职位技能及职位级别。企业按照工作分析、工作评价对企业所有的职位进行分级、分类，同时明确每个职位所需要的技能，在决定薪酬时，主要依据员工所任职位及技能进行评价。职位技能型薪酬决定策略有利于区分职位的等级高低，并能区分员工职位技能的高低。但同时也存在一个问题，即员工职位、技能的高低与绩效并不一定完全匹配，即使是同一岗位、技能相同的员工，其产生的绩效也可能完全不同。

(2) 个人绩效型薪酬决定策略。由于职位技能型薪酬决定策略存在很多弊端，部分企业将员工的实际绩效作为决定薪酬的依据。个人绩效型薪酬决定策略的基本思路是打破固定的职位等级和技能要求，一切以实际业绩为导向，或者以工作结果为导向，按照实际工作业绩确定薪酬。但是，在现实工作中，这种个人绩效型薪酬决定策略也存在一定的问题，那就是企业中总有一些职位无法量化个人绩效，或者说这种个人绩效无法直接以经济数据来衡量，那么对于这些职位，个人绩效型薪酬决定策略就是失效的。另外，还存在一个问题，那就是个人与团队的问题，对于企业中的部分职位来说，个人绩效的取得必须依靠整个团队，仅仅强调个人绩效反而会对企业整体产生负面影响。

(3) 团队绩效型薪酬决定策略。这里的团队绩效包括项目型团队绩效、部门型团队绩效、企业型团队绩效多个层面。正因为在现代企业管理中，团队的力量或绩效直接影响着每个成员的个人绩效，才将这个问题提到策略层面来考虑，尤其一些企业是以业务流程来划分部门的，只有部门间协调合作才能促进企业整体绩效的产生，如果仅强调职位技能或个人绩效，会对企业整体造成巨大的伤害。当然，实施团队绩效型薪酬决定策略也会面临一些难题，那就是极易出现搭便车或滥竽充数的现象，所以在采用团队绩效薪酬决定策略前，必须要将团队目标与员工目标有机结合起来。另外，团队绩效型薪酬也要求团队内的每一个员工的贡献度能够明确衡量。

(4) 综合型薪酬决定策略。通过上述薪酬决定策略可以看出，职位技能型、个人绩效型、团队绩效型薪酬决定策略都有各自的优势，也有不可规避的缺陷。所以，企业在实际管理中，一般会采用综合型的薪酬决定策略，即充分利用每一类薪酬决定策略的优势，分不同职位、不同部门、不同业务类型、不同时期采取不同的薪酬决定策略，或者针对同一员工采取多种薪酬决定策略。

3. 薪酬结构策略

薪酬结构策略是指合理地调整薪酬的各个构成部分及比重，使之能够促进企业整体薪酬战略的落实。薪酬结构策略通常包括固定/变动薪酬结构、短期/长期薪酬结构、非经济/经济薪酬结构等。

(1) 固定/变动薪酬结构。它反映了企业支付给员工的薪酬中固定薪酬与变动薪酬的比例。一般分为“高固定、低变动”“低固定、高变动”两种模式。“高固定、低变动”即员工的薪酬相对稳定，优点是有利于稳定员工的心态，缺点是激励性差，时间长了员工会产生“干多干少一样、干好干坏一样”的懈怠心理。“低固定、高变动”则恰恰相反，薪酬的稳定性差，但激励性强，薪酬风险高，但预期收入也高。

对于固定/变动薪酬结构策略，需要根据不同职位类型及企业发展的不同阶段来选择。一般来说，工作内容稳定、量化指标少的职位宜采取“高固定、低变动”型薪酬结构；工作内容需要竞取且指标明确的，则更适于采用“低固定、高变动”型薪酬结构。

此外，还要考虑企业所处的发展阶段、外部竞争环境等因素。例如，当企业处于快速发展阶段，需要快速提升业绩时，可以对部分销售岗位采取“低固定、高变动”的薪酬结构，以加强激励性。

(2) 短期/长期薪酬结构。随着经济的发展和企业管理水平的提高，许多长期激励措施被更多的企业采用。传统的工资、绩效奖金、福利等更注重短期激励，而期权、股权、业绩共享计划、内部创业等更注重对员工的长期激励。短期激励的优势是有目共睹的，它能够充分发挥激励作用，但是，它同时也会导致员工及整个企业的短视行为，甚至可能损害企业的长期利益。长期激励可以引导员工关注企业的长期利益，但同时，也存在长期目标无法衡量或者风险过大等不利因素，导致长期激励的失效。所以，短期/长期薪酬结构的比例要依据不同的职位和企业所处的阶段而有针对性地设置。一般来说，长期激励对高层职位的人员更有激励性。如果企业处于快速发展的行业或快速发展的阶段，长期激励可能会被大多数员工接受，它可使员工和企业成为命运共同体，从而促进员工和企业共同发展，获得双赢。

(3) 非经济/经济薪酬结构。在薪酬结构策略中，还有一点，就是要注重非经济性和经济性薪酬的比例。目前，大多数企业会把薪酬的关注点放在经济性薪酬上，不论是固定还是变动、短期还是长期，多为可以由确切的经济数额来衡量的薪酬。对于成就感、授权、培训机会、发展前景、工作环境等非经济性薪酬，多数企业还不是很重视。或者说，很多企业也会设置一部分非经济性薪酬，但并不把它归入薪酬范围内，而认为它是管理手段或者企业文化。

4. 薪酬制度策略

薪酬制度策略是企业在制定薪酬制度时所采用的策略，一般包括薪酬制定过程、薪酬调整机制、薪酬幅度、薪酬保密等方面。

对于薪酬制定过程和调整机制，有的企业注重内部公平，有的企业注重外部公平。注重内部公平的企业在薪酬制定和调整过程中，民主化程度及透明度相对更高一些。注重外部公平的企业则倾向于自治，内部薪酬制度的可比性低，以外部公平为主。

薪酬一般分为窄带薪酬和宽带薪酬。窄与宽是相对于员工薪酬晋升的方式与通道而言的，如果员工可以通过多种渠道获得薪酬的晋升，而不仅限于管理岗位晋升，则可以称为宽带薪酬。宽带薪酬使不同类型的员工都有快速提升的机会，有助于提高员工满意度，从而提高各类员工的积极性，促进企业的发展。

薪酬的保密性问题一直是现实企业管理中比较有争议的点。很多企业都制定了严格的薪酬保密制度，但在实际操作中无法做到薪酬的真正保密，只能在薪酬等级设定、支付手段、员工纪律等管理层面上采取保密方式。薪酬保密的目的是避免出现员工互相攀比等内部斗争，但在此之前应先保证薪酬水平的内部和外部公平性，否则薪酬还是会逐步泄密，导致员工的不满。

小贴士：薪酬战略与策略的有效性

在企业管理实践中，很多企业并没有把薪酬战略和薪酬策略阐述得非常明确，甚至，目前国内很多企业在经营战略与策略上都不太明确。但每个企业都有自身的薪酬战略与策略。例如，某一类核心团队成员要离职，企业负责人会采取行业内高薪、升职、股票等方式加以挽留，待这些员工留下来后，企业负责人也会考虑到部分老员工的利益。从这个例子中我们可以看出，企业的薪酬战略或策略有些是在现实的经营管理环境中被逼出来的。

20.4 本章小结

本章介绍了薪酬战略的定义及意义。薪酬战略是人力资源战略的核心，良好的薪酬战略具有重要的意义，能够促进企业整体战略的实现。

薪酬战略不能脱离企业战略而独立存在，薪酬战略必须与企业不同发展阶段的不同需求相匹配。在本章中，着重阐述了企业不同发展阶段对于薪酬战略的影响，分别针对企业初创期、发展期、稳定期、调整期、衰退期五个企业发展的关键阶段阐述了相应的薪酬战略。

薪酬战略是薪酬策略的组合。确定薪酬战略方向后，还需要有适合的薪酬策略来配合，才能保证薪酬战略的有效性。本章从薪酬水平策略、薪酬决定标准策略、薪酬结构策略和薪酬制度策略四方面详细阐述了不同薪酬策略的优劣及适用情况，以保证薪酬战略与薪酬策略的一体性。

第21章　激励理论与实践应用

【本章导读】

- 如何理解激励理论的定义？
- 激励理论包括哪些内容？
- 如何理解激励理论与薪酬管理的关系？
- 如何应用激励理论？

21.1　简要地理解激励理论

21.1.1　激励的定义

激励是指组织通过各种方式激发、引导其成员的行为，进而实现组织和成员目标的过程。激励被认为是“最伟大的管理原理”。激励属于心理学的范畴，是“持续激发动机的心理过程”，成员受激励水平越高，工作的努力程度和满意度也越高，工作效能就越高；反之，激励水平越低，员工缺乏完成组织目标的动机，工作效率也越低。

激励中的核心要素是“努力”“目标”和“需要”。当成员被激励时，会付出努力；但努力必须有目标作为指引，对组织才是有意义的；而激励能满足成员的需要时，他们才能付出努力。所以，综合起来看，激励的过程也可以总结为“付出努力→满足需求→实现目标”。

21.1.2　主要激励理论简介

早期的激励理论主要以“什么是能够起到激励作用的因素”为研究点展开研究，这些激励理论主要有马斯洛的“需要层次论”、赫茨伯格的“激励-保健因素理论”、麦克利兰的“成就需要论”和奥德弗的“ERG理论”等。随着激励理论研究的深入，出现了以“人如何产生动机并采取行动”为主要着眼点的研究，这些激励理论主要有弗洛姆的“期望理论”、洛克的“目标激励理论”和亚当斯的“公平理论”等。有些专家重点研究激励的目的(即改造、修正行为)，相关激励理论主要包括斯金纳的“强化理论”、亚当斯的“挫折理论”和海德的“归因理论”等。

下面，我们对这些激励理论进行详细阐述。

1. 需要层次理论

亚伯拉罕·哈罗德·马斯洛 (Abraham Harold Maslow)于1943年初次提出需要层次理论，他把人类纷繁复杂的需要分为生理的需要、安全的需要、友爱和归属的需要、尊重的需要和自我实现的需要五个层次。1954年，马斯洛在《激励与个性》一书中又把人的需要层次发展为七个，由低到高的七个层次分别为生理的需要、安全的需要、友爱与归属的需要、尊重的需要、求知的需要、求美的需要和自我实现的需要。

马斯洛认为，只有低层次的需要得到满足以后，高层次的需要才有可能成为行为的重要决定因素。事实上，在正常情况下，社会中的大多数人的每种基本需要都能部分地得到满足。

2. 激励-保健因素理论

激励-保健因素理论是由美国行为科学家弗雷德里克·赫茨伯格(Fredrick Herzberg)提出来的，又称双因素理论。赫茨伯格认为，有些因素属于保健因素，包括公司政策、管理措施、监督、人际关系、工作条件、工资、福利等。当这些因素恶化到人们认为可以接受的水平以下时，就会产生对工作的不满意。但是，当人们认为这些因素很好时，它只是消除了不满意，并不会导致积极的态度。那些能带来积极态度、提高满意度、发挥激励作用的因素就是“激励因素”，包括成就、赏识、挑战性的工作、增加的工作责任以及成长和发展的机会。如果具备这些因素，就能对人们产生更大的激励。如果缺乏激励因素，并不会引起人们很大的不满；如果缺乏保健因素，将引起人们很大的不满，但具备保健因素时并不一定会激发人们强烈的动机。赫茨伯格还明确指出：在缺乏保健因素的情况下，激励因素的作用也不大。

3. 成就需要理论

成就需要理论也称激励需要理论，20世纪50年代初期，由美国哈佛大学心理学家戴维·麦克利兰(David C. McClelland)提出。他认为在人的生存需要基本得到满足的前提下，成就需要、权利需要和合群需要是个人主要的三种需要。该理论将成就需要定义为根据适当的目标追求卓越、争取成功的一种内驱力。该理论认为，有成就需要的人，对胜任和成功有强烈的要求，那些配备了具有高成就动机需要的人员的组织更容易成为高成就的组织。

4. ERG理论

ERG理论是“生存的需要(E)-相互关系需要(R)-成长发展需要(G)理论”的简称，由奥德弗提出。该理论认为，各个层次的需要得到的满足越少，越为人们所渴望；较低层次的需要越是能够得到较多的满足，则满足较高层次的需要的渴望就越强烈。如果较高层次的需要一直得不到满足，人们就会重新追求较低层次需要的满足。这一理论不仅提出了满足需要层次的上升趋势，而且指出了需要得不到满足时的挫折倒退趋势。ERG理论还认为，一个人可以同时有多种需要。

5. 期望理论

这是心理学家维克多・弗洛姆(V. H. Vroom)提出的理论。期望理论认为，人之所以采取某种行为，是因为他觉得这种行为可以帮他有把握地获得某种结果，并且这种结果对他有足够的价值。换言之，动机激励水平取决于人们认为在多大程度上可以获得预计的结果，以及人们判断自己的努力对于个人需要的满足是否有意义。

6. 目标设置理论

在弗洛姆之后，美国管理学家E. 洛克(E. A. Locke)和休斯(C. L. Huse)等人又提出了“目标设置理论”。概括起来，主要有三个因素：

① 目标难度。目标应该具有较高的实现难度，那种轻而易举就能实现的目标缺乏挑战性，不能调动人的奋发精神，因而激励作用不大。

② 目标明确性。目标应明确、具体，应是能够观察和测量的具体目标，可以使人明确奋斗方向及差距，这样才能起到较好的激励作用。

③ 目标可接受性。只有个体接受了组织目标，并与个人目标协调起来，目标才能发挥应有的激励功能。

7. 公平理论

公平理论又称社会比较理论，它是由美国行为科学家亚当斯提出的一种激励理论。该理论认为，个人在工作中会把自己的投入产出与其他人的投入产出作比较。个人不仅关心自己通过努力获得的报酬的绝对数量，而且关心自己所获得的报酬与其他人所获得的报酬的关系。如果个人感到不公平，就会采取措施进行改变。

8. 强化理论

强化理论是由美国心理学家和行为科学家斯金纳等人提出的一种理论。强化理论是以学习的强化原则为基础的关于理解和修正人的行为的一种学说。所谓强化，从基本形式来讲，是指对一种行为的肯定或否定的后果(报酬或惩罚)，它至少在一定程度上会决定这种行为在今后是否会重复发生，即在出现行为结果之后如果能马上跟随一个反应加以强化，则会提高行为被重复的可能性。根据强化的性质和目的，可将其分为正强化和负强化。在管理上，正强化就是奖励那些组织上需要的行为，从而加强这种行为；而负强化与惩罚不同，惩罚是对一些错误的行为采取的一些使人受挫的措施，负强化是告知人们某种行为是不可取的，如果做了这种行为会受到什么惩罚，从而削弱这种行为。

9. 挫折理论

挫折理论是由美国的亚当斯提出的，挫折是指人们在争取成功或实现理想的过程中出现的失利、失败。挫折理论主要是研究关于个人的目标行为受到阻碍后，如何解决问题并调动积极性的激励理论。挫折具有双重性质，在积极方面，给人以教训，锻炼人的意志；在消极方面，使人失望、痛苦、沮丧，甚至让人意志消沉、不思进取。挫折可以导致不同的行为反应，既可能是理性行为，如改变策略、降低要求、找借口自我安慰等；也可能是非理性行为，如采取威胁、敌视、暴力等行为加以发泄，甚至通过自我防御而导致种种身心疾病。挫折是一种个人主观的感受，对于同一遭遇，有人可能陷入强烈的挫折情境之中，而有人则不会产生挫折感。

10. 归因理论

归因理论是由美国心理学家海德于1958年提出的，此后由于美国心理学家韦纳及其同事的研究而再次活跃起来。归因理论是探讨人们行为的原因与分析因果关系的各种理论和方法的总称。归因理论侧重于研究个人用以解释其行为原因的认知过程，即研究人的行为受到激励是“因为什么”的问题。

海德认为事件发生的原因无外乎两种： 一是内因，比如情绪、态度、人格、能力等；二是外因，比如外界压力、天气、情境等。一般情况下，人们在解释别人的行为时，倾向于性格归因；在解释自己的行为时，倾向于情景归因。

21.1.3 激励理论要点总结

为了对各激励理论有简洁清晰的认识，我们对各种激励理论进行归纳总结，详见表21-1。

表21-1 激励理论要点一览表

研究重点	名称	要点
激励因素	需求层次理论	五层次需求：生理、安全、归属、尊重、自我实现
	激励-保健因素理论	保健因素如管理措施、人际关系、工作条件、工资福利等，只能消除不满意，却不具有激励作用； 激励因素如成就、挑战性、个人成长和发展等，才具有激励作用
	成就需要理论	在人的生存需要基本得到满足的前提下，成就需要、权利需要和合群需要是主要的三种需要
	ERG理论	生存的需要(E)、相互关系需要(R)、成长发展需要(G)得到的满足越少，越为人们所渴望；较低层次的需要越是能够得到较多的满足，则较高层次的需要就越渴望得到满足
激励动机	期望理论	人之所以采取某种行为，是因为他觉得这种行为可以有把握地达到某种结果，并且这种结果对他有足够的价值
	目标设置理论	目标有一定难度；目标具有明确性；目标具有可接受性
	公平理论	个人不仅关心自己通过努力所获得的报酬的绝对数量，也关心自己所获得的报酬与其他人所获得的报酬的关系。如果个人感到不公平，就会采取措施进行改变
激励目的	强化理论	行为结果之后如果能马上跟随一个反应，则会提高行为被重复的可能性，所以要加强正强化(如奖励)与负强化(如惩罚)
	挫折理论	挫折是指人们在争取成功或实现理想过程中的失利、失败。挫折理论主要是研究关于个人的目标行为受到阻碍后，如何解决问题并调动积极性的激励理论。挫折具有正反面双重性质
	归因理论	归因理论侧重于研究个人用以解释其行为原因的认知过程，即研究“人的行为受到激励是因为什么”的问题

21.2 激励理论与薪酬管理

通过以上介绍，我们对于主流的激励理论有了一个大概的了解，那么，这些激励理论与企业薪酬体系又有什么关系呢？应该说，激励理论对薪酬体系有着深入的影响，主要表现在以下方面。

1. 激励理论决定了薪酬战略

激励理论中的部分观点会影响企业薪酬战略的制定。例如，公平理论中提到员工既注意个人报酬的水平，也关注个人报酬相较于其他人报酬的公平性，也就是说，员工既关注个人的投入产出比，也关心相较于其他人的投入产出比的公平性。依据公平理论，企业在制定薪酬战略时，必须关注企业内部薪酬的公平性及相较于外部薪酬的公平性，否则企业员工的流动率就会增大。

2. 激励理论影响了薪酬策略，如薪酬水平、薪酬结构等

激励理论中的部分观点会影响企业薪酬策略的制定。例如，激励-保健因素中提到工资和福利不是激励因素，而是保健因素，也就是说，给予员工高薪不一定能真正激励员工，而要辅之以其他非经济性薪酬，如认可、成就感、授权等，才能使薪酬真正发挥激励作用。另外，要分析员工的需求。例如，对于已经有多年工作经验、职位较高的员工，他们已经满足了生理、安全、归属的需要，更加看重尊重和自我实现的需要，所以在设计薪酬结构时，应做出调整。

3. 激励理论影响了绩效考核策略

激励理论在很高程度上影响了绩效考核策略，尤其是在目标管理、KPI指标设置、奖惩办法制定等方面，受到期望理论、目标设置理论、公平理论、强化理论、归因理论等多种激励理论的影响，在这里我们就不一一列举了。

21.3 激励理论的实践应用

21.3.1 目标管理与KPI考核

在激励理论中的期望理论、目标设置理论、强化理论等的影响下，很多企业开始贯彻目标管理(Management by Objectives，MBO)理念。一般来说，目标管理强调以下几点。

1. 目标设置的具体要求

(1) 目标应该具体化；

(2) 目标应该具有可实现性；

(3) 目标是可衡量的；

(4) 目标具有一定的挑战性；

(5) 目标要有时间限制。

2.目标管理过程中的注意事项

(1) 目标要从上到下层层分解；

(2) 注重参与决策，让目标完成人参与到目标制定中来；

(3) 目标要有时限规定；

(4) 要定期对目标实现情况进行反馈。

基于目标管理，很多企业落实了KPI考核体系，将目标作为KPI考核体系中的核心指标，配合其他指标，来对企业内各层级岗位进行考核。同时，目标管理本身也是一种考核方式。

21.3.2　绩效工资

绩效工资应该是与激励理论中的期望理论观点最为一致的实践应用。从理论的角度来说，设置了绩效工资，应该就会增加员工的期望值，而且员工能够看到个人努力产生的绩效与报酬之间的直接关系，尤其是对那些个人努力与能力能够直接影响绩效的岗位会更加有效。在很多企业中，绩效工资最先是从销售岗位开始执行的，这就使得绩效工资能够最大限度地强化和鼓励员工为了个人利益不断提升个人目标。

现在，大部分企业会对内部几乎所有岗位设置一部分绩效工资，例如，计件工资、提成、奖金等。这些绩效工资的获得可能与个人的绩效联动，也可能会引导员工关注部门或企业整体的利益等，这些都是激励理论在实践中的应用。

21.3.3　员工持股计划

激励理论中的需求层次理论、激励-保健因素理论、成就需要理论、ERG理论等，对人的需求进行了层级划分。对于大多数满足了安全、生存需要的员工来说，尊重、自我实现，或者说成就、成长发展等逐步成为影响和激励员工的重要因素，员工持股计划这一激励模式正是在这种理论背景下产生的。

员工持股计划，甚至是全员持股计划，能够极大地增强员工的参与感与被尊重感，拓展员工的个人成长空间。除了利益共享外，持股员工可以定期了解企业的经营状况，可以对企业经营施加影响。这样，从心理上加强了员工的主人翁意识，员工也会对自己在企业中的身份更加满意，从而对工作更加满意，进而提高努力程度、降低流动率。

21.3.4　灵活性福利

根据激励理论中的需要层次理论、期望理论与激励-保健因素理论等，很多企业开始在管理中应用灵活性福利这一激励方案，只有那些与员工个人的目标联系起来的激励方案才会产生作用。灵活性福利通过允许员工进行选择而使员工感受到个人报酬可以实现个性化，从而在更高程度上满足了员工的个人需求，进而提高了员工对福利这一薪酬类型的满意度。

小贴士：激励理论的应用

其实，激励理论在企业管理中的应用还是非常多的，例如，建立多渠道/多层次的激励机制、实施差别激励机制、奖惩机制透明化、弹性工作时间、自我管理团队等。激励必须要有助于员工个人目标的实现，不论是影响激励员工的因素，还是分析员工的动机，或是影响员工的行为，归根结底，都是要员工多付出个人努力，实现个人目标，最终实现企业整体目标。只有这样，激励机制才是有效的，才会为企业所用。

21.4 本章小结

本章介绍了主流激励理论，以简短的篇幅分析了各激励理论的要点。作为企业人力资源管理人员，学习理论不是重点，但是，激励理论是必须要学习和掌握的重点内容。因为激励理论在某种程度上是薪酬管理、人力资源管理甚至是企业管理的重要理论基石，薪酬管理战略、应用策略和具体管理手段，很多都来源于激励理论的假设及对人性、心理的研究。所以，本章以一定的篇幅分析了主流激励理论的主要内容，并以图表的形式对这些激励理论的要点进行了总结。

激励理论与薪酬管理有着密切的关系，本章也对激励理论在薪酬管理中的实践应用做了一些分析。企业在薪酬管理中常常用到一些管理方法，如绩效工资、员工持股计划、灵活性福利以及与薪酬管理相关的KPI考核等，均是建立在相应的激励理论基础之上。本章介绍了这些管理方法对激励理论及其中的逻辑关系的应用，由于篇幅有限，仅简单介绍，实际上，这应该是人力资源管理人员，尤其是薪酬管理专业人员应该深入学习、研究的一个领域。

第22章 关注非经济性薪酬

【本章导读】

- 如何理解非经济性薪酬？
- 非经济性薪酬有哪些特点？
- 非经济性薪酬有哪些作用？
- 非经济性薪酬有哪些类型？
- 如何运用非经济性薪酬？

22.1 非经济性薪酬的简介

22.1.1 非经济性薪酬的定义

非经济性薪酬是指不以货币或经济形式给予员工的报酬，多体现为员工对工作本身或在心理或物质环境上获得的满足感。这种满足感被员工认为是有价值的，能够给予员工激励，使他们更积极地投入工作。

非经济性薪酬正在为越来越多的人力资源管理人员和企业管理人员所重视，逐步被列入薪酬范围。随着经济的发展和“以人为本”管理理念的推广，非经济性薪酬对员工的激励性也越来越受到重视。

非经济性薪酬来源于我们在第1章中介绍过的全面薪酬理论，即薪酬不仅包括经济性薪酬(又分为直接经济性薪酬和间接经济性薪酬)，还包括非经济性薪酬。全面涵盖所有薪酬类型的，即为全面薪酬。

22.1.2 非经济性薪酬的特点

非经济性薪酬是相对于经济性薪酬而言的，非经济性薪酬主要有以下几个特点。

(1) 非经济性薪酬很难或者不能以货币等经济形式来衡量。

(2) 非经济性薪酬更多地体现为一种心理感受，有很多是无形的。

(3) 非经济性薪酬受到的约束少，更加具有个性化。

(4) 非经济性薪酬受益范围较广，形式也更加多样。

(5) 非经济性薪酬与企业文化等企业精神层面管理的结合更加紧密。

22.1.3 非经济性薪酬的必要性

目前，非经济性薪酬得到越来越多企业管理层的重视，主要有以下几点原因。

(1) “人”作为一种资源，逐渐成为更多企业的核心竞争力，如何有效地发挥这种资源的作用、激励员工，已成为企业管理的重要工作。

随着经济的发展，人才的自主选择性流动成为一种大趋势。对于企业来说，尤其是一些新型科技企业，人力作为一种资源已经不是虚话，企业的核心资源就是人，越来越多的企业只有在拥有人才的前提下才能持续发展。从企业长远的发展角度看，人才意味着企业的生存和利润的保障，人才的流失会给企业造成巨大的损失，甚至会拖垮整个企业。因此，如何激励人、充分有效地发挥人这一资源的作用，就成为企业管理的重中之重。人作为一个实体，是有思想的，需求是多层次的，且个体差异性非常大，所以在使用薪酬这一激励手段时，非经济性薪酬得到越来越多的重视是管理发展中的一种必然。

(2) 随着竞争的加剧，经济性薪酬越来越透明化、同质化，而非经济性薪酬却是个性化的。

竞争加剧、通货膨胀、法制健全和人才流动，这些因素导致人工成本不可遏制地滚动上升。许多企业面临人工成本上升和利润率下降的双重夹击，这已经成为公认的事实。随着人才流动的加剧，各企业的经济性薪酬越来越透明化，经济性薪酬结构越来越同质化。有些企业发现，即使给予员工的经济性薪酬在同行业中具有一定的竞争力，仍然存在员工纷纷跳槽的情况。在这种情况下，经济性薪酬的多少，或者说在某一范围内，并不是员工选择去留的主要考虑因素，很多员工不愿留下是因为不能获得非经济性薪酬，或许是缺乏员工所需要的人文关爱，或许是员工的高层次需求(尊重的需要、自我实现的需要)得不到有效的满足，导致员工对工作及企业失去了激情，出现懒散和懈怠的心理，最终选择离开。所以，在企业与企业之间的人才竞争中，仅靠拼经济性薪酬是不够的，必须要加大非经济性薪酬的比重，才能最终胜出。

(3) “留人要留心”，非经济性薪酬对员工的影响是深入的、长远的、无形的，能够对经济性薪酬的激励形式形成有效的支持与补充。

人是有思想、有感情的，在基础的生存条件得到满足后，精神层面的追求就会成为主导需求。随着社会经济的发展、物质基础的满足，越来越多的人才转向追求精神层面的享受，尤其是一些高端人才，他们在基础物质层面早已获得满足，或者说社会价值已经足以支持他们的物质需求，他们最需要的是非经济性薪酬的激励，只有个性化的非经济性薪酬，才能满足他们的需求，才能真正留住这些高端核心人才。对于他们来说，非经济性薪酬比经济性薪酬更重要。企业要留住这些优秀人才，就需要根据自身的实际情况，构建一种可以稳住人心的非经济薪酬激励体系，靠“软”薪酬留住人才。

22.2　非经济性薪酬的类型

非经济性薪酬可分为个人感受型和外部环境型两大类。

(1) 个人感受型的非经济性薪酬，是指工作本身具有的价值为员工带来的认同感，典型的个人感受型非经济性薪酬包括成就感、个人发展机会、褒奖机会、晋升机会、自主性、挑战性、责任感、技能多样性、工作反馈等。

(2) 外部环境型的非经济性薪酬，是指企业提供的与工作相关的软硬件环境或条件的优劣，典型的外部环境型非经济性薪酬包括企业文化、企业内人际关系、工作场所、工作方式、企业政策、制度透明等。

22.3　非经济性薪酬的运用

非经济性薪酬在企业管理实践中已有诸多应用，下面我们分析一下非经济性薪酬的主要应用形式。

1. 非经济性薪酬在员工奖励中的应用

(1) 绩效反馈中的认可和赞赏。企业实施绩效管理时，会在绩效管理流程中设置绩效反馈环节，或者绩效沟通环节。在这个环节中，上级可以对员工表达认可和赞赏。从理论上说，员工在工作中得到认可和赞赏可以使员工产生强烈的成就感和努力工作的驱动力，从而产生比较理想的绩效水平。因此，在绩效反馈环节，应依据员工实际的绩效情况给予认可和赞赏，可使员工产生积极的内心感受，能够达到非常好的激励效果。

(2) 商品奖励的自主选择权。企业对员工实施奖励时，一般会采取经济性奖励，例如商品奖励或者等值货币奖励。在实施这种奖励时，企业可以有针对性地给予优秀员工一定的物品奖励，这些奖品可以是员工预先选定的品种，也可以是公司提供的商品；或者，可以在确定金额后，由受奖励的员工自行选择等值商品。这样，通过员工的自主选择，既增强了商品奖励的个性化，在企业不增加成本的情况下，又提高了员工对商品奖励的满意度。

(3) 象征性奖励或精神奖励。在员工奖励中，除了经济性奖励外，非物质性的象征性奖励也是一种重要的奖励形式。例如，颁发勋章、奖杯、纪念品，加入专业委员会等。这些非物质性奖励具有名誉等象征性，以精神奖励为主，但货币价值一般很低，其目的是使员工得到认可，获得尊重和成就感。

企业常用的精神奖励还包括：当员工工作表现好时进行公开表扬，员工有好的建议与构想时张榜公布，授予员工一些内部荣誉称号，等等。

2. 非经济性薪酬在员工个人成长中的应用

(1) 职业生涯发展规划。在员工的职业生涯发展中，不同的阶段会面临不同的问题。企业为员工提供的职业生涯发展规划是指企业对员工的职业生涯进行设计、规划、执行、评估、反馈和调整的过程。企业通过对员工进行职业生涯规划，可使员工的职业生涯发展目标与企业发展目标相一致，也可使员工在企业中获得个人职业上的成长与发展。在非经济性薪酬中，员工职业生涯发展规划是极具激励性的，企业通过正视和尊重员工的职业发展需要，努力为员工个人职业发展创造机会，可构建规范的职业生涯发展规划机制，这样做可在很高程度上增加员工对企业的认同感和归属感。

(2) 员工自主选择培训和成长方式。在企业实施职业生涯发展规划后，企业和员工就会明确员工的职业生涯发展方向和现阶段的欠缺，很自然地，就会引出员工的学习提升与成长机会问题。企业可以协助员工规划其职业生涯发展路径，结合员工的个性化需要，为员工提供必要的学习训练、技能培训、工作轮换等机会，由员工自主选择，帮助员工实现发展目标。员工则可以根据职业生涯规划进行自我管理，主要以员工自我为中心，企业提供必要的条件，例如配师傅进行辅导、组织员工进行交流、定期公布内部岗位招聘信息等，协助员工个人获得成长。

(3) 授权与信任。在企业管理中，各级管理者主要履行决策和过程控制职责。从员工个人的发展期望来看，与其岗位工作相关的权力应适当下放给该工作岗位上的员工，这样做有助于充分调动员工的积极性，提高企业运营效率。如果能够给员工以适当的授权与信任，明确员工自身的责任和权限，鼓励员工在工作权限内拥有更多的自主性，不仅可以让员工感觉到自己是被企业重视的，还可以鼓励员工更多地承担工作职责，在工作中投入更多的努力与热情。

3. 非经济性薪酬在企业文化中的应用

企业文化是一种价值理念，是指企业信奉并以各种方式付诸实践的价值理念。非经济性薪酬也是更多地从心理上对员工产生影响，以促进员工在工作中付出更多积极的努力，从而提升企业整体的工作效率。可以说，企业文化与非经济性薪酬有很多的结合点。

首先，从价值观建立到宣传贯彻方面来看，企业文化和非经济性薪酬都是从企业的核心价值观出发，影响员工个人的价值观，培养对员工有吸引力的企业文化，将和谐的、被员工普遍认同的企业文化作为一种薪酬待遇在无形中支付给员工，让员工在企业文化中获得激励，企业也能因此获得员工的忠诚。

其次，从企业文化落实的内容方面来看，企业文化是对企业的现实运行过程的全面反映，包括企业战略、策略、制度及日常管理流程等。这些方面综合起来形成的整体性规范能够有效规范企业行为，对企业和员工产生一种约束力。这也是非经济性薪酬的一个重要组成部分，企业文化落实的内容就是非经济性薪酬贯彻的内容。

最后，在企业文化与员工关系的结合点上，更加能够体现出企业文化与非经济性薪酬的融合。在很多企业管理实践中，两者都是以同样的方式贯彻执行的。例如，企业经常组织员工沟通，组织员工旅游，组织员工共同参加体育活动，帮助员工解决生活问题，建立融洽的人际关系等；员工过生日时，一张卡片、几句祝福问候语、一次简易的生日聚会，都会给员工带来极大的心灵震撼，达到意想不到的效果；对下属提出的建议，企业有正常的渠道收集，并有专人耐心解答；等等。这些做法，都可以提高员工的热情并增加员工对企业的认同感。

4. 非经济性薪酬在优化工作环境中的应用

(1) 提供人性化用品。考虑到员工在工作环境中的需求，企业可以提供一些人性化的用品，例如，工作服，工作用具，夏天提供冷饮，雨天提供雨伞，免费午餐、茶歇、纸巾等，都可让员工感受到企业的人性化关怀。

(2) 人性化环境设计。企业在设计工作环境时，可以为员工提供更多的人性化设施，让员工拥有一个舒适的工作场所。例如，员工餐厅、员工休息室、员工健身房、员工淋浴室、婴儿看护室、医护室等。还可以在工作环境布置、色彩选择等方面让员工感受到温馨，以减轻工作压力。

(3) 人性化工作时间的选择。在工作时间的选择上，可以给予员工更多的自由，如弹性工作时间、在家办公、小组式协作等，可以让员工感受到企业的信任。由员工自主安排时间，也有助于激发员工的工作热情，按照最适合自己的工作节奏开展工作，反而可以提高工作效率。

由此可以看出，非经济性薪酬在企业管理实践中已经有了诸多应用。在这里，我们还是要再回顾一下非经济性薪酬与经济性薪酬的关系。非经济性薪酬是上层建筑，而经济性薪酬是经济基础，上层建筑是建立在经济基础之上的，缺少了经济基础，上层建筑就是空谈；但如果缺少了上层建筑，只有经济基础，企业的创新与发展就会受到阻碍。所以，企业要根据自身的发展阶段与实际能力，有选择地贯彻经济性与非经济性相结合的薪酬体系，使它们有机地结合起来，互相补充，才能发挥企业管理的最大功效。

小贴士：企业在什么阶段适合应用非经济性薪酬

对于一些创立不久或经济实力差的企业，企业管理者总感觉应用非经济性薪酬有困难，他们认为与其投入资金改善工作环境，还不如增加员工工资更实在。的确，对于一些企业来说，如果暂时不具备实力去实践非经济性薪酬，可以以经济性薪酬体系为主，将非经济性薪酬作为有效的补充，使企业激励计划的提升与过渡更加平稳。从另外一个角度看，有些非经济性薪酬不一定非要有经济基础，更多地在于管理者是否重视与理解，如口头表扬、生日祝福等。这些形式对于经济性薪酬欠缺的企业来说，反而会是一种很好的员工激励形式。

22.4 本章小结

本章重点围绕非经济性薪酬展开叙述，明确了非经济性薪酬的定义、特点与类型。对于非经济性薪酬，本书第1章“全面薪酬”中就已经提及，而本章则是更加具体地展开。

本章的重点还是放在非经济性薪酬在企业的实践应用上，因为非经济性薪酬已经成为现代企业薪酬管理中的一个重要方面，众多企业已经开始在非经济性薪酬方面开展深入的实践应用。本章主要对非经济性薪酬在员工奖励、员工个人成长、企业文化、工作环境等方面的应用进行阐述，并列举了一些具体的应用实例。

非经济性薪酬是薪酬体系中的重要部分，也是经济性薪酬的重要补充，无论企业在经济性薪酬方面建设程度深浅，非经济性薪酬都是一个重要的补充。所以，人力资源管理人员要加强对非经济性薪酬的理解，以便在工作中应用。

第23章　薪酬管理与企业文化

【本章导读】

- 如何理解企业文化的内涵？
- 如何理解薪酬管理与企业文化的关系？
- 企业文化如何促进薪酬管理？
- 企业文化的应用方式有哪些？

23.1　企业文化定义与意义

企业文化是企业的使命、愿景、价值观、经营理念、内部管理方式、对内对外形象、行为方式等的综合体。企业文化是在企业运行过程中逐步形成的，要求全体员工认同并自觉遵守。

从以上定义可以看出，企业文化具有丰富的内涵。一般来说，企业文化包括精神层面的内容，或称企业精神，即各种行为方式、价值观、经营理念等，是企业文化的核心部分；企业文化也包括企业的组织架构设置方式、约定俗成的行为规范以及规章制度等；企业文化还包括一些物质方面的内容，如企业的工作环境以及展示的企业形象、产品等。

企业文化对企业具有重要的意义。企业文化能够为员工指引方向，增强员工的归属感，激发员工的使命感；企业文化能够给予员工荣誉感，加强员工的责任感，让员工产生危机意识和团队意识，树立与企业共存亡的理念；企业文化能够引导员工提升自我，增强员工的成就感，让员工以企业为荣，从而付出更多、更积极的努力。

23.2　薪酬与企业文化关系

薪酬管理，尤其是全面薪酬管理，与企业文化有着密切的关系，具体体现在如下几个方面。

1. 薪酬中的部分内容就是以企业文化的方式体现的，尤其是非经济性薪酬

本书第22章讲到非经济性薪酬，其中与外部环境相关的非经济性薪酬，主要的内

容就是企业文化。下面，我们再从企业文化的角度出发，来看一下企业文化与薪酬的结合。

企业文化的核心精神层，如企业的使命、愿景、企业价值观、经营理念等，本身就属于心理层面，对企业员工的影响也是深层次的。企业使命是要说明企业在社会经济领域中的经营活动范围和层次，具体表述企业在社会经济活动中的身份或角色。企业价值观基于企业目标的追求，直接影响员工本身的行为和结果。经营理念，又称经营哲学，是企业特有的从事经营和管理的方法或原则，经营理念直接指导企业的经营行为。企业文化的这些核心精神，既给予员工明确的目标指引，也在精神层面赋予员工工作重要的意义与价值，因此，企业精神也是企业给予员工的一种薪酬。

企业文化中的组织架构设置方式、行为方式以及规章制度等，是企业文化中更具有现实性的一些内容。这些内容给予员工工作指引，明确非常具体的工作行为规范，让员工能够在组织群体中产生归属感与成就感，增加荣誉感和责任感。同时，它对全体企业成员的行为形成约束，保证了整体的利益。从这个层面看，这些也是企业给予员工的一种薪酬形式。

在企业文化物质层面的内容，如企业的工作环境及展示的企业形象、产品等，与员工具有更加紧密的联系。企业实际的工作环境主要是为员工提供的，在对内对外展示企业形象的同时也影响了员工。企业的产品为客户服务并产生价值，而服务的生产者和提供者恰恰是员工。所以，企业文化物质层面的内容是企业提供给员工的工作必备品，也是企业给予员工的一种薪酬形式。

综合起来看，企业文化的各个层面，包括精神层面、制度规范层面、物质层面，都与薪酬管理，尤其是非经济性薪酬紧密结合，甚至是融为一体的。可以说，非经济性薪酬中的一部分，即与外部环境相关的部分，基本都可以归属于企业文化。进一步来说，企业文化就是薪酬的有机组成部分，企业文化与薪酬管理的结合是非常紧密的。

2. 企业文化影响薪酬战略及薪酬策略

本书第20章详细介绍了企业的薪酬战略和薪酬策略，在制定企业薪酬战略和薪酬策略时，企业文化是重要的考虑因素。企业文化中的经营理念会影响薪酬战略的方向，经营理念是企业特有的从事经营和管理的方法或原则，它直接指导企业的经营行为。在竞争激烈的社会环境中，企业经营理念决定了当企业面临各种矛盾和多种选择时，企业会用一种科学的方法来对自身的选择进行指导，会用一套逻辑思维方式来确定自身的行为。企业的薪酬战略本身就是企业行为原则中的一项，它是企业战略的有机构成部分，自然会是企业经营理念的延续，或者说是同一思想。除了企业经营理念，企业文化中的使命、愿景、价值观等其他精神层面的内容，由于是同一思想内容，必然也会影响薪酬战略的制定。

企业文化中的行为方式和规章制度具有具体性和可操作性，是对员工行为和工作方式的具体指导，它会影响企业的薪酬策略。企业的薪酬策略多以规章制度的形式出现，企业在制定规章制度时，是在精神层面的一贯指导下进行的。规章制度体系是一个有机的整体，薪酬制度也在其中，因此，薪酬策略就是企业文化中的一个组成部分。

综合起来看，企业文化对薪酬战略和薪酬策略都具有直接影响，在制度层面上，两者是融合在一起的。

3. 企业文化的建设与薪酬管理的建设需要同步

通过分析企业文化与薪酬管理的关系，可以看出，企业文化与薪酬管理是互相结合、紧密关联的，企业文化中有薪酬管理，薪酬管理中有企业文化，企业文化是薪酬管理的一个实现方式，薪酬管理也是企业文化精神、制度的载体，所以，企业文化与薪酬管理的建设必须是同步的，两者之间互相影响。

23.3　企业文化的激励作用

企业文化与薪酬管理最大的结合点在于激励。薪酬的本质是为了激励员工，而企业文化作为薪酬的一个有机结合体，恰恰具有激励作用。所以，在日常管理实践中，如何增强企业文化的激励作用也是薪酬管理专业人员的重要工作之一。

1. 增强企业文化凝聚人心的功能

企业文化贯彻“以人为本”的理念，尊重员工的感情，可在企业中营造一种团结友爱、相互信任的和睦气氛，能强化员工的集体意识，在企业员工中形成强大的凝聚力。

在企业文化中，共同的使命、愿景、价值观可使企业员工形成共同的目标和理想，把企业看成一个命运共同体，把企业共同的目标看成个人发展的重要组成部分，这样就可以使企业员工思想统一、行动步调一致，这些因素能促使员工为企业发展尽心竭力。

2. 增强企业文化精神支柱的功能

随着社会经济的发展，在物质条件满足的基础上，精神需求越来越成为员工的主要需求，企业共同的价值观、远大的目标，能使员工感到自己的存在价值和工作行为的意义，这种自我实现是最高的精神需求。在企业管理中，有些企业提出“幸福企业”的理念，这也会形成员工的精神满足，这种满足会转化为激励员工的强大力量。

3. 增强企业文化矛盾调节的功能

在企业内各部门之间、管理层之间、员工之间，难免会产生一些工作矛盾，在某种程度上，企业文化能够促进这些矛盾的解决，并形成企业成员关系自我调节的良性机制，使企业内的人际关系达到一种平衡或和谐，从而使员工能够以良好的心态、愉快的心情投入工作，这也会对员工产生正面的激励。在以人为本的企业文化氛围中，员工之间会互相关心、互相支持，管理层对员工的关心，会让员工感到平等、被尊重，这会促使员工振奋精神、努力工作。

4. 增强企业文化导向规范的功能

企业文化具有导向作用，它是一种观念，鼓励员工特定的行为，从而收获期望的结果，对员工的行为在精神层面、制度层面和物质层面都具有指导作用。同时，企业文化也有规范作用，它作为一种心理约束、制度约束，可以规范员工的行为，对于员工来说，精神层面的约束可能比物质层面的约束更为有力。企业文化的导向和规范作用，可使企业全体员工的行为受到积极引导，进而提高组织的理性程度与整体效率，这也会对员工形成正面的激励作用。

5. 增强企业文化社会影响的功能

企业文化中的一个关键点是企业的公众形象和品牌价值。企业文化不仅在企业内部发挥着重要的作用，同时，它在外部通过媒体、公共活动等展示了企业形象，对社会产生了影响。优秀的企业文化不仅有助于企业成员成为社会精英，还会对社会产生积极影响。企业文化的传播对树立企业在公众中的形象有很大帮助，企业高大的对外形象对企业员工也有着积极的鼓舞作用，特别是当企业文化建设取得成功，具有美誉度时，企业员工会产生强烈的荣誉感和自豪感，这会促使他们加倍努力，用自己的实际行动去维护企业的荣誉和形象。

综上，企业文化在凝聚人心、精神支柱、矛盾调节、导向规范、社会影响等各个方面对员工进行多层次的激励，可以帮助企业减少物质激励、降低管理成本。最重要的是，企业文化的激励是深入的、长远的，它能对企业成员的行为产生巨大的影响，而且这些激励和影响是物质难以达到或弥补的。

23.4 薪酬管理与企业文化融合

23.4.1 在企业文化建设的各个层面推进薪酬管理

前文提过，企业文化的内容包括物质层面、制度层面和精神层面。在企业文化的建设中，要将薪酬管理融入其中，这种融入要与企业文化的各个层面相结合。

1. 薪酬管理融入企业文化物质层面

企业设计工作环境时，可以融入人性化的特点，为员工提供更多的人性化环境，让员工在企业工作时有一个舒适的工作场所。例如，员工餐厅、员工休息室、员工健身房、员工淋浴室、婴儿看护室、医护室等，还可以在工作环境布置、色彩选择等方面让员工感受到温馨，减少工作压力。

2. 薪酬管理融入企业文化制度层面

企业建设制度和行业规范时，是融入薪酬管理的最好时机。

薪酬制度是企业文化制度中的一个关键点，薪酬的整体战略、水平确定、结构设计、操作流程等无一不包含了企业文化，所以在定期修订更新的薪酬制度中，要注意薪酬管理与企业文化的结合，在每一个薪酬管理的关键点中融入企业文化的精神。

同时，企业行为规范的制定要紧紧围绕企业的目标、企业的社会责任、客户的利益等。在制定企业员工行为规范时，要明确、具体，形成对员工的行为约束。

3. 薪酬管理融入企业文化精神层面

在建设企业文化精神层面时，薪酬管理中的战略思想可以融入其中，尤其是在企业价值观中可以强调对薪酬或物质的观点，淡化物质利益，强调精神荣誉。

23.4.2 避免薪酬管理与企业文化建设的误区

在将薪酬管理融入企业文化建设中时，要避免一些误区。

1. 避免企业文化空谈化

很多企业管理者认为企业文化就是口号，在企业办公区贴上标语口号，就表明企业文化建设好了。有些企业仅仅把企业文化挂在嘴上，每次开会必讲企业文化，但是，在制度层面、在管理人员行为规范和员工行为规范方面，却不做任何落实，导致企业文化成为空洞的口号，这种空谈式的企业文化对员工根本无法起到凝聚和激励作用。

2. 避免企业文化同质化

有些企业在建设企业文化时，不加思考地照搬其他企业的文化，甚至将大而全的理念随意应用于企业中，滥用的词汇根本无法真实地反映企业自身的价值取向、经营哲学、行为方式、管理风格等，缺乏企业的个性特色，甚至连企业管理层都说不清楚其所代表的具体行为。这种同质化的企业文化很难在员工中产生共鸣，也起不到企业文化应有的作用。

3. 避免企业文化物质化

有些企业把企业文化看成创造优美的企业环境，非常注重企业外观色彩的统一协调，以及办公环境内的花草树木、装饰细节。由于这些元素大多数不能给员工提供真正的人性化服务，造成浪费与闲置。有些企业认为企业文化就是员工活动，组织大量的唱歌、跳舞、打球等活动，甚至建设舞厅、球场，有的还规定员工的活动次数，使企业文化建设变成僵化的活动，反而引起员工的反感。这些将企业文化过于物质化、活动化的行为，忽视了企业文化建设的精神层面，也给企业带来了更高的成本，甚至是资源的浪费。

4. 避免企业文化商业化

有些企业在建设企业文化时，是与品牌建设、品牌宣传等市场运作结合在一起的，这样，在树立企业对外形象时，不可避免地将企业文化建设当成企业营销手段之一。有些企业还将一些公益性的企业文化活动，包装成企业产品营销或宣传的手段，这样会使企业文化建设失去本质目标，成为商业服务的一种手段。久而久之，企业文化很难起到凝聚员工、激励员工的作用。

23.4.3 将薪酬管理融入企业文化建设路径

企业文化建设是一个逐步让员工接受并改造员工的过程，员工由看到、记住、认同，最后到行动，是一个完整的过程，这就是企业文化建设的基本路径。在这里，简要介绍一下企业文化建设的基本路径，以供薪酬管理人员在将企业文化与薪酬管理相结合时参考。

1. 认知

“认知”是指企业成员对企业文化的直观感受。在这一步，主要是整理、凝练企业文化的主要内容。例如，企业的使命、愿景、价值观、经营理念、行为规范、规章制度等，形成企业文化手册。还可以将企业文化进行简化处理，形成员工易记、印象深刻的标语、口号，甚至可以采用形象代言人、卡通玩具的方式等，让全体员工能够直观地认识、感知到企业文化。

2. 认可

“认可”是指企业成员对企业文化的理解。在这一步，主要通过培训、研讨等方式对企业文化进行不同层面的宣讲。宣讲方式多种多样，可由各级管理层宣讲，还可以拓展活动、知识竞赛、诗歌朗诵等员工能够接受、易理解的方式进行，也可以比较严肃的背诵、考试等方式进行。通过这些方式，可以让全体员工理解企业文化。

3. 认同

“认同”是指企业成员对企业文化的接受。在这一步，主要是通过讨论、研讨等方式让员工能够接受企业文化的核心，也可以通过征文、演讲、故事分享、成果汇报等方式，让全体员工认同企业文化。

4. 执行

“执行”是指企业成员将企业文化转变为自己的实践行动。在这一步，主要是通过行为落实、行为检查等方式让企业文化从理念转变成行动，让全体员工具体执行、体验企业文化，将企业文化转化成的行动固化下来，形成习惯。

23.5　企业文化的实践应用

1. 企业文化中的精神奖励

在员工奖励中，与企业文化相结合的精神奖励是薪酬管理的实践之一，包括颁发勋章、奖杯、纪念品，加入专业委员会，当员工工作表现好时进行公开表扬，员工有好建议与构想时张榜公布，授予员工一些内部的荣誉称号，等等。这些非物质性的奖励具有名誉等象征性，以精神奖励为主，但货币价值一般很低，其目的是使员工得到认可。

2. 企业文化中的员工关怀

在企业文化与员工关系的结合点上，也能够体现出企业文化与薪酬管理的融合。例如，企业经常组织员工相互沟通，组织员工旅游，组织员工共同参加体育活动，帮助员工解决生活问题，建立融洽的人际关系；当员工过生日时，一张卡片、几句祝福问候语、一次简易的生日聚会，都会给员工带来极大的心灵震撼，达到意想不到的效果；对下属提出的建议，企业能够有正常的渠道收集，并有专人耐心解答；等等。这些都可以提高员工的热情并增加员工对企业的认同感。

3. 企业文化中的人性化

考虑到员工在工作环境中的需求，企业可以提供一些人性化的用品及措施，如工作服，工作用具，夏天提供冷饮，雨天提供雨伞，免费的午餐、茶歇、纸巾等。为了让员工感受到企业的人性化关怀，企业在设计工作环境时，可以为员工提供更多的人性化设施，让员工在企业工作时有一个舒适的工作场所。在工作时间的选择上，可以给予员工更多的自由选择，如弹性工作时间、在家办公、小组式协作等，可以让员工感受到企业的信任。由员工自主安排时间，也有助于激发员工的工作热情，按照最适合于自己的工作节奏开展工作，反而可以提高工作效率。

4. 企业文化中的激发认同

在企业文化的宣传、培训及贯彻过程中，激发员工的认同是关键环节，这是真正发挥激励作用的前提，可以用多种方式激发员工的认同感。例如，组织晨会、周会、总结会、思想沟通会，组织外出参观学习，分享故事、企业创业史、发展史等。以此来加强企业文化的宣导，不断促进员工认同感的形成。

23.6 本章小结

本章主要阐述了企业文化与薪酬管理的关系。首先，介绍了企业文化，对企业文化的内容、意义进行了简要叙述。其次，阐述了企业文化与薪酬管理的关系，通过非经济性薪酬、薪酬战略等方面可以看出，企业文化与薪酬管理是紧密结合、融为一体的。再次，阐述了在企业文化建设中提升薪酬管理的方法。将薪酬管理融入企业文化建设中，充分发挥企业文化在凝聚人心、精神支柱、矛盾调节、导向规范、社会影响等各个方面的激励作用，是加强企业文化与薪酬管理相结合的重要手段。在企业文化物质层面、制度层面、精神层面的建设中，将薪酬管理融入其中，要避免企业文化建设中的空谈化、同质化、物质化、商业化等问题，在企业文化认知、认可、认同、执行四个阶段不断融入。最后，笔者以实践经验介绍了一些企业文化在薪酬管理方面的结合应用方式，主要是在精神奖励、员工关怀、人性化和激发认同方面有比较多的应用。

第24章　展望薪酬管理的发展

【本章导读】

- 薪酬管理呈现怎样的发展趋势?
- 技术革命如何促进薪酬管理发展?
- 行业发展对薪酬管理有哪些影响?
- 新职业人对薪酬管理有哪些影响?
- 薪酬管理如何适应国际化要求?
- 未来薪酬管理面临哪些挑战?

24.1　薪酬管理的发展趋势

24.1.1　人工成本不断上升

近几年来，随着物价的上涨、新技术及新行业的冲击以及劳动力结构的变化，人工成本不断上升。从企业实践来看，人工成本正以每年8%～10%的比例不断增长。

人工成本的增长主要体现在：①基础薪资增加。受通货膨胀的影响，各地区的最低工资标准和平均工资标准每年都在上涨。以北京为例，近十年来，除了个别年份，每年北京市社会平均工资都以10%左右的比例在增长，导致企业的基础薪资基本上都以10%以上的比例增长。②法定福利额增长。法定福利，尤其是社会保险和住房公积金都是以社会平均工资的三倍作为缴费上限，基础薪资的增加，加上社会平均工资的增加，导致企业给员工缴纳的社会保险、住房公积金额度也在等比例上涨。③受新技术行业薪资的冲击，传统行业的薪资呈上涨趋势。随着社会的发展，有一些新型行业，如互联网，这些行业由于人才短缺，为了增强竞争力，都在不断提高薪酬水平来吸引人才，导致传统行业的优秀人才流入新型行业，而传统行业为了保持竞争力，也不得不滚动提升薪酬水平。④员工对薪酬上涨的预期增加。由于受通货膨胀等因素的影响，员工的薪酬实际购买力在下降，导致员工对于薪酬增长的预期不断增加，这种预期也影响了企业对员工的激励，为了加强对优秀员工的激励，企业不得不提升薪资，导致人工成本不断上涨。

人工成本不断上涨给企业的人力资源管理和企业经营管理都带来了冲击。一方面，由于人工成本不断上涨，人力资源成本不断增加，企业在人力资源配置方面更加需要注意精细化和节约化，尽量减少人力资源的使用已经成为人力资源管理人员的新课题；另一方面，由于人工成本上涨，导致企业成本增加，缩小了企业的盈利空间，降低了企业的竞争能力，在企业经营管理中，人力资源管理逐步成为管理重点。

24.1.2　员工流动加剧导致薪酬管理日趋透明化

近几年来，随着市场机制的不断深入，各行业的人才自由流动已经成为一个普遍的现象，导致企业之间薪酬管理的透明度增加，薪酬体系、薪酬水平、激励方法等不再能够长期保密，随着人才的流动，很快就被行业内的其他企业所熟知。

薪酬管理日趋透明化主要表现在以下几个方面：

① 薪酬管理的创新方法传播很快。如果行业内有一个企业实行了新的薪酬管理方法，行业内的人力资源管理人员很快就会知晓这种创新方法适用于哪些企业、哪种情况，竞争对手也会很快跟进。

② 薪酬水平进一步透明化、趋同化。行业内某一职位的薪酬水平与企业的竞争水平紧密相关，人才流动也加强了同行业企业薪酬水平的趋同化，薪酬结构等越来越接近、透明化。

③ 员工对薪酬的透明化要求也在加强。员工在不同的企业间流动，对企业的薪酬制度、薪酬水平、薪酬管理优劣都有自己的评判，有了不同的体验后，员工对所在企业薪酬透明化管理要求会不断加强，甚至会直接对薪酬管理提出意见和建议。

薪酬管理日趋透明化，对于企业人力资源管理，尤其是薪酬管理提出了更大的挑战。例如，原有的薪酬保密制度很难执行，薪酬体系设计中要注重员工的参与，薪酬水平应兼顾内部公平和外部的公平等。

24.1.3　薪酬的内涵在扩大

在近几年的管理实践中，薪酬的内涵在逐步扩大，不再指单一的工资，全面薪酬的理念正在为越来越多的企业所重视。

薪酬内涵的扩大体现在两个方面：一方面，企业和员工逐步把福利也计入薪酬之中。之前，大多数员工认为只有货币性工资才是薪酬，但随着社会的发展，员工已经逐步将法定福利，如社会保险、住房公积金，其他福利，如免费午餐、班车、宿舍、旅游等，也都列入薪酬之中。企业和员工都认识到经济性薪酬分为直接的和间接的两种，有些虽然不能以货币的方式获得，但企业要提供这些间接性薪酬还是需要支付经济成本的。

另一方面，企业和员工逐步把非经济性薪酬也包括在薪酬范围内。员工逐渐认识到，良好的工作环境、良性的晋升机会、个人的发展与成长、成就感的获得、良好的工作人际关系等，这些虽然不能直接转化为货币性报酬，但它们也是薪酬的一部分。

薪酬内涵的逐步扩大，对于人力资源管理人员和企业管理人员来说，增加了管理难度。这是因为，激励方式更加多元化、多样化，尤其是新生代的职业人更加追求个性化、人性化。但同时，薪酬内涵的扩大也使人力资源管理人员和企业管理人员在激励员工时有了更多的选择，可以根据不同岗位、人员的特点设计更加个性化的激励方案。

24.1.4　薪酬管理强调个性化和差异化

随着薪酬成本的逐步提高、薪酬内涵的不断扩大，对薪酬管理的要求也在不断提高。薪酬管理开始强调个性化、人性化和差异化，具体表现为薪酬设计差异化、薪酬结构多元化、以人为本的薪酬管理、宽幅薪酬、弹性福利等。

1. 薪酬设计差异化

在现代企业管理中，薪酬设计差异化已经成为主流。薪酬管理人员应避免“一刀切”和“照搬照用”，对薪酬体系有深入的认识，并且结合企业的实际情况、员工情况，再参照行业人才供给情况、竞争对手情况、地区情况等综合考虑后，再进行有针对性的薪酬体系设计。

2. 薪酬结构多元化

薪酬结构设计是薪酬体系设计的一个环节，随着薪酬内涵的扩大，薪酬构成更加多元化、多层次，这也给激励员工提供了更多的选择。灵活的薪酬构成可以针对不同的职位类型单独进行设计。例如，销售人员作为企业业务的龙头，在企业发展中发挥着重要的作用。在设计销售人员的薪酬时，可以针对不同类型的销售人员设计不同的薪酬体系。此外，也可以根据企业内不同的职位级别，设计更有适用性的薪酬构成，例如，管理人员可以细分为初级、中级、高级，对于初级管理人员可以采取与高级管理人员完全不同的薪酬构成。

3. 以人为本的薪酬管理

目前，以人为本的管理理念逐步渗透到薪酬管理中来。传统的薪酬管理一般是由雇主一方提出的，传统的人力资源管理也是人资部门代表企业在管理员工。但是，随着社会的发展，企业的成长与发展越来越倚重优秀的人才，这种传统的薪酬管理理念正在实践中被改变，薪酬并不仅仅是对员工生活的保障，更多的作用在于激励员工、开发员工潜能，实现人力资源作为人力资本的价值。所以，以人为本的人性化薪酬管理，正在为越来越多的企业和员工所认可。在这种薪酬理念下，员工作为参与者，将越来越多地参与到企业薪酬管理中，包括薪酬体系设计、薪酬水平确定、薪酬调整等，目标是通过薪酬换取员工对企业的认同，使其愿意为企业付出。

4. 宽幅薪酬

宽幅薪酬也是薪酬管理差异化、多元化的一个表现。宽幅薪酬是指企业内薪酬的等级减少，各种职位等级的工资之间可以交叉。目前，很多企业为了加强组织的灵活性而实行了扁平化组织结构，宽幅薪酬就是为了适应这种组织结构而制定的。宽幅薪酬打破了传统薪酬的等级结构，使企业管理更加具有灵活性，使企业更加注重员工个人能力的发展与提高，为能力突出、业绩优秀的员工提供了更为广阔的薪酬空间。传统的薪酬体系强调薪酬等级与职位等级，这无疑给员工晋升造成了更多的限制，宽幅薪酬就是一种薪酬管理差异化、多元化的改进。

5. 弹性福利

弹性福利作为一种人性化、差异化的管理手段，正在为越来越多的企业在薪酬管理中所使用。弹性福利又称“个性化福利”，即员工可以在企业提供的福利清单中自由选择、组合。通过这种方式，可以更好地满足员工的需求，让企业在不增加投入的情况下，最大限度地提升员工的满意度。此外，随着企业和员工意识的提高，逐步将福利列入薪酬范围内，弹性福利有利于进一步增加员工对于这部分薪酬的认识，并将此部分薪酬的保健作用转化为激励作用。弹性福利还引入了人性化的因素，使员工感受到被尊重，增强了员工的参与感，这也是薪酬管理个性化、差异化、人性化的一种实践。

24.1.5　薪酬中的长期激励得到广泛应用

在薪酬管理中，还有一个趋势就是长期激励的应用。近几年来，各个企业都开始关注并将长期激励应用在员工激励中，其中以股权、期权为主，形式分为全员持股计划、MBO、员工期权、核心人员持股等。

长期激励的主要作用在于吸引和保留关键人才、稳定团队，将企业利益与员工利益挂钩，激励员工关注企业利益，与企业共发展、共成长。长期激励是相对于薪酬、福利等短期激励而言的，具有受益周期长、与企业发展关系紧密的特点，发挥着与短期激励不同的作用。

长期激励多以股权的形式出现，这也改变了员工的身份，使员工由单一的打工者变为打工者与股东身份合二为一的企业拥有者，身份的转变能激励员工从企业的利益出发考虑问题，这也是员工激励的重要目标之一。

长期激励在企业的实践应用中也存在一些问题，主要是企业必须长期稳定发展使员工获得股权收益，才能真正激励员工。有些企业虽然给员工分配了股票，但企业的业务模式、盈利模式都没有稳定，股票实际上是一纸空文，这样并不能发挥长期激励员工的作用。

24.1.6　注重薪酬与效益的关系

薪酬支出的目的是促使企业产生效益，虽然也有保障员工生活的作用，但企业毕竟是为了利益而存在的。从长期来看，薪酬管理及人力资源管理必须考虑员工利益与企业利益的一致性，即薪酬必须与绩效挂钩、薪酬投入必须与企业效益产出挂钩，这样才能保证员工与企业的长期稳定发展。

在企业管理中，绩效类薪酬已经成为薪酬的主要组成部分，是薪酬设计中的关键点之一。针对不同的职位、不同的级别、不同的人员设计不同的绩效薪酬已经成为一种趋势，而且，绩效类薪酬还有不断扩大比例的趋势，尤其是一些以激励性薪酬为主的职位，绩效类薪酬占比非常高，例如销售类职位，甚至有些企业采取零底薪的方式，全部薪酬都由绩效类薪酬构成。

对于一些技术性职位、职能服务性职位，绩效类薪酬也在逐步得到应用，包括团队绩效、企业整体绩效、个人项目绩效、个人服务绩效等。虽然这些职位不以绩效类薪酬为主，但其比例呈不断增长的趋势。这说明，企业的发展要求员工不仅关注个人利益，还要更多地关注企业利益，保持个人利益与企业利益的一致性。

24.2　薪酬管理与技术革命

随着互联网、云计算、移动互联等新技术的发展和应用，我们的生活方式发生了重大的改变，这必然会对人力资源管理、薪酬管理产生冲击。

新技术应用对于薪酬管理的首要冲击就是日常操作管理。E-HR在企业中已经得到普遍应用，薪酬的日常核算、发放、查询、统计、分析等工作都已经转为计算机系统操作。例如，很多企业都使用网银发放薪酬，避免了纸质操作和去银行办理的烦琐手续。再如，现代企业管理中的跨地域、跨法人的薪酬管理可通过系统和网络轻而易举地实现。更有甚者，有些企业已经开始让员工通过微信查询工资明细。

但同时，新技术的应用也对薪酬管理人员和人力资源管理人员提出了新的要求，管理人员必须掌握这些新技术，要对新技术应用有一定的敏感度，并随着企业的发展适时将这些新技术应用于薪酬管理中。另外，企业应引进薪酬管理人力资源管理专业的综合性人才，他们既懂得专业技术又掌握薪酬管理方法，对于推进新技术在薪酬管理中的应用是非常有益的。

24.3　薪酬管理与行业发展

新技术催生了新行业。目前，一些国家倡导的新型行业，如新一代信息技术、节能环保、生物、新能源、新材料等，与传统行业相比，人才流动更加频繁，人才稀缺程度更高，员工年龄更趋于年轻化。

这些新型行业对于专业人才的需求非常强烈，有的不惜以重金从传统行业、学校或海外引进核心人才，对于专业接近的传统行业，部分核心人才难免会受到新型行业的冲击。因此，在薪酬体系、薪酬水平方面，传统行业不得不进行调整，以避免核心人才的外流。

近几年来，行业的发展与变化也非常快，在新型行业中不断涌现细分行业，这些新型行业在不断改变我们的生活，同时，也促使传统行业的业务转型。这样，在人才的融合与竞争方面，传统业务面临的另外一个问题是人才的转型。通过改变薪酬策略、调整薪酬结构、制定薪酬制度等方式，来引导人才的吐故纳新，已经成为现代人力资源管理的重要课题。

24.4　薪酬管理与新职业人

在企业的人员分布上，“60后”多为企业高层，“70后”多为企业中层，而占员工总数比重最大的普通员工多为“80后”和“90后”。在一些新型行业中，员工更趋年轻化，可能高层、中层都是“80后”，员工以“80后”“90后”为主。在这样的员工年龄结构中，人力资源的管理理念需要不断更新。或者说，为了适应越来越年轻的新一代职业人，人力资源管理的很多观念、方法要不断更新。

新一代职业人普遍具有年轻、活跃、勇于接受新事物、开放、独立等优点，但由于受独生子女、经济优越等成长环境的影响，也存在自私、追求个人感受、责任心不强、依赖网络等问题。这一代职业人成为企业的主流员工后，企业的薪酬管理必然面临比较大的挑战。可能原来具有激励性的涨薪、绩效薪酬等，对新一代职业人的激励作用不如“60后”和“70后”那么有效，新一代职业人可能更注重被尊重、兴趣、工作环境、人际关系等非经济性薪酬。

另外，薪酬的人性化、个性化选择、透明度、员工参与等方面，正在逐步成为薪酬管理的新方向。新一代职业人更加追求个性化、公平感及参与度，对于人力资源管理人员来说，这些会涉及薪酬战略、薪酬理念的整体性调整，也将成为新技术、新型行业等以新一代职业人为主的企业薪酬管理的重要内容。

24.5 薪酬管理与国际化

随着中国经济实力的增强，很多企业正在进行国际化转型，包括国际化业务的拓展、与海外企业的业务合作、股权引入外资、在海外上市等。企业业务的国际化发展，必然促使企业管理的国际化与人才的国际化，包括将中国员工派驻海外与引进海外人才。为了适应这一转变，人力资源管理人员必须在国际化劳动政策、国际化人才管理、多元化企业文化环境等方面进行提升。

薪酬管理是国际化人力资源管理中难点比较多的模块。国际化的薪酬水平差异、国际化的薪酬支付手段、国际化的税收差异、国际化劳工政策下的支付标准差异、国际化的薪酬结构差异、国际化的福利差异等，均是薪酬国际化管理的重点。

24.6 薪酬管理面临的挑战

本章分析了薪酬管理的新趋势，也简短分析了新技术革命、行业发展、新一代职业人、国际化等对薪酬管理带来的冲击，总结起来，薪酬管理目前面临越来越大的挑战，具体包括以下几个方面。

1. 薪酬成本上升与企业效益兼顾的挑战

人力资源成本的增加、薪酬成本的上升已经成为一种不可逆转的趋势，随着经济的发展、竞争的加剧，企业的利润率也在逐步回归正常水平，这两者之间的空间越来越小。企业管理者、人力资源管理人员、薪酬管理人员在这逐步缩小的空间中，感受到的压力就会越来越大。既要吸引人才、不断提升薪酬水平，又要控制成本、提高利润率，已经成为薪酬管理面临的难题，也是最主要的挑战。

要应对这个挑战，最重要的是提高人力资源作为资本的利用率，即人作为资源所发挥的作用，使其为企业带来的效益产出高于成本支出，只有这样，才能支撑人工成本的不断上升，否则，就会走进恶性循环的怪圈，导致薪酬水平无力提升，吸引不到优秀的人才，创造不出更多的效益，进而也无法提升薪酬水平。既然薪酬成本增高是无法逆转的趋势，那么薪酬管理的重点一定要转变到薪酬的产出率上来。

2. 薪酬管理专业化程度增强的挑战

薪酬管理面临的另外一个挑战是薪酬管理的专业化程度进一步提升。就像本书分享的很多企业管理实践，如薪酬内涵增加、薪酬种类增多、薪酬结构复杂、薪酬个性化/差异化、薪酬透明度增加、薪酬管理的员工参与等，这些都导致薪酬管理的专业化程度不断提高。新技术在薪酬管理中的应用，如E-HR系统、云计算、大数据、移动互联等，使薪酬管理的手段不断更新，并融入了一部分专业技术，这也使薪酬管理的专业化程度进一步提升。

此外，传统的薪酬管理技术在现实环境中常遇到难以实施的问题，如传统的工作分析、工作评价，由于现实中企业的职位内涵调整变化速度非常快，工作分析、工作评价已经难以适应这种变化，往往会形成“两张皮”，即规则是一套、执行是另外一套。职位说明书成了被束之高阁的文件，在现实执行中又要随着市场作调整。这些传统薪酬管理技术的失效，要求薪酬管理人员不断适应并探索新的管理技术和方法，而要探索新方法，必须要提高专业化水平，并对企业管理、人力资源管理、薪酬管理有更全面的认识和理解。

3. 薪酬管理理念转变的挑战

薪酬管理理念的转变主要源于环境的剧变，我们之前分析的新技术革命、行业发展、新一代职业人、国际化等，无一不说明现代企业正在面对一个剧变的环境，从技术、行业到地域，再到人，无一不在发生变化。在这样一个变化的环境中，薪酬管理必然要面对理念转变的挑战。

只有转变管理理念，才能跟上、改进、探索更新的专业技术与方法。薪酬管理人员只有不断研究这些环境变化，理解这些变化的内涵，理解企业和员工真正的需求，才能有针对性地进行薪酬设计、实施薪酬管理。

24.7 本章小结

本章主要围绕薪酬管理的发展趋势、环境及挑战展开阐述。

笔者通过多年实践发现，人工成本不断上升、员工流动加剧导致薪酬管理日趋透明化、薪酬内涵不断扩大、薪酬管理逐步强调个性化和差异化、薪酬中的长期激励得到广泛应用、注重薪酬与效益的关系是薪酬管理近年来的主要发展趋势。

薪酬管理的发展趋势与新技术革命、行业发展、新一代职业人、国际化等环境变化密不可分，外部环境的剧变导致薪酬管理发生了很大的变化，进而可以归纳出，薪酬管理正面临薪酬成本上升与企业效益兼顾、薪酬管理专业化程度增强、薪酬管理理念转变等挑战。

由于篇幅有限，本章只对薪酬管理的趋势、环境和挑战进行了重点归集。事实上，这里的每个要点都是一个很大的话题，值得薪酬管理人员深入探索与研究，也期望人力资源管理人员在未来能够在这些领域投入更多的精力进行研究与实践，探寻更好的解决方案，进一步提升中国的薪酬管理水平。

结束语

通过撰写这本书，笔者将自己十几年积累的人力资源管理知识、实践经验，尤其是与薪酬相关的部分，进行了比较系统的整理、归集。从基层岗位的具体操作，到中层岗位的制度建设，再到高层岗位的战略理念，均有涉及。在基层岗位的具体操作中，主要以标准化的流程、相应的表格及文件进行展示，能够起到“拿来就用，用了就会”的作用。在中层岗位的制度建设中，主要以思路梳理、流程整理为主，也尽最大努力辅以实践中的关键点或者应用案例，以便于读者能够深入理解制度和规则。同时，通过应用案例，读者还可以借鉴一部分操作方面的经验。在高层岗位的战略理念中，理论化的内容较多，更多地进行分析、总结，因为这个层面的岗位人员在实际工作中，往往更多地涉及企业战略及宏观理论。

希望读到本书的读者能够取得一些收获，可能是一个想法，可能是一个观点，也可能是一个案例，只要能为实践者或学习者带来启发，便体现了这本书的价值。更希望能够通过这本书找到更多的知音，共同交流，共同提高！